Gonggong Weisheng Caizheng
Zhucheng Jiankang Zhongguo
Jianshe Yanjiu

公共卫生财政
拄撑健康中国建设研究

郭宏宝 著

中国财经出版传媒集团
经济科学出版社
Economic Science Press
·北京·

图书在版编目（CIP）数据

公共卫生财政拄撑健康中国建设研究/郭宏宝著
. -- 北京：经济科学出版社，2024.1
ISBN 978 - 7 - 5218 - 5495 - 4

Ⅰ.①公…　Ⅱ.①郭…　Ⅲ.①公共卫生 - 医疗保健事
业 - 财政支出 - 研究 - 中国　Ⅳ.①F812.45②R199.2

中国国家版本馆 CIP 数据核字（2024）第 005646 号

责任编辑：刘　莎
责任校对：杨　海
责任印制：邱　天

公共卫生财政拄撑健康中国建设研究

郭宏宝　著

经济科学出版社出版、发行　新华书店经销

社址：北京市海淀区阜成路甲 28 号　邮编：100142

总编部电话：010 - 88191217　发行部电话：010 - 88191522

网址：www. esp. com. cn

电子邮箱：esp@ esp. com. cn

天猫网店：经济科学出版社旗舰店

网址：http://jjkxcbs. tmall. com

固安华明印业有限公司印装

787 × 1092　16 开　14.5 印张　300000 字

2024 年 1 月第 1 版　2024 年 1 月第 1 次印刷

ISBN 978 - 7 - 5218 - 5495 - 4　定价：66.00 元

（图书出现印装问题，本社负责调换。电话：010 - 88191545）

（版权所有　侵权必究　打击盗版　举报热线：010 - 88191661

QQ：2242791300　营销中心电话：010 - 88191537

电子邮箱：dbts@ esp. com. cn）

前　言

健康，是幸福的起点和成长的前提；是立身之本，也是立国之基；是全面建成小康社会的重要内涵，也是人类社会发展福祉的永续追求。党的十八大以来，以习近平同志为核心的党中央作出推进健康中国建设的重大决策部署，勾勒出夯实健康中国之基的"设计图"："把人民健康放在优先发展的战略地位，以普及健康生活、优化健康服务、完善健康保障、建设健康环境、发展健康产业为重点，坚持问题导向，抓紧补齐短板，加快推进健康中国建设"。① 依此图景，《中华人民共和国国民经济和社会发展第十四个五年规划和 2035 年远景目标纲要》专章部署了《全面推进健康中国建设》行动纲领，为织牢国家公共卫生防护网，服务人民全方位、全生命期健康需求提供了行动指引。党的二十大报告在提到"增进民生福祉，提高人民生活品质"时又重点阐述了"推进健康中国建设"，认为人民健康是民族昌盛和国家强盛的重要标志，并要求把保障人民健康放在优先发展的战略位置，完善人民健康促进政策。

健康无国界，全球化背景下的健康中国建设必须携手构建人类卫生健康共同体，才能"共同佑护各国人民生命和健康，共同佑护人类共同的地球家园"。当今世界正在经历百年未有之大变局，构建人类卫生健康共同体是推动构建新型国际关系、推动全球治理体系朝着更加公正合理方向发展的重要内容。习近平主席在 2020 年第 73 届世界卫生大会上作了《团结合作战胜疫情，共同构建人类卫生健康共同体》的致辞，在 2021 年的全球健康峰会上又发表了题为《携手共建人类卫生健康共同体》的重要讲话，将健康中国建设统筹于构建人类卫生健康共同体的国际高度，深刻阐释了"共同守护人类健康美好未来"的深厚内涵。

"财政是国家治理的基础和重要支柱"，公共卫生财政远不只是健康中国建设的"血源"，更是健康中国建设"四梁八柱"的基础和物质保障，强大的公共卫生财政可以为健康中国建设提供关键基础设施，是决定性的挂撑作用，而不仅仅是辅助性的促进作用。即使放眼国际，构建人类卫生健康共同体也首先体现为国家间的公共卫生财政合作。因此，在人类卫生健康共同体视角下研究公共卫生财

---

① 2016 年 8 月 19 日习近平在全国卫生与健康大会上的讲话。

政对健康中国建设的拄撑作用具有逻辑上的合理性与必然性。改革开放以来，中国公共卫生财政体制建设取得了瞩目成就，但是2020年初暴发的新冠疫情是对中国国家治理体系和治理能力的一次大考，对现行的国际公共卫生体系也敲响了警钟。中国虽然为此次大考交出了亮丽答卷，但是由此暴露出来的一些深层次问题仍然值得深思：中国公共卫生财政在投入总量、方式与结构方面还存在一定程度的错配，政府间公共卫生财政分权也存在权责不清晰、财力不协调、服务国家治理不充分等问题。因此，有必要研究中国公共卫生财政体制的完善及其对健康中国建设的拄撑作用。

为此，本书规划了层层递进的八章内容来阐述公共卫生财政拄撑健康中国建设的逻辑，并提出相应的策略建议。第一章介绍了研究背景与意义，并详细交待了研究思路、篇章结构与研究方法。第二章分五个方面梳理了国内外公共卫生财政相关文献：一是系统梳理了有关公共卫生财政概念及其内涵演进方面的文献，重点对健康中国建设背景下公共卫生财政的内涵特征进行了解析；二是对公共卫生财政支出规模、结构与效率方面的文献进行了梳理，重点介绍了公共卫生财政支出效率的衡量方法及对中国公共卫生财政支出效率的评价；三是基于公共卫生服务的公共产品特征讨论了公共卫生服务均等化相关文献，包括测度方法与政策应对方面的主要观点；四是整理了财政分权与公共卫生服务相关的文献，目的是提炼公共卫生服务效率差异与不均等分布的财政因素；五是关于公共卫生财政管理体制方面的文献总结，旨在从财政角度探寻适应健康中国建设需要的公共卫生财政制度建设问题；最后是文献评述及概念界定，并在此基础上给出了本书的研究设计。第三章主要从三个方面说明公共卫生财政拄撑健康中国建设的逻辑机理：一是从健康中国建设的提出背景、概念内涵、演进特征和建设目标看，公共卫生财政都居于核心地位；二是从公共卫生财政学福利观的形成看，公共卫生财政与健康中国建设高度契合；三是中国"有为政府"与"有效市场"相得益彰的经济特征，为公共卫生财政拄撑健康中国建设提供了制度优势。第四章是对中国公共卫生财政支出绩效的评价，主要是运用DEA方法评价了中国公共卫生财政支出绩效、运用DEA-Tobit模型考察了公共卫生财政支出绩效的影响因素，结果发现必须提升中国公共卫生财政支出效率才能适应健康中国建设的需要。第五章研究公共卫生服务均等化，在讨论了均等化形成逻辑的基础上，首先是利用基尼系数、卡瓦尼指数和泰尔指数等均等化衡量指标，从总体和具体两个视角考察了以卫生费用、卫生人员、卫生机构和卫生设施为代表的公共卫生服务均等化程度，结果表明我国公共卫生服务均等化程度虽然有所改善，但是公共卫生服务的区域差距、城乡差距、基层服务与高端服务的差距都还难以适应提升全民获得感的要求。基于此，本章又接着运用中国省际面板数据对影响公共卫生服务供给的因素进行了计量分析，并提出相应的公共卫生服务均等化政策建议。第六章研究公共卫生财政协同的侧重点是探讨构建能够有效且公平地服务于健康中国建设的公共卫生财政改革策略，是前述有关效率与公平研究的自然接续，结果发现公共卫生财政协同能够从促进公共卫生服务供给能力与提高处置突发公共卫生事件能力两个途径服务于健康中国建设。对此，本章首先运用空间计量模型考察了公共卫生财政协同对公共卫生服务供给能力的影响；然后，利用国家层面的截面数据分析了公共卫生财政供给能力对处置突发性公共卫生事件的影响，说明了财政协同有助于强化公共卫生财政对健康中国建设的拄撑作用。第七章在构建人类卫生健康共同体大视域下研究公共卫生财政协同问题，置入这一章是因为健康中国建设与构建人类卫生健康共同体是中国公共卫生财政一体两翼、共进共退的服务目标。首先，构建人类卫生健康共同体是健康中国建设理念的国际化；其次，构建人类卫生健康共同体需要构建运行有效的国际公共卫生体系，这需要国家间的公共卫生财政协同，因此牵涉公共卫生财政的国际与国内协同问题，对于如何处理好国内外公共卫生财政协同、助力健康中国建设与构建人类卫生健康共同体，本章从游轮困境入手，从制度层面考察了困境成因与出路；最后，通过总结健康中国建设与构建人类卫生健康共同体之间的联动效应及公共卫生财政在其中的枢纽性作用，说明在构建人类卫生健康共同体视域下，研究公共卫生财政拄撑健康中国建设是切实合理的。第八章从三个维度研究了公共卫生财政拄撑健康中国建设的策略：从公共卫生财政支出角度来看，关键是要明确公共卫生财政支出的重点领域，疾病控制、公共卫生科技攻关、应急储备和国际公共卫生应急合作是公共卫生财政支出的优先选项；从公共卫生财政收入形成角度来看，为各级政府设定合理稳定的公共卫生财政收入来源，尤其是建立起地方基层政府公共卫生财政支出能力的制度保障是必要的，结合课题调研启发，本书认为房地产税的受益性特征为其作为地方公共卫生服务的受益税提供了可能；从政府间公共卫生财政协同来看，核心是要用制度建设来规范政府间公共卫生财政事权与支出责任，尤其是省以下政府间公共卫生财政事权与支出责任的划分，唯有如此才能达成制度基础上的权责明确的协同共进格局，基于此，本书从四个方面强调了协同策略的重点。

本研究成果在构建人类卫生健康共同体大背景下，基于效率、公平及两者之间的权衡理念研究公共卫生财政拄撑健康中国建设，研究站位凸显了中国在全球公共卫生事业上的崇高追求。研究成果主要有两个特点：一是清晰梳理了公共卫生财政、健康中国建设与构建人类卫生健康共同体的内在逻辑，将"面向人民生命健康"的研究推进到一个新高度；二是以健康中国建设为目标，从公共卫生财政支出、收入和协同三个方向都进行了量化研究，并结合浙江省实际进行了调研和案例分析，使得策略研究更接地气。当然，本研究成果的结论并不排斥规范性探讨。

目　　录

第一章

导　论

本章旨在介绍研究背景与意义，说明研究思路、研究内容与研究方法。本书从经济背景、公共卫生事件处置经验、国际环境、国家对公共卫生财政的定位等角度论证了研究公共卫生财政拄撑健康中国建设是可行的和必要的，并且本书研究有助于健全公共财政职能、增进人民福祉、助力构建人类卫生健康共同体，因此是有意义的。

对于本书的研究内容与结构，从第二章起可以概述如下：第二章综述是铺垫，第三章论证了公共卫生财政对健康中国建设的拄撑作用；第四章从效率角度分析拄撑作用；第五章从公平角度研究拄撑作用；第六章研究公共卫生财政如何才能有效且公平地拄撑健康中国建设；第七章在构建人类卫生健康共同体高度考察公共卫生财政的拄撑作用；第八章从公共卫生财政支出、收入与协同三个角度提出应对策略。

第一节　研究背景与意义

一、研究背景

从经济层面看，2020 年中国经济总量（GDP）首次突破 100 万亿元大关，稳居全球第二大经济体位置，综合国力跃上一个新台阶，人均 GDP 按当年汇率折算已超过 1 万美元，接近世界银行 2020 年高收入国家 12 535 美元的标准。即使此后经济按中低速增长，"十四五"规划期末中国跻身高收入国家也是大概率事件，这意味着中国将成功跨越中等收入陷阱，进入高收入国家行列。与此同时，伴随着中国经济总量的不断增长，中国人民的生活质量也显著改善，根据国家统计局的统计，"十三五"时期中国居民收入增速与经济增速基本同步增长，人均可支配收入年均实际增长 6.5%，高于同期 GDP 增速，城乡收入差距比"十二五"期末的 2015 年缩小了 0.09 个百分点；中等收入规模群体由 2010 年时的 1 亿多人增加到 4 亿多人，使中国成为拥有全球最大规模中等收入群体的国家，其蕴含的巨大消费潜力是扩大内需市场的重要推力，也是实施"双循环"和促进经济高质量发展的有力保障。

经济发展与收入增长为居民消费规模扩大和消费结构升级提供了坚实的物质基础，医疗卫生支出开始成为广大居民重要的消费构成。根据国家统计局公布的数据，2019 年中国全社会消费品零售总额高达 41.2 万亿元，相比 2015 年增长了 36.9%；同时，消费结构不断优化，居民支出的恩格尔系数从 2015 年的 30.6% 下降到 2019 年的 28.2%。[①] 为适应居民收入与消费结构的变化，"十三五"时期的健康中国建设步伐稳步推进：基本医疗卫生制度已具雏形，分级诊疗、医联体建设、县域综合医改和社区医院建设等一系列改革措施大大提升了基层医疗服务水平，优化了全国层面医疗资源的配置；在关键的医保制度覆盖面上，医保参保人数稳定在 95% 以上，在社会最关注的药品价格方面，平均降幅达到 52%，84% 的县级医院达到国家二级及以上水平。2015~2019 年，中国每千人医疗卫生机构床位数从 5.11 张增加到 6.30 张，执业医师人数从 2.22 人增长到 2.77 人，注册护士数从 2.37 人增长到 3.18 人；"互联网+医疗健康"等新型医疗服务模式使国家贫困县和边远地区的人们也可以享受到高质量的医疗服务。基本公共卫生服务经费补助标准从 2015 年的 40 元/人提高到 2020 年的 74 元/人，城乡居民可以免费享受到国家提供的十四类基本公共卫生服务；慢性病综合防控示范区建设取得成果，全国 17.2% 的县、市、区完善了慢性病防控体系，建成了以营养监测、死因监测、肿瘤登记为主体的慢性病监测体系，2019 年中国重大慢性病过早死亡率比 2015 年降低 10.8%；2015~2020 年，公共卫生财政累计安排中央预算内资金 1 415 亿元，支持包括疾控中心在内的 8 000 多个公共卫生医疗项目，总投资比"十二五"时期增加了 23%。不仅如此，在国家"十四五"规划纲要中，还首次增加了"提升国民素质、促进人的全面发展"的新篇章；在规划主要指标设置上，事关民生福祉的指标数量多达七个，是所有项目类别指标中最多的，占比超过 1/3，刷新历次五年规划新高。由此可见，中国公共卫生事业的成就与人民群众对美好生活的向往将是今后健康中国建设的基础和动力，也是"十四五"规划宏伟目标和中华民族伟大复兴使命的重要组成。

从公共卫生事件应对经验看，2020 年初暴发的新冠疫情，是新中国成立以来传播速度最快、感染范围最广、防控难度最大的一次重大突发公共卫生事件，

---

① 国家统计局官网（www.stats.gov.cn）。注：考虑到本书研究成果有许多数据来源于或整理自国家统计局官网、中国新闻网（www.chinanews.com.cn）、人民网（www.people.com.cn）和国家卫生健康委官网（www.nhc.gov.cn），对相同来源数据不再逐一标注。

这既是一次危机，也是一次大考。中国作为 14 亿人口的大国，在从未经历、也没有任何经验可供借鉴的情况下，抗疫取得了令世人瞩目的成绩，甚至相对于许多发达国家，中国的确诊感染人数和死亡病例都是最少的，不仅如此，中国还慷慨分享了抗疫经验，无私帮助了其他国家，骄人成绩与友善行为值得世界各国学习。当然中国的抗疫做法也并不是完美的，其中暴露出来的一些问题仍然值得深思，因为这关系到今后健康中国的建设问题。首先，不同性质、规模和职能医院间的互补功能并不顺畅，公立医院一直是医疗行业的主力军，虽然进入 21 世纪以来，中国医疗改革的深入催生了多元办医格局，民营医院的发展也如雨后春笋般蓬勃发展，到 2019 年底私立医院已经占到医院总数的 65.9%，从数量上成为医疗系统的主要力量。但无论是在功能定位还是技术定位方面，私立医院与公立医院还是存在较大差异的。在疫情初期，大批普通患者、疑似患者都首先选择了公立医院，导致公立医院超负荷运转，有限的医疗资源无法满足患者的需求，及时救治成为一种奢望，面对这种情况，私立医院并没有成功分担公立医院负担，造成了疫情初期的被动局面。其次，疫情的暴发也凸显出了中国医疗卫生体系存在的一些问题。从诊治上看，疫情暴发初期的收治率不高就是医疗系统缺乏分级诊疗，患者过于聚集并导致交叉感染的结果；从医护人员待遇上看，目前公立医院实行的是绩效工资，这有助于调动员工的积极性，但是工资的差异化分配也使医护人员的工作压力与日俱增，人才流失、尤其是基层医护人员短缺现象非常严重；从医疗卫生普及上看，重治疗、轻预防的专业化知识灌输与普及方式，使得普通群众难以理解和记忆，这也是在疫情突发初期，许多人没有防护意识，对隔离要求严重抵触的原因之一；从管理能力上看，还未形成全国统一的医疗卫生大数据智能分析系统，疫情信息未能实现全民覆盖和全国畅通，影响了公民获取信息的及时性和防范疾病的能动性。再次，未能形成高效的医疗卫生领导指挥与协调机制，以至于疫情暴发后，与抗疫相关的部门没有统一的指挥机制。最后，舆情把握能力有待提高，习近平总书记指出："做好党的新闻舆论工作，事关旗帜和道路，事关贯彻落实党的理论和路线方针政策，事关顺利推进党和国家各项事业，事关全党全国各族人民凝聚力和向心力，事关党和国家前途命运。"然而在疫情初期，主流媒体、自媒体甚至民众传播等多元主体都在各自发声，贴吧、微博、微信、论坛等都成为信息发布的平台。低门槛、多元化的信息发布直接造成了疫情防控中各类信息的鱼龙混杂。而在疫情严峻时刻，对真相的渴望和对未知的恐慌，反向加速了各类信息在人群中的传播。这些抗疫中暴露出来的问题始终是今后健康中国建设应该关注的重点。

从国际环境变化看，2020 年的新冠疫情极大地改变了国际政治经济环境，逆全球化潮流开始泛滥，一些国家甚至不惜以邻为壑。面对这种不合时宜的情况，中国提出了"人类卫生健康共同体"理念，并对此付诸实施。为促进全球抗疫事业发展，习近平主席同近 50 位外国领导人及国际组织负责人通话或见面交流抗疫问题，在 G20 领导人应对新冠肺炎疫情特别峰会、WHO 大会等不同场合多次阐明中国支持团结抗疫的立场，时任总理李克强在出席东盟与中日韩抗击新冠肺炎疫情领导人特别会议上，也表达了共建"人类卫生健康共同体"理念。此外，中国还以实际行动展示了自己的承诺，回应了世界的关切，根据人民网的统计整理，在 2020 年抗疫期间，中国共向世界出口口罩 568 亿只、防护服 2.5 亿件；其中向美国出口口罩 120 多亿只，相当于为每个美国人提供了将近 40 只口罩，向近 150 个国家和 4 个国际组织提供了紧急援助，为 170 多个国家举办了卫生专家专题视频会议、分享成熟的诊疗经验和防控方案，向 24 个有紧急需求的国家派遣了 26 支医疗专家组，中国医疗队在非洲 45 个国家开展抗疫培训近 400 场，为当地数万名医护人员提供技术指导。中国的实际行动不仅为世界抗疫提供了帮助，也对完善自身的抗疫措施和促进健康中国建设提供了经验积累，这些经验积累为推进中国公共卫生体制改革、完善中国公共卫生财政发展方向、构建"人类卫生健康命运共同体"等一系列问题提供了启发。

从中国经济与公共卫生财政的基本面看，研究公共卫生财政对健康中国建设的拄撑作用也是必要的，习近平总书记将这次新冠疫情定性为"是对治理体系和治理能力的一次大考，既有经验，也有教训"。① 既然是一次大考，就意味着需要有一份深思熟虑的答卷，这份答卷需要总结过往工作的缺陷，发现原有治理体系的短板和弱项；需要去探寻国家公共卫生应急管理体系的完善方法与路径，指导和改革疾病预防控制体系、重大疫情防控救治体系、重大疾病医疗保险及救助体系；需要去探寻公共卫生财政的改革举措，形成面对重大疫情防控救治、重大疾病医疗保险救助、重大健康问题财政响应的人、财、物协同机制；需要以此促进中国城市治理、城乡治理和国家治理体系的现代化，并为健康中国建设和实现人类卫生健康命运共同体提供中国榜样。

二、研究意义

(一) 健全公共财政职能，夯实公共财政职责

传统经济学认为完全竞争市场是一个有效市场，这样的市场要求有众多的买者和卖者，因此不存在垄断势力；要求商品单一且同质，因此所有厂商的相同用途商品是无差异的；要求有完全信息和消费者直接付款。然而现实的公共卫生与医疗市场并不能满足效率市场所需要的这些条件，因此世界各国的财政都或多或

---

① 2020 年 3 月 10 日，习近平在湖北考察新冠疫情防控工作时的讲话。

少地参与到公共卫生体系的建设中。从中国公共卫生财政的发展历程看，尽管改革开放前中国"用最低廉的成本保护了世界上最多人口的健康"，但是改革开放以来公共卫生事业的发展却严重滞后于经济和其他社会事业的发展，这表现为公共卫生投入大幅度增加的同时，居民的综合健康指标并没有获得同步改善，一些健康指标甚至出现倒退，乃至有些改革开放前就已经被控制的传染性疾病出现了死灰复燃的苗头。社会公共卫生服务的不均衡状态也愈发明显，不同区域或社会群体的公共卫生服务需求与实际供给之间出现了严重分化，经济发展充分地区，或少数富裕阶层的公共卫生服务需求得到了满足，而大多数社会成员，或经济发展相对滞后的城乡地区居民甚至连基本的公共卫生服务都享受不到，中国公共卫生和医疗体制的改革难言成功（中国国务院研究发展中心，2005）。而认识和消除中国公共卫生领域发展中存在的这些问题，实现公共卫生服务基本均等化，让全体人民能够共享改革成果，是健康中国建设的根本内涵，也是公共卫生财政的职责所在。

公共卫生体制改革是现代财政制度的重要组成部分，因此公共卫生财政体制改革也必然会牵涉公共财政制度的改革。保障本国居民的卫生健康是一个国家和政府的最重要职责，而履行这个职责离不开现代公共卫生财政制度的支持，发挥公共卫生财政的作用既要符合实际国情，也要注意合理利用社会资源提高服务的质量和效率，这就要求合理确定财政介入公共卫生事业的范围、程度与方式，合理划分中央财政与地方财政在国家公共卫生体系中的角色，通过划定事权明确各级政府的公共卫生财政职责，通过转移支付保障财政资金的投入到位，通过有益于上下联动、协调均衡的财政制度设计来保障公共卫生事业的总量发展和公共卫生服务水平的均衡发展，这样既能保障日常医疗与公共卫生服务的平稳发展，也能应对突发性公共卫生事件。要实现公共卫生服务的这些目标，需要深入研究公共卫生财政的本质内涵、运行规律，及其服务于健康中国建设的内在逻辑。

（二）服务健康中国建设，增进全体人民福祉

经济发展不会带来公共卫生服务水平的自然提高，陈共和王俊（2007）的一个简单计算表明，人均公共卫生财政支出是影响居民死亡率的最直接因素，而人均国内生产总值（GDP）的影响则并不明显，这说明公共卫生财政支出才是影响中国居民健康水平的重要经济变量。尽管马斯格雷夫（2017）的研究得出了与此不同的结论，但是这种基于不同国情的结果也反衬了国家治理模式与治理水平在影响公共卫生健康方面的差异，这种差异通过对比中国与世界其他国家在应对新冠疫情中的效率就可以有直观感受，如果进一步考虑到"财政是国家治理的基础"的重要判断，就不难发现从公共财政视角有针对性地研究健康中国建设是必要的。

健康中国建设的终极目标是增进人民健康福祉，健康是民族昌盛和国家富强的重要标志，"没有全民健康，就没有全面小康"。习近平总书记从实现民族复兴的高度，把人民健康放在优先发展的战略地位，深刻阐明了推进健康中国建设的重大意义、工作方针和重点任务，为公共卫生财政全方位推动健康中国建设和全周期保障人民健康提供了行动指南。悠悠民生，健康最大，改革开放以来，中国卫生与健康事业成绩斐然。《2021 年我国卫生健康事业发展统计公报》提供的数据显示，我国居民人均预期寿命由 2020 年的 77.93 岁提高到了 2021 年的 78.2 岁，孕产妇死亡率从 16.9/10 万下降到 16.1/10 万，婴儿死亡率从 5.4‰下降到 5.0‰，医疗卫生各领域工作均取得积极进展。这些实实在在的数据是广大卫生与健康工作者辛劳付出的结果，也是中国公共卫生财政与健康发展道路优势和活力的体现。当前，中国工业化、城镇化、老龄化等快速发展，健康中国建设既面临发达国家经历过的健康卫生问题，也有中国特定的健康卫生问题，唯有推进健康中国建设，才能适应健康中国建设的需要。从中国当前经济社会发展的实际看，就是要坚持基本医疗卫生服务的公益性特征，以提高医疗卫生服务质量为根本宗旨，正确处理好政府和市场的关系，做到政府在医疗卫生服务领域的有所为、有所不为，通过激活卫生服务领域的市场活力，为人民群众提供全生命周期的、多层次的公共卫生服务；树立大卫生、大健康理念，坚持防治结合、以防为主、群防群控，贯穿全程、惠及全民的基本原则。这些都涉及基本公共卫生和医疗制度的改革，但是医疗制度改革是世界性难题，目前中国医药卫生体制改革正处于深水区、攻坚期。为打好攻坚战，"十四五"规划已就健康中国建设作出了顶层设计和任务部署，当务之急就是要狠抓落实。一方面要着力推进制度建设，在分级诊疗制度、现代医院管理制度、全民医保制度、药品供应保障制度、综合监管制度等制度建设上取得突破；另一方面要着力推动中医药振兴发展，挖掘中医药知识宝库中蕴含的巨大价值，实现中医药康养文化的创造性转化和创新性发展。同时，也要把医疗制度改革纳入公共卫生财政体制改革乃至全面深化改革的总体部署中，实行同要求、同考核、同进步。

（三）促进卫生财政协同，助力人类卫生健康共同体建设

肆虐的新冠疫情已波及全球 200 多个国家和地区，影响了几乎所有人的生活，也夺走了许多人的生命。共同佑护各国人民的生命健康、构建人类卫生健康共同体已刻不容缓。习近平主席在 2020 年 5 月召开的第 73 届世界卫生大会上就系统阐述了这一理念，提出了一系列重要倡议，并疾呼国际社会共同构建人类卫生健康共同体，合力打赢疫情阻击战。作为践行倡议的榜样，中国以生命至上的理念凝聚国民心声，以举国之力对决重大疫情，以人类命运共同体精神共克时艰，用艰苦卓绝的努力为世界树立了守住疫情防控区域防线的榜样，为全球抗疫

积累了宝贵经验。

"仁者，以天地万物为一体"，世界是共生共融的共同体，新冠疫情暴发以来，中国已向全球 180 多个国家和地区、10 多个国际组织分享了疫情防控和诊疗方案；同世界 160 多个国家和多个重要国际组织举行了疫情防控视频交流会，派出 20 多支医疗专家组为相关国家提供指导和服务，向 150 多个国家和多个国际组织提供了抗疫物资；向世界卫生组织捐款总计超过 20 亿美元。"立天下之正位，行天下之大道"，在中国新冠疫苗研发完成并投入使用后，中国已将其作为全球公共产品向许多国家进行了捐赠。可以说，在构建人类卫生健康共同体的过程中，中国已经在一些焦点问题上为全球抗疫合作提供了答案、贡献了力量，展现了一个负责任大国应有的担当和作为。肆虐的疫情为当今百年未有之大变局徒增变数，在人类面临抉择的十字路口，合作还是对抗？开放还是封闭？互利共赢还是零和博弈？对这些问题的不同回答直接关系到各国利益，关乎到人类命运。"人类生活在同一个地球村里，生活在历史和现实交汇的同一个时空里，越来越成为你中有我、我中有你的命运共同体。"[①] 习近平主席的谆谆教诲言犹在耳。当今世界，没有哪个国家能够依靠自我封闭的孤岛获得成功，一体化的世界就在那里，承认不承认、喜欢不喜欢，并不能改变这个事实。拒绝合作、拒绝共赢，最终一定会被抛弃，尤其是面对抗疫，面对没有国界和不分种族的疫病，"天下兼相爱则治，交相恶则必乱"。故此，构建人类卫生健康共同体，践行和丰富人类命运共同体的理念和内涵，才是推动各国人民追求美好生活的人间正道！行于此道的公共卫生财政可谓使命高尚。浩渺行无极，扬帆但信风，人人享有健康的生活是全人类的共同愿望，各个国家唯有团结协作，勠力提升全球公共卫生服务水平，才能获得战胜病毒的先机与主动。在一个互动关联的世界里，健康中国建设必然是人类卫生健康共同体的构成要件，公共卫生财政必然是健康中国建设的磐石之基。

第二节　研究思路、内容与方法

一、研究思路与研究内容

本书的研究从公共卫生财政角度研究健康中国建设，主要基于三个方面的考虑。首先，健康是人类最具普遍意义的、最基本的生活需要，是疾病预防与治

---

① 2013 年 3 月 23 日习近平在莫斯科国际关系学院的演讲：《顺应时代前进潮流　促进世界和平发展》。

疗、食品安全、生态环境等问题的最终归宿。习近平总书记在 2016 年 8 月召开的全国卫生与健康大会上明确提出要"将健康融入所有政策",强调"没有全民健康,就没有全面小康。要把人民健康放在优先发展的战略地位"。2016 年 10 月,国务院印发的《健康中国"2030"规划纲要》将习近平总书记的思想细化为"普及健康生活、优化健康服务、完善健康保障、建设健康环境、发展健康产业"五个方面的战略任务。党的十九大报告更明确地将实施健康中国建设纳入国家发展的基本方略,强调要把人民健康作为"民族昌盛和国家富强的重要标志",并要求"为人民群众提供全方位全周期健康服务",2021 年两会通过的"十四五"规划也专章部署《全面推进健康中国建设》。这表明健康中国建设已进入全面实施阶段,所以在研究思路上,本书的研究始终以健康中国建设作为研究的出发点和归宿点,并在此基础上考察公共卫生财政的作用。

其次,健康中国建设面临的任务十分艰巨,这是因为中国的人口老龄化和疾病病谱都发生了变化。按照"一个国家或地区 60 岁以上老年人口占比达到 10% 以上、或者 65 岁以上老年人口占比达到 7% 以上"的老龄化社会国际标准,中国从 2000 年就已跨入"老龄化社会",2020 年全国 60 岁及以上老年人口占比高达 17%,已经严重老龄化。人口老龄化意味着医疗护理与健康维护的成本会上升,病谱也会从传染性疾病为主,转向高血压、糖尿病、脑卒中、肿瘤等慢性疾病为主的状态。然而中国的现实是人民群众对这些新型病谱的知晓率、治疗率、控制率却严重不足。《中国居民营养与健康状况监测报告》(2010~2013)显示,2012 年中国高血压病的知晓率、治疗率和控制率分别是 46.5%、41.1% 和 13.8%,成人糖尿病的相应数据分别为 36.1%、33.4% 和 30.6%,这意味着社会公众甚至都未重视自身健康,更奢谈重视社会健康。加之中国经济社会处于转型期,人们工作和生活的节奏快,劳动关系、人际关系紧张,工作和生活压力比较大,信息传递速度的加快容易造成不良情绪的蔓延,使得健康中国建设所面临的问题更趋复杂。还有就是中国的医疗保险、医疗卫生、医药供应体制改革还不完善,尽管全民医疗保险制度的覆盖面很高,但是医保、医疗、医药三者间的联动改革仍然有待提高,医疗卫生服务体系、医疗保障体系与公众日益增长的健康需求之间仍有差距。再有就是卫生和健康领域投入不足,居民自费负担较重,尽管中国健康支出的总费用保持了 40 多年的连续增长,但是与一些发达国家相比,中国目前的健康总投入仍然不足,尤其是公共财政投入卫生健康缺乏制度性保障,使得一些居民的自费负担比重远高于世界卫生组织推荐的不超过 20% 的水平。最后是环境污染和食品安全问题,尽管在联合国 2030 可持续发展健康监测指标中,中国主要指标大多优于全球平均,但是在环境污染控制、道路交通事故、专业医护人力资源、食品安全保障的充足性和均衡性方面仍然问题较多。

最后,从公共卫生财政的角度看,虽然健康中国建设牵涉多个领域、部门和行业，但是在具体落实时，又必须抓住能够带动全局的关键点，中国卫生事业发展的路径告诉我们，这个关键点就是公共卫生财政支出的方式、力度与结构，重点是优化全民医保制度、推进健康老龄化、回归医养结合、重视疾病预防和控制慢性病的发展、运用现代大数据技术手段推进公共卫生治理现代化。"十四五"规划将构建强大的公共卫生体系作为健康中国建设的头等大事，这与公共卫生财政作为健康中国建设的保障和引领作用是分不开的。从中国公共卫生财政支出实践来看，公共卫生财政支出增长刚性与财政收入增长的放缓无疑是公共卫生财政支出的潜在挑战。为此，既要明确政府在公共卫生领域的筹资责任，进一步科学界定和确保健康投入的规模；也要依据财税体制改革的方向和进展，细化政府公共卫生投入的具体责任，保障筹资责任落地。只有建立起与健康中国建设需要相适应的公共卫生财政投入长效机制，才能为健康中国建设提供坚实的物质支撑。

基于上述思路与认识，本书的研究认为公共卫生财政在健康中国建设中居于核心地位，从公共卫生财政角度研究健康中国建设抓住了问题的主要矛盾和矛盾的主要方面。据此，本书的研究首先对健康中国建设与公共卫生财政进行联合解读，这包括健康中国建设提出的经济社会背景，建设目标、方法、手段和措施，可能面临的问题和问题的症结等，侧重点是探讨公共卫生财政在健康中国建设中的地位、作用，目的是说明公共卫生财政拄撑健康中国建设的合理性、必要性与可行性。由于目前国内外还没有关于公共卫生财政内涵与外延的一致性认同，本书的研究会在综合国内外相关文献的基础上对公共卫生财政概念的内涵及外延进行界定，并从中国分税制财政体制的视角考察这一框定范围内的公共卫生财政问题，这包括对公共卫生财政支出绩效的考察，分权财政体制下各地公共卫生服务水平的差异性，政府间公共卫生财政的协同及国际公共卫生合作等问题。此外，2020年暴发的新冠疫情为健康中国建设提出了新课题，也对公共卫生财政处置突发公共卫生事件提出了新挑战，因此本书的研究也予以了特别关注。整体而言，无论是实证分析还是案例解析，最终都服务于从公共卫生财政角度探寻健康中国建设的策略。

有关公共卫生财政的研究包括公共卫生领域财政资金的获得、使用、管理和效率等多个方面，是一个专业特色明显、内容相当丰富的研究课题。因此在研究公共卫生财政对健康中国建设的影响时，本书的研究围绕主题，层层递进，形成了环环相扣的研究内容：首先是对中国公共卫生财政支出的绩效进行了多维度综合评价，利用 Tobit 模型考察了影响中国公共卫生财政支出绩效的因素，即效率问题；然后考察国内公共卫生服务的区域均等化问题，借以探寻影响公共卫生服务能力区域均等化的财政因素，即公平问题。在掌握了一般性影响因素与区域性影响因素的基础上，重点考察突发公共卫生事件中的区域协调问题，这既是公共卫生服务均等化的内核要求，也与突发公共卫生事件不可能单个区域"独善其身"的特征有关。因此,在考察区域财政协同时,本书既研究公共卫生财政的空间协同,也以新冠疫情为案例单列一节,目的都是验证公共卫生财政能够公平且有效地服务于健康中国建设。

响应人类命运健康共同体倡议,本书的研究也拓展到国际层面,这是因为公共卫生事件离不开政府间的国际合作,因此也需要了解世界各国不同财政体制下公共卫生活动的不同特征,这种开放心态下的研究也有助于理解和吸收别国的优点,汲取别国的教训。本书研究的最后是关于公共卫生财政拄撑健康中国建设的策略研究,这些策略分别从公共卫生财政的支出重点、资金形成、制度建设等方面展开,最终目的是形成与健康中国建设相匹配的财政支付能力、筹资能力和政府间财政协同能力,据以为健康中国建设提供强大财政拄撑。

图1-1是对上述研究思想和内容的一个图形化展示。

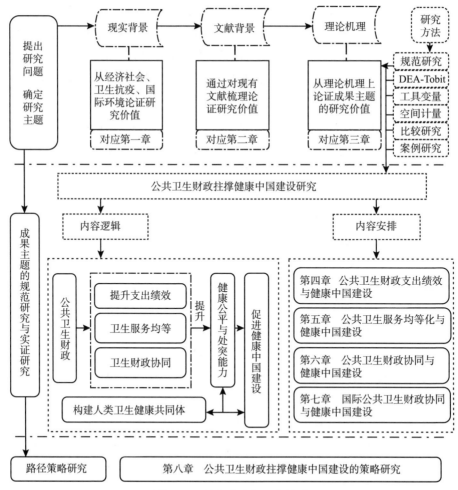

图1-1 研究内容与研究思路

二、篇章结构

依据图 1-1 所示的目标和思路，本书的研究内容具体化为以下八章。

第一章：结合文献积累、新冠疫情防控和"十四五"规划纲要关于健康中国建设的相关论述，介绍选题背景、选题意义、研究目标、研究内容、篇章结构、研究方法、研究结论的创新之处与现实价值。

第二章：从公共卫生财政的概念、公共卫生财政支出对公共卫生服务水平的影响、财政分权对公共卫生财政支出规模的影响、公共卫生服务均等化及公共卫生财政管理体制五个方面梳理公共卫生财政相关的研究文献，并提炼出本书研究的具体研究思路，并明确概念内涵与研究内容。

第三章：论述公共卫生财政与健康中国建设的关联性。以健康中国建设的"两个一百年"愿景、维护国民健康和落实"四个全面"战略布局为基准。从公共卫生体系、医疗体制改革、全民医保制度建设、中医药传承等方面论述公共卫生财政对健康中国建设的基础性挂撑作用。

第四章：利用 DEA-Tobit 两阶段模型和中国 31 个省份[①] 2008～2019 年的省际面板数据，研究中国公共卫生财政支出绩效及其影响因素。研究结论显示不同区域政府间公共卫生财政支出效率存在显著差异；财政分权、医疗卫生政策、居民受教育程度与公共卫生财政支出效率正相关，人口密度、城市化水平负相关，对公共卫生财政支出效率的研究是后续研究的逻辑前提，因为无论在何种情景下，有效使用公共卫生财政资金都是必要的。

第五章：先考察造成区域间公共卫生服务差异的影响因素，并结合中国分税制财政体制的特点分析这些因素在中国制度语境下发生作用的特别之处。然后利用基尼系数、卡瓦尼指数和泰尔指数考察中国各省份在人均公共卫生财政支出费用、卫生从业人员数、卫生机构数和医疗设施方面的均等化水平，对基本公共卫生服务均等化进行量化分析。最后运用 2003～2020 年的省际面板数据，通过固定效应模型和面板工具变量法实证分析财政分权对不同区域公共卫生服务水平的影响，结果发现中国财政分权对公共卫生服务的影响为抑制效应，分权制伴随的政府间竞争对公共卫生财政支出存在溢出效应，且溢出效应大于抑制效应，因此各地公共卫生服务总体水平是提高的，但是两种效应在区域间强度的差异也诱致了区域公共卫生服务的差异。

第六章：重点关注政府间公共卫生财政协同，一是收集了 2007～2019 年全国省级区域的面板数据，运用空间计量模型实证分析中国政府间公共卫生财政支

---

① 本书中提及的省份或省级行政区均不包含港澳台地区。

出的协同情况，发现中央政府补助、人口规模、人口结构、城市化水平是消除政府间公共卫生财政支出差异的显著因素，政府间财政协同应该依据这些因素展开；二是收集了 2012 年 168 个国家的截面数据和 OCED 国家的截面数据，实证考察了公共卫生财政对传染病防治的作用，结果显示公共卫生财政支出对传染病致死率具有明显抑制效应，财政公共卫生投入中的卫生人员数、卫生技术水平对降低传染病死亡率的影响有限，表明突发性传染病的预防比治疗更有效，公共卫生财政投入的重点应该着眼于疾病预防方面的基础设施建设；三是选取新冠疫情防控案例考察公共卫生财政对保障人民群众身心健康的影响，重点是通过国际比较，论证不同公共卫生财政体制对公共卫生基础设施、卫生应急响应与疾病预防与治疗的制度优劣，同时也讨论了疫情常态化背景下的财政协同、疫情防治与健康中国建设问题。

第七章：考察健康中国建设与人类卫生健康共同体建设问题，因为健康中国建设不可能在无视人类卫生健康共同体理念下获得成功。在"人类卫生健康共同体"角度评价疫情防控中的中国探索，可推演中国公共卫生财政下一步的改革重点。从构建人类卫生健康共同体需要的团结合作精神、多边协调机制、责任担当意识和科学合理指导等视角回应和解读健康中国建设，有助于突出经济全球化背景下推进健康中国建设的全球价值，这可以从中非及中国、日本、韩国在卫生健康领域的协同合作中得到佐证。本章内容的目的是为健康中国建设提供国际视角的审视，为公共卫生财政服务健康中国建设融入开放理念。

第八章：研究公共卫生财政拄撑健康中国建设的策略。首先，结合前文分析论证公共卫生财政支出的重点和执行策略；其次，对于公共卫生财政的收入形成，研究显示通过自主税权充实地方财力是拄撑地方政府公共卫生财政投入的长久性制度措施，将地方房地产税作为地方公共卫生服务的受益税具有一定的可行性，但是也可能带来相应的公平性问题；最后，对省以下公共卫生财政事权与支出责任划分及公共卫生财政协同进行了针对性分析，认为必须科学合理地进行公共卫生财政支出责任划分，密切政府间公共卫生财政协同才能最大限度地提升公共卫生财政运行效率，为此，需要在公共卫生预测预警能力、医疗保障能力、响应动员能力等方面明确支出责任划分，形成公共卫生财政协同的制度基础。

三、研究方法

文献分析与事实分析相结合。文献基于现实又对现实具有指导作用，虽然公共卫生财政的精确定义学界还没有一致性认同，但是这方面的文献并不稀缺，这是因为公共卫生服务事关国家安全与人民健康，因此从财政角度去研究这一领域的问题具有理论与现实的合理性。本书的研究不仅在现有文献的基础上提取总结出了公共卫生财政的概念，也明确了其在研究中的内涵外延，增强了理论与实际的密切度，提升了研究价值。

经验分析与案例分析相结合。历史是现实的遗迹，现实是历史的演进。本书的研究结合中国公共卫生财政的历史数据，分别利用 DEA – Tobit 模型、面板计量模型与空间计量模型对中国公共卫生财政运行的总体绩效、影响因素、区域差异与互动协同进行了经验分析，这些经验分析的结论对案例分析提供了思路与视角，案例分析又反助经验分析的结论，互动形成浑然一体的研究脉络。

规范分析与实证分析相结合。实证分析是规范分析的基础，规范分析是实证分析的目标，本书的研究总体上属于规范分析范畴，为支撑研究观点，本书充实了大量经验实证研究，从而使本书的观点能够建立在坚实的基础之上，一则强化了研究观点的合理性，二则也为研究结论的落地增添了说服力。

国际比较与国内分析相结合。传染性突发公共卫生事件很容易演化为国际公共卫生事件，在这类事件中，各国应对机制常有差异，应对效果也各不相同，因此，基于效果追溯不同策略的相对优劣，往往可以获得一些"他山之石"的经验，虽然这样的"他山之石"未必是中国问题的灵药，但是进行这样的分析起码能够为中国公共卫生财政体制的建设提供思想启发，因此将国际比较法遴选为本书的研究方法顺理成章。

第二章

公共卫生财政研究综述

本章旨在通过公共卫生财政研究综述，获取研究心得、明确基本概念、形成研究框架。从公共卫生财政的概念与内涵，财政支撑公共卫生服务供给的力度与效率、公共卫生服务的均等化、影响均等化的财政分权因素、公共卫生财政管理体制等角度进行了梳理和评述；基于现有文献、结合财政学理论明确定义了公共卫生、公共卫生服务、公共卫生财政学、公共卫生财政、公共卫生财政协同、公共卫生财政国际协同、健康中国建设、构建人类卫生健康共同体等重要概念；最后给出了研究设计。

第一节　公共卫生财政的概念与演进

一、公共卫生财政的概念

最早关于公共卫生的权威定义由美国公共卫生之父温斯洛（Charles-Edward Amory Winslow）教授提出，温斯洛（1920）在其名篇《公共卫生的处女地》（*The Untilled Fields of Public Health*）中将公共卫生定义为：全社会的公私机构、大小社群及所有个人通过有组织的努力与有根据的选择来预防疾病、延长寿命并促进健康的科学与技术。这一概念意味着公共卫生事业可以有全球、国家或地区之分，具体事项一般包括对重大疾病（尤其是传染性疾病）的预防、接种、监控和治疗，也包括对食品、药品和用水环境等的监督管制，现代公共卫生事业还包括公共卫生宣传和健康教育等。这说明公共卫生的基本特征是强调公共性和预防性，目的是通过评价、政策和保障来预防疾病、延长寿命和促进身心健康。国内对公共卫生的理解相对来说更具多面性（龚向光，2003；李立明，2014；陶莹等，2018），此处不再详述。

公共卫生的公共性与预防性特征限制了公共卫生事业市场化的运作效率，因此公共卫生事业大都由政府主导或政府支持，其中主要是财政政策或途径。同时，为了防范政府财政干预过当，会对政府在公共卫生事业中的职责与范围作出明确界定和限制，以恰当发挥政府作用，最大化社会福利。这种予取予求的特别关系衍生出了关于公共财政与公共卫生的探讨，并在不断的演进中形成了相对独立的公共卫生财政概念。

公共财政是研究政府经济行为的经济学科，关注的焦点是政府行为对资源配置的影响，相应的，公共卫生财政也可以理解为政府在公共卫生领域的行为对公共卫生资源配置的影响，目的是通过资源配置影响公共卫生服务的效率与公平，寻找合适的政策工具，使得公共卫生领域的资源配置能够最大化社会福利。或者可以更专业地将公共卫生财政定义为：基于公共卫生功能的资源获得、使用和管理，及其对国民健康与公共卫生系统影响的研究领域（Peggy and Brian，2007）。该定义融合了公共财政学对公共卫生的研究和公共卫生学对公共财政的理解，并拓展政府经济行为进入到财政资金的管理、使用和效率评估等方面，既继承经济学的基本分析方法，又不拘泥于分项研究预防、保护和治疗等领域的公共卫生问题，而是着眼于整个公共卫生领域的资源配置与管理，总的目标是最大化社会福利。这意味着公共卫生财政学的研究文献应涵盖公共卫生事业的资金形成、服务数量、均等化程度、安全与功效、科技攻关、制度建设等诸多方面，是一个交叉的综合型学科，图2－1直观地展示了公共卫生财政学科间的联系。

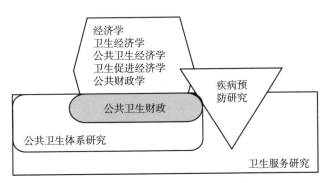

图2－1 公共卫生财政学科间的联系

从图2－1可以体会到公共卫生财政具有的预算、融资及财务管理职能，以及服务于疾病预防和卫生健康的学科目标。由于疾病预防和卫生健康既有普遍性特征也有地方性特征，因此公共卫生财政的融资与管理也往往因城乡、地区、财政层级而异，这就涉及公共卫生财政预算、融资及管理中的财政体制匹配问题，即各级政府公共卫生事权与财权的划分与协同，以及公共卫生体系的运行设计问题，也就是说结合特定国家的具体财政制度去研究其公共卫生财政体系与治理体系是必要的、也是可行的。

还有一点可以体会到公共卫生财政与卫生财政是不同的概念。依据传统财政学逻辑，政府财政并没有完全介入卫生事业的充分条件，因此社会卫生支出的总量往往是由政府财政支出和社会个体支出构成的，这其中包括了政府全额财政支出、个体全额卫生支出和两者的组合支出，至于卫生财政支出事项或卫生财政支出占比，通常依据卫生事项的公共属性强度而有所不同。此时，一般将卫生财政全额和差额承担的总量称为卫生财政支出，而把其中财政全额承担的支出称为公共卫生财政支出。相应的，对前者的研究是卫生财政学，而对后者的研究更多的归于公共卫生财政学，这是从效率角度而言的概念差异。比如，当我们讲卫生财政时通常包括政府对医疗保险基金的补贴，而研究公共卫生财政问题时通常将概念边界限定在疾病控制和预防之类的财政为主的支出项目上。

国内很少有文献专门讨论公共卫生财政的概念，这一方面源于公共产品在时间维度上的不一致性，即人们对卫生健康性质和地位的认知会随着影响人类健康的外部因素而变化，因此公共卫生财政的内涵也是动态的；另一方面，即使在中央文件中经常出现公共卫生的表述，但是也很少对其内涵进行明确界定。所以尽管公共卫生在医学领域的内涵比较清楚，但是在经济学研究中，公共卫生通常并不完全是指其在医学领域的内涵，而是指从经济理论出发应该由政府支出的健康服务或相应的制度规则。实践中，往往以国家统计局纳入卫生财政收支统计的事项作为公共卫生财政学的研究边界。

二、中国公共卫生财政的演进

有关中国公共卫生财政演进的研究见于对中国公共卫生事业发展回顾的文献中，这些文献大都认同中国公共卫生事业发展经历了三个不同阶段，即计划经济时期、市场化改革时期和公益性回归时期（李洁，2019），并根据每一阶段公共卫生事业经费的形成来探讨当期公共卫生财政的利弊得失。李玉荣（2011）和林进龙（2021）等学者从不同视角介绍了中国公共卫生事业的发展。从公共卫生事业发展状况看，新中国成立初的公共卫生领域缺医少药，每千人拥有的床位数仅为0.15张，卫生人员数仅有0.96人，公共卫生服务能力极其低下，医疗卫生保障制度基本缺位，完全无法满足人民群众基本的公共卫生需求。从1952年的第二届全国卫生会议开始，国家明确提出并开展了以提高医疗卫生服务覆盖面和可及性为中心目标的公共卫生体系建设，具体做法包括1952～1957年的基层卫生防疫和卫生环境建设工作，这一阶段的工作成效是控制了鼠疫、霍乱等恶性传染病的传播，改善了城乡不良卫生条件。1958～1965年公共卫生事业的重心是"除四害、讲卫生"、消除传染病媒介物、建立卫生制度、培养卫生习惯，不仅使主要传染性疾病得到全面控制，还基本实现了"移风易俗、改造国家"的目标。1966年"文化大革命"至改革开放前的这一时期，虽然公共卫生事业也遭到不同程度的破坏，但是"两管"①"五改"② 工作的推进，仍然在饮水安全和传染病防治方面取得了显著成果，同时还搭建完成了包括各级、各类医疗卫生机构和防疫机构在内的规范化公共卫生服务体系。可以说，这一阶段中国公共卫生事业获得了"低收入国家举世无双的成就"。从治理特征看，中国改革开放前的公共卫生治理完全模仿苏联模式，城市利用公共财政拨款建立医疗保障制度，农村发挥集体经济作用建立合作医疗制度，公共卫生服务基本局限于初级保健。

　　鉴于计划经济和集体经济都具有的公共性特征，我们可以把这一时期的公共卫生财政描述为以国家为主导的融资、核算与管理体制，只不过公共卫生财政在城市表现得相对明显，考虑到当时利税不分家的实际情况，将集体支付的公共卫生费用也看作"财政资金"是有一定道理的。于是，参照李玉荣（2011）、吴俊和叶冬青（2019）等学者的观点，我们可以将这一时期公共卫生财政的特征总结为以下三项：一是党和政府高度重视公共卫生事业的发展，因此也将公共卫生事业的费用需求视为己任，并为公共卫生事业发展提供充足财政保障；二是城乡有别但注重协同，两套公共卫生筹资机制是城乡有别的最明显特征，而城乡居民又都能够享受到基本均等的公共卫生服务则是注重财政协同的结果；三是善于发挥公共卫生财政资金的杠杆作用，注重动员全社会力量的参与。

　　改革开放是中国公共卫生事业发展的拐点，之后的中国公共卫生发展经历了市场化取向到公共性回归的转变，相应的公共卫生财政也经历了从放任收缩到积极参与的转变，这一点在所有关注公共卫生事业发展的文献中都得到了认可，但是不同学者对转变时间节点的认识存在差异。宋晓梧和邢伟（2019）等学者结合国家政策定位和实施效果，综合分析了1997年《中共中央、国务院关于卫生改革与发展的决定》对公共卫生机构非营利性事业单位的定位、1998年《国务院关于建立城镇职工基本医疗保险制度的决定》和2000年《关于城镇医药卫生体制改革的指导意见》等文件精神和实施效果，认为随之出现的公共卫生财政支出绝对水平及卫生总费用占比水平的提高，可以作为中国公共卫生

---

① 管理粪便垃圾，管理饮用水源。
② 改良厕所、改良畜禽圈、改良水井、改良环境、改良炉灶。

公益性回归的标志，因此将 1978～2000 年定性为公共卫生财政的市场化改革期。这一时期公共卫生财政的特征是减少经费支出、收缩活动参与，带来的好处是扩大了医疗卫生机构的自主权、实现了办医格局多元化，坏处是个人医疗卫生支出占比快速提高，"看病难、看病贵"问题日益突出，公共卫生服务体系的公益性特征明显削弱，社会普通大众的幸福感被严重侵蚀。熊烨（2016）和李洁（2019）等学者的研究也基本印证了这一时期公共卫生财政的变化特征，但将公益性回归的时间节点确定在 2003 年，或许是因为当年公共卫生事件（SARS）的影响。事实上，尽管学者们具体的划分时点存在差异，但是对公共卫生财政从"公平"过度转向"效率"的看法是一致的，强调效率导致的长期不均衡发展也带来了许多社会问题，不同地区和群体享有的公共卫生资源日益分化，公共医疗卫生服务底部萎缩和医药费用的快速上涨也引发了人民群众的普遍不满（林进龙，2021）。

学界对中国公共卫生事业公益性回归的时点判断虽有差异，但是认为公共卫生事业回归公益性强化了公共卫生财政职能的观点却是一致的，对此，经常被提及的两个标志性事件分别是 SARS 的影响和健康中国建设规划的提出。SARS 疫情充分暴露了我国公共卫生防疫体系的问题，也督促政府出台或完善了大量政策，并加大了公共卫生财政支持力度，其中 2004 年 12 月全国人大常委会修订并公布实施的《中华人民共和国传染病防治法》为此后应对突发公共卫生事件提供了立法保障，确立了公共卫生财政在疫情防控中的基础性地位（张晓玲，2020）。《"健康中国 2030"规划纲要》于 2016 年发布，意味着中国已将公共卫生事业纳入国家战略之中，开始将公共卫生事业融入国家治理体系和治理能力现代化建设大局中，而财政正是实现这一大局的支柱和保障。这一时期公共卫生的目标不再拘泥于医疗卫生层面，而是着眼于公民健康的更高水平，公共卫生财政也转向福利经济学视角下对健康公共品的提供，公共卫生财政也开始形成一个以公共健康为目的，以有为政府为主导、有效市场和有机社会协同参与为核心要素，以人民群众为服务对象，以提供适宜公共卫生产品为主要内容，人人有责、人人尽责、人人享有的社会整体（吕筠和李立明，2007；宋晓梧和邢伟，2019）。

总结学者对中国公共卫生事业 70 多年发展历程的研究不难发现，中国公共卫生财政服务于提高人民健康水平的基本理念始终没有变，改革曲折一方面是因为对公共卫生基本属性的理解有一个深化的过程，另一方面也因为财政负担能力的约束而出现了偏颇。随着国家经济实力的增强和对公共卫生服务属性认识的不断深入，由公共卫生财政主导中国公共事业发展的理念已成为当下的社会共识。而要让共识转化为行动，还有赖于公共卫生财政与疾控、药监、科技、体育等广义健康部门的密切配合，有赖于处理好政府主导、市场协同和社会参与之间的关系，在人民群众日益增长的健康需要和公共卫生服务供给水平与质量相对不足的矛盾中，寻找矛盾堵点和痛点，通过优化公共卫生财政的资源配置职能，可以奠定健康中国建设的财政之基。

三、中国公共卫生财政的内涵特征

有关公共卫生财政概念及中国公共卫生财政演进的研究为理解中国公共卫生财政的内涵提供了管窥途径，为更好地服务于拄撑健康中国建设，还有必要进一步梳理对其内涵特征的认识及其变化。

首先，伴随着中国公共卫生事业"全面计划，过度市场化和适度市场化"的发展历程，人们对公共卫生服务内涵的理解也经历了"简单，有偏，全面"的过程。改革开放以前是政府全面主导的计划式公共卫生体系，虽然这种模式受限于特定历史背景并做出了显著历史功绩，但长远看局限性依然明显，成就历史功绩的原因在于对有限资源的清醒认识、对公共卫生预防为主原则的坚决落实及政府强大的动员能力；局限性在于无法满足健康需求的个性化，也在于政府在资源配置方面的局限性，这一时期人们对公共卫生事业的理解是简单和单纯的。改革开放后至2009年期间，中国公共卫生基本上是一个过度市场化的过程，导致的直接结果是"看病难、看病贵"，使公共卫生服务失去了公共特征，其根本原因是看到了公共卫生事业发展的效率原则但是忽略了公益原则。幸运的是，2003年的SARS为这一改革敲响了警钟，帮助重塑了中国的公共卫生体系，唤醒了中国政府对健康、公平、公共卫生事业的再次重视（许伟明，2020）。这为2009年后的"新医改"开启了思想准备，"新医改"对公共卫生服务内涵理解的深刻转变是公益性认识的回归，具体表现则是将公平可及的以公共卫生服务体系、基本医疗保险为主体的医疗保障体系、运行高效的医疗服务体系、安全规范的药品供应保障体系并列为中国卫生事业的四大体系，并提出基本公共卫生服务均等化理念与目标。内容上则表现为不断完善的《国家基本公共卫生服务规范》，其项目内容分别从2009年第1版的9项增加至2017年第3版的12项，即：居民健康档案管理、健康教育、预防接种、0～6岁儿童健康管理、孕产妇健康管理、老年人健康管理、慢性病患者健康管理（包括高血压患者健康管理和Ⅱ型糖尿病患者健康管理）、严重精神障碍患者管理、肺结核患者健康管理、中医药健康管理、传染病及突发公共卫生事件报告和处理、卫生计生监督协管。在各项服务规范中，特别规范了国家基本公共卫生服务项目，同时也统一制定了确定建档对象流程图（如图2-2所示）和居民健康档案管理流程图（如图2-3所示），而这些流程图所体现的正是公共卫生财政拄撑健康服务的真实写照。

党的十八届三中全会以后，中国公共卫生服务的内涵在公益性基础上走入了

社会治理模式，即转向多元主体协同治理方向，强调政府、市场和社会共同参与
公共卫生治理责任的强化与路径的优化（杨燕绥和刘懿，2019），这种模式在体
制层面注重国家力量下渗和公共政策下行至基本社会单元，在战略层面体现为推
进健康中国建设，内容上则几乎涉及所有卫生健康领域的问题（李斌，2018），
最终目标就是通过"全人群"和"全生命周期"两个维度、健康事业和健康产
业两个效度共同塑造公共卫生服务体系（彭翔和张航，2019）。现有文献的这些
观点意味着公共卫生财政将以非市场方式影响公共卫生健康，并在中国健康卫生
事业中居于主导地位。

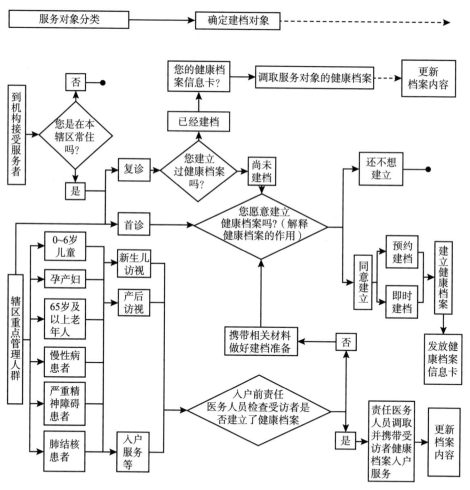

图 2 - 2 确定建档对象流程

资料来源：《国家基本公共卫生服务规范》（第三版）。

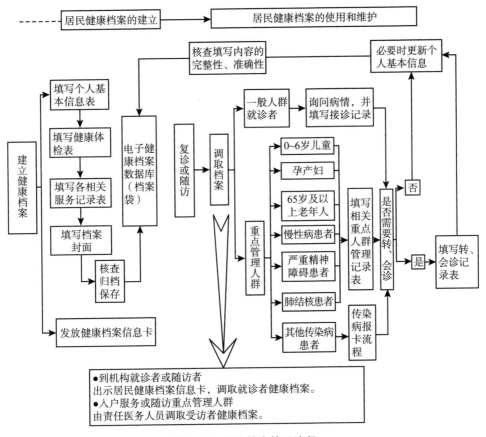

图 2-3 健康档案管理流程

资料来源:《国家基本公共卫生服务规范》(第三版)。

其次,伴随着对公共卫生服务内涵理解的深入,公共卫生财政也大体经历了"错位、缺位、归位"的特征转换。计划经济时期的公共卫生财政是错位的,原因在于当时的公共卫生财政实际上只是服务于国家财政分配职能的一种手段,既缺乏相对的独立性,也没有体现出公共卫生服务的效率原则。因此,随着经济体制改革的推开,原来错位的公共卫生财政就失去了改革目标的路径参照,这为"新医改"之前公共卫生财政在卫生事业中的缺位埋下了伏笔。在这一段时间,公共卫生领域从财政错位、市场缺位到市场错位、财政缺位,让公共卫生治理领域的症结和尴尬显露无遗。这说明一个健全的公共卫生体系必须搭载良好的社会组织体系与公共卫生基础设施体系,前者有赖于政府的规划与支持,也有赖于社会响应与参与,后者则必须关注基层医疗预防保健网络,关注硬件和软件方面技术性措施,为微观主体的效率竞争提供其必需的舞台与运行规则,实现有为政府与有效市场的融合发展(林进龙,2021)。

然而,在公共卫生领域协调好政府与市场的关系并非轻而易举,一方面需要在减少政府垄断的前提下引入市场机制；另一方面，又需要防范市场主体钻微观规制和监管的漏洞，形成市场垄断，或者囤积居奇、哄抬物价等扰乱市场秩序的不当谋利行为。一方面需要基于公共卫生服务的公益性而鼓励政府提供必要的卫生公共品；另一方面，又希望发挥市场效率而鼓励微观主体的积极介入，这就形成了一个必须面对的治理与协调问题，而这正是构建现代公共卫生服务体系，推进健康中国建设的需要。首先要明确公共卫生的公益性和系统性特征，必须依靠政府主导（徐月宾和张秀兰，2005），同时不能排斥市场对公共卫生领域的创新驱动和激励作用，提高公共卫生服务的可及性、有效性、适时性和适宜性，另外还要建立公共卫生服务的共建、共治、共享机制，推动医疗卫生工作重心下移和医疗卫生资源下沉，调动全社会力量的共同参与，建立政府、市场、社会互补互嵌局面，优化政府、市场、社会之间的关系（胡宁生，2014）。所以，以政府为主导的公共卫生服务供给体制也需要协调好政府与市场，以及各级政府之间的关系。

通过对公共卫生与公共卫生财政内涵发展历程的研究可知，中国公共卫生事业和公共卫生财政始终着眼于完善广大人民群众对美好生活向往及其相应的健康权保障体系的确立，经过70多年的艰苦探索，惠及全民的健康中国建设蓝图开始确立，基于全社会参与的政府主导、市场协同机制步入正轨（林进龙，2020），在这样的大背景下，基于财政学思想理论研究公共卫生财政拄撑健康中国建设应该是一个必然且最优的选择。

第二节 财政支出与公共卫生

从财政学角度看，与公共卫生服务高度相关的内容当属财政支出，或者更准确地讲是公共卫生财政支出。这意味着公共卫生财政支出的规模与结构，以及公共卫生财政支出对公共卫生事业产生的影响，必定是公共卫生财政学必须面对的首要问题。

一、公共卫生财政支出规模与结构

虽然公共卫生服务具有公共性和预防性特征，但是并不具有严格意义上的非竞争性与非排他性特征，因此财政承担公共卫生服务的全部费用并不具有财政经济学意义上的合理性，这就使公共卫生财政支出的合理规模与重点投向问题凸显出来，也为一些促进私人部门从事公共卫生事业的观点提供了理论基础（Pollock et al.，1998）。大多数研究用公共卫生财政支出占GDP的比重，或者公共卫生财政支出增速与GDP增速的同步性来判定公共卫生财政支出规模的合理性，也有一些研究借助这两个指标的国际比较来发现特定国家或时期公共卫生财政支出规模与结构方面存在的问题。徐印州等（2004）利用1991~2000年中国卫生费用的数据对这一问题进行了研究，结果发现中国公共卫生财政支出不仅存在规模上的不协调，结构上也存在农村、基层和预防保健费用占比偏低的不合理状况，因此提出了扩大支出规模，优化支出结构的政策主张。至于何以会产生规模与结构方面的问题，有学者将其归因于中国市场化改革和医疗保障制度的不合理，将结构失衡归结为医疗服务项目上的不合理及城乡与地区之间的不合理，而不合理的原因又是因为在市场化转轨过程中，中国没有按照公共卫生财政的要求，具体设计政府介入卫生保健项目的菜单，一刀切地将所有的医疗卫生机构实行差额预算拨款管理（代英姿，2005）。此外，童伟和宁小花（2019）也通过分析俄罗斯医疗卫生制度的顶层设计、制度建设和筹资方式，对中国公共卫生服务的筹资与均等化进行了解析。

在分权制财政体制下，政府间公共卫生财政支出责任的划分也是影响公共卫生财政支出规模与结构的重要因素（刘正华和吕宗耀，2014），绝大多数国家的公共卫生财政支出责任是由各级政府分担的，诸如人员工资等的经常性支出，分担责任通常是明确且固定的，而对于突发性公共卫生事件的财政支出责任，则往往需要根据一个国家的制度特色和区域经济差异另行安排（宋立根和成军，2003）。不过，无论责任如何划分，转移支付都不失为一个最重要的互助工具，这就涉及公共卫生转移支付影响因素和具体数量的确定，以及对转移支付资金的使用和管理等问题（胡汉华等，2009），该内容将在财政分权部分重点讨论。

二、公共卫生财政支出效度

对公共卫生财政支出效能的关注主要体现在有关公共卫生服务财政支出项目的触及度及效率两个方面，阿布拉姆等（Abrams et al.，1996）将公共卫生财政支出的影响定义为两者的乘积，即某项卫生财政支出项目的影响等于受其影响的人数与个体受到影响程度的乘积。拉斯戈等（lasgow et al.，1999）在阿布拉姆研究的基础上提出了RE-AIM五维度分析框架，即reach（触及度或覆盖面）、efficacy（功效）、adoption（采纳）、implementation（实施）、maintenance（维持）。其中触及度或覆盖面指公共卫生财政支出项目影响到的人数，功效指按照项目手册贯彻执行后的成功率，采纳指愿意或能够采纳这些项目的机构和场景，实施指在实践中贯彻的可行性和便利性，维持指项目执行需要或能够持续的时间。其中，RE主要体现在个体层面，AI主要体现在组织层面，M则两者兼顾，综合影响也就是五要素乘积的形式。对公共卫生财政支出影响的实证研究则主要集中在对医生行为改变的考察上，即医疗服务供给是随着医疗费用的支出持续向上倾斜还是最终形成后弓的曲线，大多数的研究认为医疗服务供给与医疗投入之间是正相关的，这些结论主要是通过验证医疗服务供给的价格弹性而获得的（Clemens and Gottlieb，2014）。也有学者从理论上构建一般均衡模型来求证医疗费用支出增长诱使医生提供更多医疗服务的结论（McGuire and Pauly，1991），不过经验研究的结论是医疗服务与医疗投入之间确实存在正相关，且与替代性服务投入之间存在负相关（Hadley and Reschovsky，2006；Mitchell et al.，2000；Hadley et al.，2001）。

触及度的一个具体体现是公共卫生财政支出受益群体差异，中国公共卫生的收益公平性仍然不高，经济发展水平比较高的地区、城市和高收入阶层获得了相对比较高的收益（孙健夫和要敬辉，2005）。以广西壮族自治区为例，公共卫生财政支出的不均等既是影响区域公共卫生服务均等化的主因，也是影响城乡公共卫生服务均等化的次因（蓝相洁，2015）。如何改变这种不均等状况？李永友（2017）认为始于2009年的"新医改"至少使最低收入群体因使用了相对更多的门诊服务而获得了相对多的受益，但是如果改变医疗补助方式，通过提高门诊服务的财政补助水平来降低服务价格，则可以在让所有收入群体都受益的同时让低收入群体享受到更大益处，这说明卫生财政支出方式确实影响到了公共卫生服务触及的公平性。

公共卫生财政支出的一个反向影响是经济增长。蓝相洁（2013）利用空间计量模型和中国31个省份2001～2010年的数据研究发现，食品药品监督管理费、卫生事业费支出显著促进经济增长，说明公共卫生财政支出对经济增长存在反馈效应，其中的逻辑大体是公共卫生财政支出提升了健康水平，健康水平的改善又提高了工作效率，效率再促进生产。对于这一逻辑的合理性，王宝顺和刘京焕（2011）考察了公共卫生财政支出对全国平均生产技术效率的影响，结果显示公共卫生财政支出对东部地区的作用要高于中部、西部地区，说明公共卫生财政支出促进经济增长的逻辑有一定合理性。

第三节　公共卫生服务的均等化

公共卫生服务具有公益性特征，加之对健康权的商品平均主义观点在学术研究中的道德优势，公共卫生服务均等化始终是公共卫生财政学研究的重要领域，也是对公共卫生财政支出规模与结构研究的自然延伸，研究方向则主要体现在均等化的衡量与均等化的实现两个方面。

一、公共卫生服务均等化的衡量

均等化研究首先遇到的是度量问题，泰尔指数是衡量公共卫生服务均等化程度的常见方法之一。兰相洁（2010，2014）运用该指数研究了中国地区间与城乡间公共卫生服务水平的差异，结果表明中国东部、中部、西部三大区域之间存在公共卫生服务不均等现象，但是不均等程度有所缩小。分地区看，东部地区公共卫生财政支出对泰尔指数的贡献最大，其中北京市、上海市、天津市三个直辖市又是导致东部地区公共卫生财政支出分布不均衡的主要因素；中部地区的湖北省、山西省、内蒙古自治区、吉林省和黑龙江省在资源分配中处于占优地位，对公共卫生财政支出的泰尔指数贡献也较大；西部地区的影响主要来自新疆维吾尔自治区、四川省和西藏自治区。城乡间公共卫生服务的财政收敛性也在不断提高，但是地区内部城乡公共卫生服务的差距却越来越大，尤其是华东和华南地区内部的不均等程度尤为突出；从城乡内部对比看，农村内部之间公共卫生服务不均等水平低于城市内部之间的不均等水平。

动态来看，中国 31 个省份间的公共卫生服务不存在显著的绝对收敛，但是存在显著的条件收敛；各省份之间的空间效应显著为负表明政府间并未形成趋好的竞争机制，反而出现了逐底竞争，影响了省际公共卫生服务的收敛速度（刘小勇和丁焕峰，2011）。在人均层面上，医疗卫生财政支出的总体差距具有稳定的非一致性表现，且公共卫生财政支出的动态变化并不是简单的线性变动，公共卫生财政支出水平状态之间的波动性正沿着有助于实现地区间人均公共卫生财政支出水平收敛的方向改进（颜建军等，2017）。这意味着城乡公共卫生服务差距的改善不能依赖临时性调整公共卫生财政支出得以实现，而是要遵循最低基本公共服务人人可享的原则，通过公共卫生财政制度性建设，尤其是要建立起公共卫生服务的资金保障机制，利用供给创新保证城市和乡村都享有基本的公共卫生服务，并在争取改进上做到机会均等（蓝相洁和文旗，2015）。

二、公共卫生服务均等化的实现

公平性是公共卫生财政的永恒主题，对于如何评价和实现公共卫生服务均等化，总的策略不外乎通过纵向或横向转移支付扶持公共卫生服务相对落后的一方（李杰刚和李志勇，2012）。具体的措施则往往因研究视角的差异而各有侧重，如通过加速城镇化来打破城乡二元分割的公共卫生服务制度安排；强化政府在公共卫生资源配置中的政策保障和主导作用，利用非市场手段促进公平；合理划分各级政府公共卫生支出中的财政事权和支出责任；制定基本公共卫生服务标准，确保人人都能享有基本公共卫生服务等（胡铭，2010）。对于不同地域的公共卫生服务，还应该考虑到区域经济社会发展中的特殊性，经济欠发达地区的云南不仅财政投入水平低、医疗资源分布不均衡，而且医疗人才和优质医疗资源短缺问题也尤为突出，因此相对于增加公共卫生财政支出总量和优化政府间转移支付，更需要关注合理配置医疗资源、着力解决人才"瓶颈"等方面的问题（邱虹和杨宇，2012）。对于经济相对发达的福建省而言，均等化的措施就可以考虑提高基层政府税收能力，因为当地的地方政府大都具有较强的税收资源禀赋；还可以考虑打破身份、区域和职业限制，推进群体间基本公共卫生服务均等化，因为不同群体不仅是在纳税能力方面存在差异，更多的是身份对其获取基本公共卫生服务形成了一种限制（邓剑伟，2011）。

需要注意的是，任何单一的公共卫生服务均等化对策都不足以保证均等化目标的实现，而多项政策的简单加总也未必一定能够实现互补，因此必须要注意政策实施的多元联动，体制机制的互动融合，激励约束的相得益彰，监督遵从的正向反馈等（管仲军和黄恒学，2010）。还有就是要注重政策的渐进性，不能指望一蹴而就，政府在教育、公共卫生、社会保障和社会福利等方面的错位或缺位是长期演进的结果，具有浓重的历史原因，每一项制度的改革都不可能独善其身，都涉及方方面面的利益，因此需要统筹协调、稳步推进（安体富，2007）。

第四节　财政分权与公共卫生

公共卫生财政支出规模、结构及均等化与一个国家的财政体制密不可分，财政体制问题首先是一个国家不同层级政府间的财政事权、支出责任与财政收入权的制度安排问题，不同的分权制度通常会带来不同的公共卫生财政支出状况和公共卫生服务分布状况，因此众多学者开始从财政分权视角关注公共卫生财政支出对国民健康的影响。

一、财政分权对公共卫生财政支出的影响

财政分权是否造成了公共卫生服务的失衡？从城乡层面看，一些文献认为财政分权导致了县乡财政困难，进而影响了农村公共卫生服务的供给，同时城镇化的快速发展也减少了农村对公共卫生服务的需求，如果再叠加财政转移支付制度的不健全，基本可以确定财政分权是城乡公共卫生服务失衡的主因（孙旭光和牟诚诚，2011）。从区域间公共卫生服务失衡的角度看，张宏翔等（2014）运用1997～2011年的省际面板数据分析表明，以支出分权度和收入分权度衡量的财政分权都是有利于地方公共卫生服务供给的，而当财政分权与以GDP导向型的政绩竞争结合在一起时，财政分权对公共卫生投入的积极作用就会显著减弱，这意味着政绩导向的经济激励借由改变地方支出结构、挤占公共卫生投入而扭曲了财政分权的正向激励，且经济欠发达的中部、西部地区，这种扭曲效应更为明显，

因此中部、西部地区的公共卫生投入表现出了较为显著的库兹涅茨曲线特征。当然，也有学者对此持不同观点，比如刘正华和吕宗耀（2014）认为财政分权与公共卫生财政支出占比之间是负向关系，尽管财政自给度和人均转移支付对公共卫生财政支出占比具有正向影响，但是不足以抵消财政分权带来的负向影响。此外，省以下财政分权也是必须考虑的影响公共卫生财政支出的重要因素。因为即使省级财政分权提高了区域公共卫生服务的供给水平，省以下财政分权也可能降低区域公共卫生服务产出（刘小勇和李齐云，2015），这说明完善基层公共卫生服务也是分税制财政体制必须关注的重点，至于如何应对财政分权带来的公共卫生服务不均等现象，现有文献大都聚焦于通过财政转移支付制度来减缓不均等现象，这种有些拘于常识的对策面临的问题也是显而易见的（李齐云和刘小勇，2010），或许落实分权财政的基本内涵，赋予地方政府自主可行的稳定税种收入更是值得研究的一个方向。

二、分权财政与公共卫生财政支出责任

在分税制财政体制下，公共卫生财政支出责任划分是各级财政事权的重要内容，因此必须科学规范地在各级财政之间配置公共卫生服务的财政事权。改革开放以来，中国公共卫生服务的事权配置始终处于不断调整完善的过程中，由于地方本位主义的存在，政府间财税竞争和上下级政府间的不对称互动，中国公共卫生财政支出责任的划分始终处于动态调整之中，因此对其合理性的评价必须置身于建立现代公共财政制度的整体框架之下（熊波，2008）。目前，我国医疗卫生领域的财政事权主要包括公共卫生、医疗保障、计划生育、能力建设四个方面。按照加快建立现代财政制度，建立权责清晰、财力协调、区域均衡的中央和地方财政关系的基本要求，坚定支持实施健康中国战略，深化医药卫生体制改革，努力为人民群众提供全方位全周期健康服务的公共卫生财政支出目标，国务院于2018 年 7 月出台了《医疗卫生领域中央与地方财政事权和支出责任划分改革方案》。该方案解决了我国医疗卫生领域权责划分体系不够完整，部分事项财政事权划分不明确、不科学，职责交叉重叠的问题，校正了部分公共卫生支出项目分散、多头管理，财政资金使用效率不高等问题。方案体现了坚持政府主导，促进人人公平享有公共卫生服务的基本思想，确立了政府在提供基本医疗卫生服务中的主导地位，加大了对贫困地区和贫困人口的支持力度，强调了政府主导与发挥市场机制作用相结合的重要价值。可以说，这一方案是多年来学术研究在官方文件中的价值体现。

第五节　公共卫生财政管理体制

一、公共卫生财政管理体制

公共卫生财政管理体制是与公共卫生财政分权紧密相关的概念，是实现公共卫生财政目标的制度保障。构建这一制度保障既要有正确的公共卫生财政理念，更应有助于将有限财政资源投向正确的社会主体（轩志东和罗五金，2008）。为此，首先，要明确公共卫生财政的支出主体责任，改革开放前中国执行的大一统财政体制，谈不上独立的公共卫生财政体制，改革开放之初由于人们对公共卫生本质内涵理解的缺位，政府在公共卫生领域主体责任的缺失造成了大量的社会问题，一个可行的解决方法是建立中国公共卫生母法，从法律上明确公共卫生服务的"公共品"属性、明确社会主体参与的权利与义务，防止医疗卫生服务领域的过度商业化，改革基本医疗卫生服务，重视公共卫生服务系统从业人员全过程、全方位素质培养（马强，2005）。其次，要探索和改革公共卫生服务形成机制，在一些可行的具体服务领域，将公共卫生服务的政府投入形成机制转化为政府购买形成机制，以降低公共卫生服务形成的行政管理成本，让人民群众获得更大实惠（王俊华，2002）。再次，要改革转移支付制度，进一步完善基层三级医疗体系，公共卫生财政转移支付制度的根本目的是调节地区、城乡或群体间公共卫生财政投入的差距，要综合公共卫生转移支付"基数法"和"因素法"的利弊，在操作的便利性和设计的科学性方面寻找合适的均衡点，针对性地解决公共服务中的许多现实问题（张敏等，2011）。尤其是要解决好构建基层三级医疗卫生服务体系中的转移支付制度，因为基层三级医疗卫生服务体系直接关系到农村公共卫生事业的良性循环和持续发展，是保证医疗卫生资源配置绩效，满足农民基本医疗卫生需求的关键环节，而国家财政在这方面的投入却严重不足，农村医疗技术水平普遍偏低，这有悖于中国社会主义制度的基本理念（刘明慧，2010）。最后，要拓展公共医疗卫生经费供给渠道，形成一整套鼓励社会投入的创新型公共卫生财政管理制度体系，虽然市场化运作可能造成公共卫生服务的不均等，违背公共卫生服务的公共属性，但是这种机制也有可能产生帕累托式的效率增进，加之一些公共卫生服务具有投入多、周期长、风险大的特点，仅仅靠政府及医疗卫生单位的投入是不够的，因此构建创新型的公共卫生财政管理制度体系具有现实的必要性，事实上，PPP（public-private partnership，即公私合作制）作为一种值得尝试的合作模式，已在一些国家或地区取得了不错的效果，实现了减轻财政压力，弥补投入不足，分散医疗风险，提高资源配置效率的目的，是一个可以探索的方向（周典和刘心报，2007；蔡晓鸣，2008）。

二、公共卫生财政应急管理体制

突发公共卫生事件始终伴随着人类的发展而演化，人类可以预防但始终不可能控制突发公共卫生事件的发生，而突发公共卫生事件一旦发生，就会对人类健康产生巨大影响，2003 年的非典及 2020 年的新冠疫情都充分说明了突发公共卫生事件的影响力度，也因此促进了相关学者对这一领域的研究。一些具有共识性的结论包括：突发公共卫生事件对大多数普通民众都是难以承受之重，因此政府的费用减免与补贴必不可少，而这种非预期的财政支出对中央政府和地方政府都会是不小的负担，同时，为了应对事件对经济的影响，政府也往往需要采取税收优惠政策以提振经济，如何缓解这种短期增支减收带来的窘境对政府财政是一个不小的考验，庆幸的是经过 SARS 的冲击，中国已经开始着手构建应对突发公共卫生事件短期影响的长期措施，这包括通过加快现代公共卫生财政应急制度建设、建立突发公共卫生事件应急响应机制，加大对公共卫生服务的资金投入，打造好保障公共卫生安全的物质、技术和资金基础，以增强公共卫生系统的结合能力和适应能力（马杰，2003；孙开，2003；高培勇，2003）。

公共卫生资源物资储备是构建公共卫生财政应急响应机制的重要内容，也是公共卫生财政框架不可或缺的重要组成部分，目前来看，财政应对公共卫生突发事件的能力仍然不足，主要体现在预备费功能弱小、应急能力基础薄弱和法律依据不足等方面。因此，一定要树立风险意识和忧患意识，在经验积累中逐步建立起风险分担的制度框架和法制框架（刘尚希和陈少强，2003）。同时也要允许地方先行先试，针对性地构建地方层面的应急管理体系。比如，徐瑞蓉（2016）就从效益机制缺位和管理体制分散等多方面对福建省的情况进行了探讨，发现福建省存在应急物资储备社会化程度弱、储备模式单一、储备结构不合理、仓储硬件水平低、储备信息化水平低等问题，并就此提出了针对性的政策建议。

吸收和借鉴国际应急管理体制建设经验对于完善中国应急管理体制也是有益的。刘笑萍（2009）就俄罗斯通过设立预算稳定基金为政府应对突发事件提供财力支持的做法进行了介绍和评价，并突出强调了稳定基金在政府应急管理体系中的作用。联系到中国的实际，这意味着需要修改《预算法》来完善中国现行的抗灾预备费管理制度，通过设置财政专户，实行滚动式预算，基金式管理，同时建立统筹调剂制度（李建人，2018）。此外，对于非典和新冠疫情这类具有传染性特征的突发公共卫生事件，加强与国际社会，包括各国政府与国际组织的公共卫生合作都是极其重要的（何帆，2004）。当然，合作是双向的，如何在原则性、灵活性、制度性之间权衡是对政府智慧的考验。

第六节　文献评述与研究设计

一、文献评述

在对公共卫生财政基本概念与内涵进行系统解读的情况下，我们从公共卫生财政支出的规模、结构、公平性及其背后的财政分权与公共卫生管理体制角度全方位梳理了相关文献，总结得出的观点与看法包括：虽然学界并未形成对公共卫生财政内涵的一致认同，但是对财政承担公共卫生服务的做法普遍持肯定态度，这与公共卫生服务的特征相关，也与卫生健康对经济社会所能产生的巨大影响有关。首先，公共卫生产品大多具有社会属性，公共卫生服务的外部性广泛存在，收入分配不平等与公民健康权理念的普遍认同为确立公共卫生财政在公共卫生领域的主导地位提供了充足的政治与经济理由，因此伴随着各国财政在公共卫生领域的大量投入，相关的研究文献也风起云涌。其次，出于历史文化、制度设计与经济发展阶段的差异性，各国公共卫生投入的形式与规模总是或多或少地存在差异，笼统地讲一种模式优于另一种模式并不是一个明智的做法，这就引致大量关于公共卫生投入规模与结构方面的研究。再次，从最终效果看，账面上投入规模的差异并不能线性地反映到实际医疗与卫生水平的差异上，因此对公共卫生财政投入绩效与公平度的研究也占有重要的一席之地，在中国语境下，这类研究更集中地体现在卫生公共服务均等化视角。最后，各国医疗卫生体制必定都是一个动态的过程，这并非出于不同体制的相对优劣，更多的是医疗卫生环境的变化，尤其是科技发展与经济发展带来的医疗技术水平、居民身体素质和思想观念等的变化都会直接影响各国医疗卫生体制的演化，而这种演化大体可以区分为自然演进诱致的倒逼式改革与政府出于特定目标的主动式改革。

如果将现有文献带给我们的启发与中国社会进入新时代的实际相结合，如果把中国"两个一百年"的奋斗目标作为公共卫生财政体制改革的锚定方向，如果要对包括新冠疫情在内的偶发性公共卫生事件有一个相对成熟有效的预防方案，那么，中国公共卫生财政需要关注与研究的问题就会顺其自然地显露出来。第一，从此次应对新冠疫情的结果来看，相对于发达国家，中国的制度优势在公共卫生突发事件中的作用极大地弥补了公共卫生财政投入方面的弱项，因此在研究中国公共卫生财政投入问题时首先要对中国公共卫生财政的支出绩效有一个相对清醒的认识，而不是盲目地去比较各国投入经费的多少。第二，中国的财政体制是分权式的，公共卫生财政投入也是因地而异的，但是中国的财政分权体制与西方发达国家的财政联邦主义存在根本性不同，因此考察中国式财政分权对地方公共卫生服务的影响时也必须扎根中国实践。第三，地区间公共卫生服务能力的差异为地区间财政协同提供了现实需求，特别是在应对突发性公共卫生事件时，这种协同的重要性尤为突出，比较中美在抗击新冠疫情中的表现可以直观地体会到这种研究价值的现实性。第四，疫情是人类进化与生俱来的痛苦，不可能彻底消除与摆脱，因此通过比较各国有价值的做法，寻找到有效的规避疫情影响的举措十分必要。

基于上述评述可以发现一些值得研究的问题：一是适宜于中国特色的公共卫生财政的内涵与边界需要进一步明确；二是服务于健康中国建设的公共卫生财政运行逻辑、体系及其在健康中国建设中的地位需要进一步论证；三是公共卫生财政支出的绩效、公平性及其相伴的公共卫生财政协同需要更深入的专项研究；四是关于突发公共卫生事件的公共卫生财政应对能力，在不断遭受疫情滋扰的现实中需要何种改进？对此有必要进行针对性研究；五是如何构建公共卫生财政对健康中国建设的拄撑架构，牵涉对研究价值的定位，其中关于省以下公共卫生财政分权，以及收入保障制度的研究，目前国内的文献还处于薄弱环节。

在有待进一步研究的问题中，定位于健康中国建设目标的公共卫生财政研究文献也还相当薄弱，而以此为目标并整合上述五个方面的研究则有助于形成公共卫生财政拄撑健康中国建设的系统性研究成果。

二、概念界定

结合现有文献、文献评述和研究目标，将本书研究涉及的几个重要概念界定如下。

公共卫生（public health）是国家、社会、团体和公民个人共同努力，为预防疾病和促进健康而采取的包括提供基本医疗卫生服务、建立疾病控制、监测和预防体系、改善环境、培育健康生活方式等一系列有组织的卫生活动（龚向光，2003；陶莹等，2018）。公共卫生有广义和狭义之分，狭义的公共卫生就是指疾病的预防控制，主要研究传染病的三环节两因素，慢性病的危险因素，解决疾病及其防治问题；广义的公共卫生是以促进人群的全面健康为目的，主要关注卫生公平性、卫生政策、环境影响、卫生资金的筹措和使用等，属多学科共同支撑的交叉学科范畴，其中公共卫生财政政策是保障人人享有基本健康权的关键环节（李立明，2014）。本书研究从财政经济学视角出发，将公共卫生定义为由政府主导或参与的一系列有组织的卫生活动。

公共卫生服务是指由疾病预防控制机构、城市社区卫生服务中心、乡镇卫生院等城乡基本医疗卫生机构向全体居民提供的服务，主要指公益性的公共卫生干预措施。基本公共卫生服务包括健康教育、预防接种、重点人群健康管理、妇幼卫生、老年健康服务、医养结合、卫生应急、孕前检查等内容。广义的公共卫生服务是指由政府主导或参与提供的、包括医疗服务在内的卫生健康服务或政策。本书研究所指的公共卫生服务主要指广义上的公共卫生服务，实证分析时以纳入《中国卫生统计年鉴》中的相关卫生指标作为公共卫生服务的衡量指标。

公共卫生财政学是指以政府在公共卫生领域的收支活动及其对公共卫生资源配置影响为研究对象的一门学科，目的是通过影响卫生资源配置实现公共卫生服务的有效与公平供给，目标是最大化社会福利。

公共卫生财政指政府在公共卫生领域的具体收支活动。本书研究指财政在广义公共卫生领域的收支规模、结构、权责划分与组织管理，反映了政府在健康服务或相应制度规则中的行为举措，是经济学语境下公共卫生财政学的具体化。在实证研究时以纳入《中国卫生统计年鉴》中的相关指标或数据作为公共卫生财政的数据边界。

公共卫生财政协同指中央政府与地方政府或地方政府之间为实现公共卫生财政职能整体最优，通过协调各自行为，共同完成某一目标的过程或能力。目的是使协同单元个个获益，整体加强，共同发展。具体目标通常包括实现公共卫生服务均等化、共同应对特定公共卫生事件、协助特定个体实施有益于校正外部性的行为等。在实现公共卫生财政总体目标过程中，若各个协同单元互相拆台，必然导致公共卫生系统整体无序；相反，若各个协同单元配合默契，就会凝聚形成巨大的力量，实现超越各自功能总和的新功能。

公共卫生财政国际协同指为完善国际公共卫生治理体系，不同国家通过协调公共卫生财政职能和政府行为，共同完成特定公共卫生事件处置目标或提供一般性国际公共卫生产品的过程。公共卫生财政国际协同的重点是形成运转有效的普适性国际规则体系，难点是处理好各国公共卫生财政参与国际协同的利益关系，终极目标是构建人类卫生健康共同体造福全人类，关键是公共卫生财政国内职能与国际职能的均衡配置问题。

健康中国建设可以理解为是一项社会建设工程，该工程由政府引导、强调全民参与和共建共享，要求将促进健康的理念融入公共政策制定实施的全过程，形成有利于健康的生活方式、生活环境和经济社会发展模式，实现健康与经济社会发展的激励相容，本质上是以人为中心的发展理念的体现。"十四五"规划从公共卫生体系、医药卫生体制、全民医保、中医药传承、体育强国和爱国卫生运动六个方面阐述了健康中国建设，本书中健康中国建设的定义主要指医疗卫生领域的内容，实践中大体是指国家卫健委负责的业务领域。

构建人类卫生健康共同体是人类命运共同体在卫生健康领域的具体化，是在尊重联合国和世界卫生组织领导和协调作用的前提下，各国通过公共卫生财政国际协同完善公共卫生治理体系，进而建立全球公共卫生治理新秩序的过程。构建人类卫生健康共同体的背景是全球化使任何国家在公共卫生健康问题上都无法独善其身，重点是促进公共卫生财政国际协同和完善国际公共卫生治理体系。

三、研究设计

文献梳理发现，公共卫生财政领域的研究文献大多拘于探索公共卫生与公共卫生财政间的逻辑关系与事实互动，研究站位明显压缩了公共卫生财政在国家健康卫生事业中的应有高度，忽略了公共卫生财政对健康中国建设的拄撑作用，而健康中国建设不仅可以看作是公共卫生事业的高级版，也是新时代以人民为中心发展理念的重要体现，因此尝试通过图 2 - 4 所示的研究设计来探讨公共卫生财政对健康中国建设的拄撑作用是必要的。

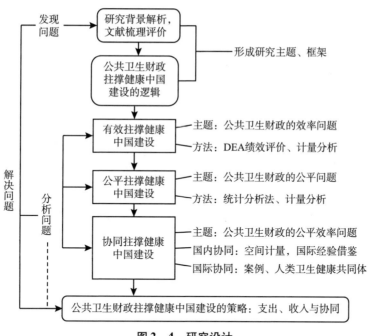

图 2 - 4　研究设计

首先，健康中国建设是中国公共卫生事业发展 70 多年来经验教训总结的必然，也是借鉴发达国家健康事业发展成就的优选，还是实现中华民族伟大复兴和确保新时代各项事业顺利发展的基本要求。无论是从健康的属性还是从市场失灵的角度来看，都不支撑公共卫生财政作为健康中国建设资金来源的唯一性，但是世界性的卫生财政福利化和党全心全意为人民服务的宗旨都决定了公共卫生财政在健康中国建设中的决定性和主导性地位，且因新冠疫情而彰显重要性的人类卫生健康共同体理念，也为开放视角下的健康中国建设提供了新的研究视角和新的研究领域。因此，在人类卫生健康共同体理念指引下，研究公共卫生财政拉撑健康中国建设是理论、现实与未来三重考虑的结果。

其次，健康中国建设是一个系统工程，兼具目标性和过程性特征，因此卫生财政支出绩效不可避免地成为永恒主题，成为健康中国建设不断推进、不断完善的参照基准。然而，作为系统工程的健康中国建设的多目标性，为绩效评价带来了诸多挑战，基于不同目标的方法选择也显得至关重要。出于数据可得性和经济适宜性的权衡，选择医疗卫生机构数、卫生人员数和医疗卫生机构床位数等公共卫生事业发展的评判指标，抓住了衡量健康中国建设绩效问题的关键，虽不完美但也体现了一定的简洁性和合理性，此外，DEA－Tobit 方法的选择也兼容了评价结果与原因探索两个方面的诉求。

再次，健康服务的特殊性为绩效之外的公平性探索提供了充足理由，在中国分税制财政体制下，以基本公共卫生服务地方性提供为主的特征保证了同一辖区基本公共卫生服务的大体均等性，于是区域间公共卫生服务的差异就成了公平性关注的重点。因此，我们首先利用基尼系数、卡瓦尼指数和泰尔指数等衡量指标，从能够反映基本公共卫生服务的人均卫生财政费用、卫生人员从业人数、卫生机构数和医疗设施四个维度刻画了基本公共卫生服务在区域间的均等状况。然而，考虑到健康需求的多样性与差异性，一些具体的卫生服务项目在区域分布上的差异性本身就是合理的，如多数地方性疾病就具有这样的特征。所以在研究这一问题时，还需进一步利用计量经济学方法、使用面板数据考察了财政分权对基本公共卫生服务人员与经费的影响，以便于在追求公共卫生服务均等化过程中，结合对卫生服务人员与经费的影响因素，在权衡公共卫生服务分布"应然"与"实然"的情况下，找到更现实的公共卫生服务均等化政策举措。

接下来的问题是：如果不均等问题确实存在，那么上述影响不均等的因素就会引导政府去进行均等化协调，这就是政府间的公共卫生财政协同问题，地理经济学第一定理在这里依然是适用的，因此运用空间计量模型也是均等化协同研究的设计初衷。对于协同目标的衡量指标而言，对于大多数可比较的公共卫生服务而言，协同更多地体现为公共卫生财政的支付能力，因此协同目标就转向均等化那些可比较的公共卫生服务的支付能力问题，此时答案自然而然指向转移支付，因此在这个意义上可以用转移支付大小来衡量协同的强度。当然这种协同是否如预期，还需要进行更广泛的验证，因此，本书的研究对国际数据的经验分析也可以看作是对国内相关逻辑性的一个佐证。

最后，中国作为人类卫生健康共同体的首倡者和践行者，健康中国建设必然是与人类卫生健康共同体互洽的，这就要求公共卫生财政支出也要具备国内和国际两个视角，在顺应人类卫生健康共同体的前提下拄撑健康中国建设。详解其中的逻辑对于研究应对策略的适用性提供了指导，因此在卫生财政支出策略研究上，就有必要体现人类卫生健康共同体与健康中国建设的兼顾原则。至于卫生财政收入保障层面的应对策略，实际调研的结果是可以考虑房地产税的受益性特征，并据此建立公共卫生财政资金的税收保障机制，虽然这一观点可能会带来一些公平性方面的争议，但是这一观点毕竟提供了公共卫生财政收入保障的一个靶点，也为这一领域的研究提供了一个参照思路、打开了一扇视窗。至于服务于公共卫生服务公平性或应急处置方面的财政协同，本研究主要聚焦省以下政府间财政关系，因为中央与地方间的卫生分权与协同已经由国家层面的文件进行了规范。

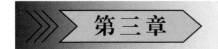

公共卫生财政拄撑健康中国
建设的逻辑机理

　　本章旨在阐明为什么从公共卫生财政角度研究健康中国建设？公共卫生财政在健康中国建设中的地位如何？首先，从健康中国建设提出的背景与内涵、内容与目标来看，都突出了政府的主导作用，而政府介入公共卫生健康问题的经济逻辑正是公共卫生财政存的理论基础，因此唯有从公共卫生财政角度研究健康中国建设才能抓住问题的主要矛盾和矛盾的主要方面。其次，财政学的健康卫生福利观决定了公共卫生财政在健康中国建设中的地位，即公共卫生财政是拄撑健康中国建设的"四梁八柱"，起着决定性、基础性作用。

第一节　健康中国建设提出的背景与内涵

一、健康中国建设提出的背景

　　从党的十七大报告到十九大报告，对健康内涵的认识经历了三个阶段：从"健康是人全面发展的基础，关系到千家万户的幸福"到"健康是促进人的全面发展的必然要求"，再到"健康是民族昌盛和国家富强的重要标志"。对健康定位重要性的逐步提升，深刻反映了习近平总书记提出的"没有全民健康，就没有全面小康"的重要思想，是经济发展的必然、是人民幸福的根基，更是党的初心使命的集中体现。

　　根据《中国居民营养与慢性病状况报告（2020年）》的调查，中国居民身体发育与营养不足问题已经得到明显改善，城乡之间的差距也在进一步缩小，具体表现为中国18～44岁男性的平均身高已达169.7厘米、女性158厘米，比2015年分别增加1.2厘米和0.8厘米。6～17岁男女性身高增加更是分别达到1.6

厘米和 1 厘米。6 岁及以下儿童生长迟缓率和低体重率分别降至 7% 和 5% 以下，实现了 2020 年国家规划目标。微量营养素缺乏症问题也正在逐步消除，中国 18 岁及以上居民贫血率为 8.7%，6～17 岁儿童青少年贫血率为 6.1%，孕妇贫血率为 13.6%，相比 2015 年的调查结果均有显著下降。这些成就首先归因于经济发展和居民健康意识的逐步增强，但是也体现为国家及时合理的健康政策，正是因为国家健康政策的大力推行才使一些容易导致慢性病的危险因素大幅减少，并促使大部分人群接受了对血压、血糖、血脂等健康指标的定期测量，从而使慢性病患者的过早死亡率呈现了逐年下降的趋势，2019 年中国居民因罹患重大慢性病（主要指癌症、心脑血管病、糖尿病、呼吸系统疾病）而导致的过早死亡率为 16.5%，比 2015 年下降了 2 个百分点，提前完成了国家规划目标。

在为中国健康事业骄人成绩自豪的同时，也不能忽略对新的健康问题的关注，比如，慢性病死亡的比例在持续增加，2019 年中国因慢性病导致的死亡人数占到总死亡的人数 88.5%，其中心脑血管病、癌症和慢性呼吸系统疾病的死亡比例为 80.7%；癌症疾病的 5 年生存率虽然近十年来已经从 30.9% 上升到 40.5%，但是与发达国家相比仍有差距；抑郁症患病率和焦虑障碍患病率都有明显上升；这说明新形势下中国居民的健康问题应该从对急性病的治疗转向对慢性病的健康护理，健康中国建设也因呈现出不同特征，面临的问题相对更为复杂。

一是健康问题面临更复杂挑战。首先，重大传染性疾病和重点寄生虫病的防控形势比较严峻，新发或输入性的传染病威胁不容忽视，随着全球化进程的加快，防控这些传染性疾病的难度正在增大；目前，慢性病在全球的发病人数呈现大幅上升特征，给许多居民或家庭造成了沉重负担，已成为需要重点关注的公共卫生问题。具体来看，中国现有慢性病患者已经占到全部人口的 19.1%，死亡率已由 20 世纪 90 年代初的 73.8% 上升至 2019 年的 88%，70% 的疾病负担费用源自于对慢性病的支付；此外，生态环境、生产生活方式、食品药品安全、职业伤害、饮用水安全等带来的健康问题也日益突出，对医疗卫生保障也提出了更高要求。面对这些新的挑战，中国当前的公共卫生体系还不能够做到有效应对，特别是重医疗、轻预防的公共卫生服务保障体系在面对日益严重的慢性病高发时更显得捉襟见肘。[①]

二是危及健康的新因素层出不穷。改革开放带来了国内外人财物的大流通，这种交流虽然为中国经济社会发展提供了不竭动力，但是也伴随着许多不利于健康的因素流入；加之以 GDP 为导向的发展观，也带来了环境污染、生

---

① 该部分内容数据来源于《中国居民营养与慢性病状况报告（2020 年）》。

态环境变差、人口不均、资源浪费等问题。服务业、尤其是健康服务的供给明显不足，更进一步加剧了源于自然环境与生活行为的疾病，由其导致的死亡病例也稳居中国死亡前十位之列，生活环境和生活方式已成为影响国民健康的重要因素，特别是空气质量的严重污染，农村地区的水污染和土壤污染等问题。在社会环境方面，人口老龄化水平不断提高对中国康养事业的发展提出了更高要求，人口流动性增加也给基本公共卫生服务均等化带来了挑战，按照 2020 年第七次人口普查的结果，中国流动人口规模达到 3.7 亿人，其中跨省流动人口 1.2 亿人，流动人口比 2010 年增长了近 70%，虽然有利于活跃经济，但是对均等化公共卫生服务也形成了巨大挑战。所有这些影响健康的经济与社会因素，涉及多部门、多领域、多层次的公共政策，因此有必要将健康理念融入各项制度安排中。

三是医疗卫生服务供需矛盾比较突出。2019 年全国入院人数为 2.66 亿人，是 2010 年的 1.88 倍，医疗保障水平的提高和人口老龄化的不断加深，使得国内医疗服务需求总量维持在较高水平，但是医疗服务的供给却在体系结构和人力资源配置方面严重缺乏效率。中国 2019 年有卫生技术人员 1 010 万人，比 2015 年只增加了约 25%，如果进一步考虑到这些技术人员在地域分配上的不均等，那么医疗卫生服务供给必然面临总量与结构的交织性问题，其中基层医疗卫生机构技术能力不足、高层级医疗服务机构功能定位不清、医疗卫生服务整合协同不足，是中国医疗卫生服务体系存在的突出问题。"十四五"时期，随着国家双循环战略的持续推进，经济发展和消费结构将加快升级，健康在国民经济和社会发展中的地位也将提升，群众的健康意识，对优质医疗卫生服务的需求，对多元化、多层次健康服务的需求都将进一步提高，规模扩张式的公共卫生发展模式难以为继，集中力量提升健康服务质量，改革卫生发展方式和服务模式势在必行。①

四是公共卫生体制机制问题亟待完善。中国的医药卫生体制改革已进入深水区，医疗保障的专业化水平和公平性都需完善，费用控制及医疗服务行为引导机制有待强化，以药养医的旧机制还未有效根除，医疗服务价格形成机制尚在摸索，药品生产流通领域的规范性管理任重道远。维护和增进与健康相关的行政管理体制需要理顺，人民健康主体责任的主体有待落实；卫生健康行政管理体制深度整合需要强化；卫生健康投入在公共财政中的优先地位基础不牢，健康投入财政政策体系的约束需要加强。

五是国内外的经验为健康中国建设提供了启发。1949 年以后，以全民参与为特征的群众性爱国卫生运动，在预防重大疾病、减少疾病灾害发生、增强人民体质等方面取得了举世瞩目的成就。根据世界银行的统计，1949～1980 年，中国

---

① 数据来源于《中国居民营养与慢性病状况报告（2020 年）》。

居民人均预期寿命从 35 岁提高到了 66.86 岁，增长了 31.86 岁，远高于同期世界 13.57 岁的平均增幅。在 1978 年世界卫生组织阿拉木图会议上，甚至把中国的卫生发展模式作为初级卫生保健的典范向世界推荐，而爱国卫生运动之所以成功的秘籍是：坚持大卫生观、突出主要健康问题和主要影响因素；以政府主导、强调部门联动和全民参与；以预防为主、强调防治结合和中西医并重；以农村为突破，服务全体国民。国内积累的这些经验，对当前的健康中国建设仍然是有价值的。从国际上看，七国集团等发达国家均对各自的国民健康进行了战略性的系统研究，制订和实施了适合自身特征的国民健康计划。比如，美国从 20 世纪 70 年代就开始研究和制订了全国性的国民健康计划，到今天已经更新、完善和实施了多个国民健康战略，这些健康战略的实施使美国公民的健康状况不断得到改善，被世界卫生组织誉为"健康计划的样板"。国民健康战略的国际经验是：以实际健康问题为导向；预防优先，统筹疾病预防、健康促进和保健保护；突出政府主导，统筹社会参与；以循序渐进、分步实施为特征（李滔和王秀峰，2016）。

综合国内外背景可见，健康中国建设的提出有着强烈的时代特征，是中国共产党不忘初心、牢记使命的逻辑必然。

二、健康中国建设的内涵

从健康中国建设的提出背景，结合党的十九届五中全会公报和"十四五"规划纲要的阐述，我们可以从以下几个方面理解健康中国建设的内涵。

健康中国建设是中国公共卫生事业的奋斗目标，是全面建成小康社会、实现中华民族伟大复兴新征程中，必须向世界展示的全新奋斗目标。具体而言就是要依据全面建设小康社会的要求，将大健康、大卫生的国民健康理念融入经济社会发展各项政策，营造健康环境，形成健康社会，培育健康公民，发展健康产业，建立更加全面、公平、有效的公共卫生制度，形成以健康为立足点和归宿点的经济社会发展模式，实现人人享有健康的生产、生活环境，拥有健康的生活方式和行为方式，能够获得有效的医疗卫生服务，区域间人群健康差异明显缩小，全民健康水平大幅度提高。

健康中国建设是一个发展理念，其核心是健康优先。"健康中国"是为解决国民当前和长远健康问题而提出的整体性思维方式，是一个由科学健康观、卫生观和医学观等创新思想构成的理念体系，目的是解决当前全民健康存在的突出问题，核心是健康优先，实质是要求政府、社会和个人都树立起健康优先的发展理念，借以打造一个健康友好型社会。在这样的社会，全部成员都形成了有利于健康的生活方式、生产方式、消费方式、协同方式和制度体系，因此，社会是一个良性互动的健康社会，是以健康友好为特征的新的社会发展形态。它要求经济社会发展的各个方面都符合健康发展的要求和规律，向着有利于维护健康的方向发展。健康友好型经济发展模式、社会发展模式、文化价值取向、科技创新体系等都是健康友好型社会的基本要素。这一健康理念是引领制度创新、发展模式创新、文化创新和科技创新的基础。在这一理念指导下，健康将被融入所有社会生活的方方面面；文化创新将围绕健康文化和健康素养，致力于提高健康软实力；制度创新将以建立健康友好型经济社会为宗旨，建立覆盖城乡居民的基本医疗卫生制度；发展模式创新将以健康优先的经济社会发展模式为宗旨，从以疾病治疗为中心转向以健康疗养为中心，形成与居民康养需求相匹配的公共卫生服务体系；科技创新与产品创新将着力推动健康科技进步，通过创新健康产品和服务，为健康中国建设提供物质基础。

健康中国建设是一面旗帜，是社会各阶层的行动指针。目前，中国经济进入了新时代，必须有新理念指引新发展，新理念抓住了全面建成小康社会发展的短板，要求在补齐短板上重点发力。针对公共卫生健康建设方面存在的突出问题，首先是要提高健康卫生事业在经济社会发展中的优先顺序，加大政府投入、协调部门合作、鼓励社会参与、形成全社会共建、共享的健康卫生发展新模式，提高健康卫生事业与经济社会发展的平稳性与协调性。同时也要深化医药卫生体制改革，围绕健康中国建设这一思想旗帜，凝聚共识，汇聚社会各方面力量，以自信的信念调动社会各类积极因素，推动建立覆盖全社会的基本医疗卫生制度。中国共产党提出"推进健康中国建设"的战略指针，就是要将健康中国建设作为全面小康社会和中华民族伟大复兴"中国梦"的重要内容，以蕴含全民健康的全面小康社会促进"两个一百年"目标的实现；这就要求政府、社会和个人都应树立起健康优先的发展理念，把健康理念融入经济社会的各项政策和行为规范中，构建一个健康友好型的社会；用健康中国建设理念凝聚共识、汇聚力量。

最后，健康中国建设还是一个行动宣言。这一宣言在"十三五"规划纲要和"十四五"规划纲要的有关健康中国建设的内容中都有体现，都可以脉络清楚地感受到健康中国建设的行动路径：健康中国建设已经在健康理念下踏入实际推进阶段，其首要任务也由曾经的以医疗卫生体制改革为重点转向到构建强大的公共卫生体系，改革的目标已经由以治病为中心转向以人民健康为中心，行动的重点已经落实为以预防为主的方针与制度，服务于预防、治疗、康复、健康一体化的持续服务体系，形成"政府积极主导、社会广泛动员、人人尽职尽责"的良好氛围（李滔和王秀峰，2016）。从"十四五"规划纲要有关健康中国建设的具体内容看，健康中国建设的具体任务可以浓缩为六大健康保障工程，即疾病预防控制、国家医学中心、区域医疗中心、县级医院、中医药发展和全民健身场地设施的建设，在这六大工程中，政府、社会和个人都有明确的角色定位。

第二节　健康中国建设内容的演进与目标

一、健康中国建设的提出及演进

李克强总理在 2015 年 2 月的政府工作报告中首次提出要"打造健康中国"。为此，当年的国家卫生计生委研究编制了《健康中国建设规划（2016~2020）》，详细阐述了健康中国建设的内涵要义与实现路径，此后，该规划成为指导健康中国建设制度制定、推进健康中国建设具体行动的准则。

习近平总书记在 2016 年 8 月召开的全国卫生与健康大会上指出，"人们常把健康比作 1，事业、家庭、名誉、财富等就是 1 后面的 0，人生圆满全系于 1 的稳固""要把人民健康放在优先发展的战略地位"，要"切实解决影响人民群众健康的突出环境问题""推动全民健身和全民健康深度融合""加强食品安全监管""努力减少公共安全事件对人民生命健康的威胁""为老年人提供连续的健康管理服务和医疗服务"。习近平主席的讲话明确了环保、体育、食品安全、公共安全、民政养老等与健康中国建设直接相关的政府部门的工作职责。也明确了"把以治病为中心转变为以人民健康为中心"的新思路。在习近平总书记讲话精神的指导下，2016 年 8 月 26 日中共中央政治局召开会议并审议通过《"健康中国 2030"规划纲要》。同年 10 月，中共中央、国务院印发了《"健康中国 2030"规划纲要》，将健康中国建设上升为国家战略。

2017 年 10 月 18 日，习近平总书记在党的十九大报告中进一步阐述了健康中国建设的指导思想：就是要完善国民健康政策，为广大人民群众提供全方位、全周期的健康服务。该报告指出健康中国建设需要重点推进的领域包括：深化医药卫生体制改革，建立中国特色基本医疗卫生制度、医疗保障制度和优质高效的医疗卫生服务体系，健全现代医院管理制度。加强基层医疗卫生服务体系和全科医生队伍建设。全面取消以药养医，健全药品供应保障制度。坚持预防为主，深入开展爱国卫生运动，倡导健康文明生活方式，预防控制重大疾病。实施食品安全战略，让人民吃得放心。坚持中西医并重，传承发展中医药事业。支持社会办医，发展健康产业。促进生育政策和相关经济社会政策配套衔接，加强人口发展战略研究。积极应对人口老龄化，构建养老、孝老、敬老政策体系和社会环境，推进医养结合，加快老龄事业和产业发展。

2019 年 7 月，国务院印发《国务院关于实施健康中国行动的意见》（以下简称《意见》），出台了《健康中国行动组织实施和考核方案》。《意见》提出了到

2030 年全民健康素养水平大幅提升、健康生活方式基本普及、居民主要健康指标水平进入高收入国家行列、健康公平基本实现的目标。为实现这一愿景，《意见》也提出了七个行动要点：一是实施健康知识普及行动、要面向家庭和个人普及疾病预防、早期发现、紧急救援、及时就医、合理用药等健康维护方面的知识与技能；建立完善健康科普专家库和资源库，构建健康科普知识发布和传播机制；鼓励各级广播电视台和其他媒体开办优质健康科普节目，到 2022 年和 2030 年，全国居民健康素养水平分别不低于 22% 和 30%。二是实施全民健身行动。重点推进公共体育设施免费或低收费开放，推动形成体医结合的疾病管理和健康服务模式，把高校学生体质健康状况纳入对高校的考核评价。三是实施控烟行动。鼓励领导干部、医务人员和教师发挥控烟引领作用，把各级党政机关建设成无烟机关；研究利用税收、价格调节等综合手段，提高控烟成效；完善卷烟包装烟草危害警示内容和形式。四是实施心理健康促进行动。建立精神卫生综合管理机制，完善精神障碍社区康复服务，健全社会心理服务网络，加强心理健康人才培养。五是实施中小学健康促进行动。要把中小学生的身体素质指标纳入中小学校的考核体系，结合中小学生的年龄与性格特征，采取形式多样的健康知识考试或考查，甚至可以将其纳入中小学高年级水平测试，促使中小学校开设必要的体育课与健康课。六是实施防癌行动。在全国大力推广应用常见的癌症诊疗规范，提升基层或贫困地区的癌症诊疗能力，技术能力强的地区要加强癌症科技攻关，国家也可以考虑加快临床急需药物的审批。七是发挥国企带头作用，共建健康中国。国有企业，尤其是中央国有企业要做出表率；鼓励社会捐资，依托社会力量依法成立健康中国行动基金会，形成资金来源多元化的保障机制；鼓励金融机构创新健康类产品和服务。

依据《健康中国行动组织实施和考核方案》精神，依托全国爱国卫生运动委员会，成立健康中国行动推进委员会，制定印发《健康中国行动（2019～2030年）》，据以统筹推进、组织实施、监测考核相关工作。推进委员会主任由国务院分管领导同志担任，办公室设在国家卫生健康委，委员会下设各专项行动工作组和专家咨询委员会。委员会负责研究实施健康中国战略的重大问题，推进各有关部门积极落实《健康中国行动（2019～2030年）》的具体政策措施，做好《健康中国行动（2019～2030年）》的宣传解读，提出年度任务建议并按照部署抓好工作落实。相应的监测评估工作采取推进委员会领导下的专项小组负责制，专项小组依据统计数据，依托现代信息科学技术具体组织实施，对一些关键指标和重点任务逐年监测，形成监测报告并呈送推进委员会，推进委员会对报告进行评估后上报国务院，经国务院同意后可以对社会公布。考核工作的指标设计由专家咨询委员会提供技术支撑，目的是保证目标任务能够服务健康中国的要求，有利于建立稳定科学的指标体系，为建立对各级政府的考核指标提供基础，也为各地方政府及其相关部门的决策提供参考。

2021 年，十三届全国人大四次会议通过了《中华人民共和国国民经济和社会发展第十四个五年规划和 2035 年远景目标纲要》（以下简称《纲要》），《纲要》在第四十四章专章阐释了全面推进健康中国建设的内容，把保障人民健康放在优先发展的战略位置，坚持预防为主的方针，深入实施健康中国行动，完善国民健康促进政策，织牢国家公共卫生防护网，为人民提供全方位全生命周期的健康服务。具体的建设内容涵盖了公共卫生体系，医药卫生体制改革，建立健全全民医保制度，中医药传承创新和体育强国建设等多个方面，进一步顺应和延展了健康中国建设的内涵。

二、健康中国建设行动指针

健康是人类的基本权益，健康中国建设是党和政府对维护城乡居民基本健康权益的郑重承诺，虽然在各类健康中国建设的相关文件和研究文献中都有论及健康中国建设的目标，但是围绕广大人民群众的健康需求，提供适宜、高效、优质的健康照护服务，从供给端建立起满足人民健康需求的产品与服务，无疑是健康中国建设的最直接目标。当然，除了从供给端来认识健康中国建设的目标外，健康中国建设还具有更为丰富的意蕴，因为健康中国建设所涉及的方方面面会形成一个联动整体。可从以下几个方面来理解。

首先，没有全民健康，就没有全面小康，也就不可能实现中华民族的伟大复兴。健康是人类生存发展和经济社会发展的基础和前提，也是民族昌盛和国家富强的标志，还是最能凝聚广大人民群众意志的共同追求。因此，必须把人民群众的健康放在优先发展的战略地位，要普及健康生活、提供健康服务、完善健康保障、建设健康环境、发展健康产业。要借助健康中国建设战略的推进，做到全方位、全周期保障人民健康。其次，健康中国建设体现了新的改革思路和目标。改革的重点是医改，检验的标准是看广大人民群众的获得感，从中国的实际情况看，目前医保已覆盖 95% 以上人口，中国的医保体系已经是世界上规模最大的医保网，大病保险和医疗救助等补充医保制度也在进一步完善，公立医院以药养医的问题正在得到解决，但是工业化、城镇化、老龄化带来了疾病病谱、生态环境与生活方式的不断变化，使健康中国建设不断面临新的难题，健康影响因素的动态演进和交织意味着改革创新的长期性。因此，健康中国建设总是会伴随着医疗卫生制度、医院管理制度、全民医保制度、药品供应保障制度、国家监管制度的不断完善。再次，科学推进健康中国建设必须在健康优先的基础上权衡收益/成本，要建立全面的健康影响评价评估制度和绩效考核制度，要通过完善人口健康信息服务体系，推进健康医疗大数据应用，通过提供个性化服务实现整体绩效的提高；要坚持传统与现代并重，尤其是要推动中医药和西医药相互补充、协调发展。中医药学是中华民族智慧的结晶，是中国古代医学积累而成的瑰宝，深入发掘中医药宝库中的精华，发挥中医药的比较优势和独特优势，无疑也是健康中国建设科学发展的重要内容。最后，健康中国建设要体现公平正义的目标。健康是公民最基本的公共需求，因此基本公共服务的均等化首先应在医疗服务领域得到体现，虽然经济发展的不平衡，会造成医疗、卫生事业在城乡之间，以及区域之间的不平衡，但是如果不重视和消除这种不平衡现象，公民健康的不平衡发展就必然会反噬经济发展的成果，导致经济发展的失衡。因此，健康中国建设必须要重心下移、资源下沉，推动不同空域间基本公共服务的均等化，确保全体公民享有基本和体面的公共卫生服务，公共卫生财政对此责无旁贷。

围绕健康中国建设目标所体现的国民健康优先、改革创新发展、科学公正合理的思想精髓，健康中国建设必须适应全面建设小康社会的根本要求，从大健康、大卫生的高度出发，将健康融入经济社会发展的政策体系中，打造健康环境、培育健康人群，发展健康产业，建立公平合理的基本医疗卫生制度，形成以健康为基本着力点的经济社会发展模式，实现能够满足国民共享的健康生产生活环境，形成全民皆知的健康生活方式和行为方式，形成区域协同、特色有别的地区间健康服务，从整体上提高全体国民的健康水平。为此，可以将健康中国建设目标所蕴含的思想具体化为表 3-1 所示的行动指针。

表 3-1　　　　　　　　　全民保健工程

01 疾病预防控制
启动中国疾病预防控制中心二期项目，依托现有疾控机构建设 15 个左右区域公共卫生中心，升级改造 20 个左右国家重大传染病防控救治基地、20 个左右国家紧急医学救援基地
02 国家医学中心
加强国家心血管、呼吸、肿瘤、创伤等医学中心建设。聚焦重大病种，打造若干引领国内、具有全球影响力的高水平医学中心和医学创新转化中心
03 区域医疗中心
支持高水平医疗机构在外出就医多、医疗资源薄弱的省份建设一批区域医疗中心，建成河北省、河南省、山西省、辽宁省、安徽省、福建省、云南省、新疆维吾尔自治区等区域医疗中心
04 县级医院
推动省市优质医疗资源支持县级医院发展，力争新增 500 个县级医院（含中医院）达到三级医院设施条件和服务能力
05 中医药发展
打造 20 个左右国家中医药传承创新中心，20 个左右中西医协同旗舰医院，20 个左右中医疫病防治基地，100 个左右中医特色重点医院，形成一批中医优势专科

06 全民健身场地设施
新建、改扩建 1 000 个左右体育公园，建设户外运动、健身休闲等配套公共基础设施。推进社会足球场地和体育健身步道建设

资料来源：《中华人民共和国国民经济和社会发展第十四个五年规划和 2035 年远景目标纲要》。

第三节　公共财政与健康中国建设

在回顾健康中国建设的提出背景、解析健康中国建设的内涵与行动指针的过程中，不难发现其中如影随形的公共卫生财政身影，那么是什么决定了健康中国建设对公共卫生财政的依赖？这或许来源于人们对公共卫生财政认识的不断深化，也可能取决于健康中国建设与公共卫生财政运行目标天然默契的内在规律。

一、公共财政的健康卫生福利观

健康权是公民最基本的权利，从有利于营造良好社会氛围、提升社会福利水平的角度讲也具有公共品属性。在面临新冠疫情的严重危害时，作为负责任的政府，中国以人民群众生命健康为准绳的抗疫行动，不仅取得了风景这边独好的成绩，也赢得了医患双方的理解和融洽，医患关系回归相互关爱、相互配合、相互信任、相互尊重的合作共赢局面，这种局面带来的民族聚心聚力、社会和谐安详既是公共卫生财政的目标追求，也是社会福利提升的表现。

当然，中国抗疫成功的原因是多方面的，有历史经验积累、抗疫支出科学、人民与政府共勉互信；也有开放的心态、先进的数字技术应用、医疗科技的进步等等。这些基于不同视角的观测从不同侧面反映了中国抗疫的特征，但是都没有触及非药物介入的成功运用这一关键因素，这是因为许多有上述特征的国家并没有取得与中国同样的成果，因为他们在阻断疫情传播链这一关键环节上，没有任何一个国家的物理隔离措施能做到比中国更好。探寻其背后的深层次原因可以从三个方面总结：首先，习近平总书记的政治远见、政治勇气与政治担当，以及在此基础上高瞻远瞩的卓越领导力和战略决断力是确保抗疫决策正确执行的关键内核；其次，中国特色社会主义制度的建设成就，及其内含的集体主义和社会福利观是抗疫决策赖以成功的社会基础，经济文化的全面发展，脱贫攻坚的全面胜利，以人民为中心的小康社会的全面建成等，都体现了全民健康福祉理念深植人心，赢得人心的客观现实，这反过来又强化了广大人民群众追求美好生活中国梦、执着中华民族伟大复兴的内生动力；最后，"江山就是人民，人民就是江山"

的执政理念，督促政府和社会的所有行动都能够把人民群众的生命安全和身体健康放在第一位，督促财政把人民健康放在首位。从此次疫情暴发以来党中央国务院和有关职能部门的快速反应，以及连续出台的《关于做好新型冠状病毒感染的肺炎疫情医疗保障的通知》和《关于做好新型冠状病毒感染的肺炎疫情医疗保障工作的补充通知》等一系列相关政策文件可以看出公共卫生财政所体现的重要作用：消除了医护费用的影响，消除了异地就医的困难；消除了就医报销的影响、确保了信息系统的及时更新；确保了收治医院的高效运行；确保了抗疫相关药品和耗材的采购，强化了相应的价格监测监管。这些强有力的财政举措为快速、高效的抗疫行动提供了充实的财力支持，促成了全民抗疫的和谐局面，提升了全社会的健康福祉。

（一）公共卫生财政是公共卫生事业成效凸显的基础

中国卫生福利的财政化反映了中国特色的总体性和国家性特征，确定了国家回应社会、动员群众、应对重大公共危机的模式。现代社会是开放、多元、民主的社会，也是伴随有高度社会风险的不确定性社会，这体现在需要应对自然灾害，应对突发公共卫生事件，应对社会贫富差距，应对社会犯罪等各个方面。处理好这些问题需要有厚实的物质基础、精神境界、心理健康和社会氛围，这些条件的满足都与国家治理的现代化息息相关。而财政是国家治理的基础，是国家政治哲学、政治理念、政治愿景和政治目标的体现。公共卫生福利是现代财政制度框架中最核心、最重要、最关键和最基本的综合构成部分。用公共卫生福利财政观深化政府间财政关系，健全地方财政体系，建立权责清晰、财力协同、区域均衡的中央与地方关系，以及规范透明、标准科学、约束有力的财政预算与执行制度，是中国成功应对各种风险和不确定性的秘诀。

卫生财政的基本职责是界定和满足社会公共卫生需求，化解社会健康风险，针对不同疾病特点、负担水平和社会影响提供不同的制度保障和财力支持。从卫生财政发展历史看，这一指导思想下的卫生财政大体经历了三种不同的制度范式。工业革命带来了经济市场化和生活城市化，也带来了贫困、饥饿、住房、失业、伤残、犯罪等严峻的社会问题，此时的卫生财政制度往往通过社会救助、社会保险和健康教育等福利方式回应和解决这些社会问题、维护社会秩序整体的稳定性，这是带有"补救"性质的福利财政。第二次世界大战后，英国工党政府率先建成世界上首个福利国家，出于补救性质的健康卫生服务开始扩围至全体公民，卫生服务进入"社会服务"阶段，其功能也由"解决社会问题"转变为"建设美好社会"，普惠性的社会福利特征愈加明显，此时的卫生财政范式具有全民性和发展性。20世纪70年代经济全球化以来，人口老龄化等新的社会风险开始滋生，为应对由此带来的系统性风险，欧洲的"福利国家"开始升级为"社会投资"性国家，通过对公共卫生的主动投入预防系统性社会风险、平衡社会公平与经济增长之间的关系，实现了公共卫生财政由"治愈性"向"预防性"的转变。

人的生命安全与身心健康是人类最基本、也是最高层次的需求，是价值体现的载体和基础。改革开放 40 多年来，中国人民的身心健康发生了天翻地覆的变化，个人健康、社会福利已经成为人民群众最重要的社会需求。新冠疫情为弥合社会需求和现实差距提供了契机，因为突然降临的新冠病毒具有不可知性和高风险性，应对新冠疫情风险需要多科性的专业人员、专业技术和专业设备，这可能造成个人负担能力与健康需求之间的矛盾，如果没有关爱、帮助和制度性的保护，很难解决这一矛盾，因此解决这一矛盾的过程必定是强化卫生财政福利性质的过程，也必定是落实公共卫生财政福利观的过程。

（二）健康卫生是中国特色现代卫生财政福利化的制度重心

新中国成立以来，医疗卫生健康事业的历史成就举世瞩目，卫生健康事业在摇摆中实现了从"事后看病"向"健康优先"的跨越，健康中国建设、福利财政制度和人民群众的身心健康已成为国家发展目标。改革开放前的爱国卫生运动和几乎纯福利性质的公共卫生服务体系，让几乎所有健康领域都实现了质的提高，爱国卫生运动、赤脚医生、县乡村三级医疗服务网络也成为中国特色医疗制度的品牌。改革开放以后，公共卫生事业改革和公共卫生财政制度建设进入新的阶段，卫生事业的地位日益提高。《中共中央　国务院关于卫生改革与发展的决定》（1997 年）拉开了卫生体制改革的序幕。《"健康中国 2020"发展战略规划》（2007 年）指明了健康中国建设的方向。《中共中央　国务院关于深化医药卫生体制改革的意见》（2009 年）开启了新时代中国新一轮医改的序幕。2016 年 8 月在北京召开的全国卫生与健康大会上，习近平总书记强调了"没有全民健康，就没有全面小康"的理念，明确要"把人民健康放在优先发展战略地位"。同年 8 月 26 日，中共中央政治局审议通过了"健康中国 2030"规划纲要。2017 年 10 月，党的十九大报告明确指出要实施健康中国战略。2021 年通过的"十四五"规划，专章阐述健康中国建设的路线与方向，要求全面实施健康中国战略，并将增进全民健康福祉与构建公共卫生财政制度联系起来，这一要求适应了化解中国社会"人民日益增长的美好生活需要和不平衡不充分发展之间的矛盾"的需要，绘就了公共卫生福利化的蓝图。福利概念的基本经济含义是对幸福感的生活感知，身心健康及对美好生活的需要无疑是社会福利制度的基本功能，也是新时代中国特色社会主义健康财政制度的最主要目标。在身心健康与对美好生活向往的关系中，健康是美好生活的载体，因此也必然是福利制度的基础、是健康福利不能分割的统一体，这既为世界各国的历史所证实，也是世界各国将健康卫生事业纳入福利制度建设的主因，体现了健康福利制度发展的客观规律。健康中国建设离不开公共卫生财政制度也是同样的道理，公共卫生福利制度是人类文明创造的有利于社会稳定和团结进步的最伟大制度，中国的公共卫生财政制度如何才能更好地服务于健康中国建设，充分体现公共卫生财政的福利观是健康中国建设的首要课题（刘继同，2020）。

二、中国特色社会主义公共卫生财政与健康中国建设

（一）"健康中国"国家战略催生公共卫生财政学新议题

自 2015 年 10 月中国共产党第十八届中央委员会第五次全体会议公报首次提出"推进健康中国建设"，实现全体人民共同迈入全面小康社会的目标以来，健康中国建设正式由卫生系统的行业战略上升为全方位的国家战略。2008 年"建立覆盖全民的基本医疗卫生制度"首次成为国家卫生工作和深化医改的战略目标，当时的卫生部据此提出了"健康中国 2020"战略规划和"三步走"策略：第一步是到 2010 年初步建立覆盖城乡居民的基本医疗卫生制度框架，第二步是到 2015 年使中国医疗卫生服务和保健水平位于发展中国家前列，第三步是到 2020 年建立起比较完善、覆盖城乡居民的基本医疗卫生制度，全民健康接近中等发达国家水平。依据"三步走"策略，健康中国建设得以稳步推进，到 2019 年年末，全国医疗卫生机构总数增加到 100.8 万家，卫生技术人员增长到 1 015.4 万人，居民平均预期寿命提高到 77.3 岁，建成了世界上规模最大的社会保障体系，参加基本医疗、基本养老、失业、工伤、生育保险人数分别比 2015 年年末增加 68 826 万人、10 921 万人、3 217 万人、4 046 万人、3 646 万人。基于这样的成就，2020 年 10 月中国共产党第十九届中央委员会第五次全体会议公报又提出了全面推进健康中国建设的战略部署，并在"十四五"规划纲要中专章论述。健康中国建设的发展轨迹体现了国家最高意志及其发展愿景的形成过程。财政行为作为国家意志经济层面的体现，必须要考虑如何才能更有效地将国家意志转化为现实行动，这对公共卫生财政学提出了新的研究议题。

（二）公共卫生财政的研究要适应健康中国建设的需要

基于西方机械论哲学观的财政理论并不完全适合指导中国公共卫生财政学的研究，而适应健康中国建设需要的财政理论框架和方法体系都还没有形成为卫生财政研究的主流范式。就目前的情况看，关于公共卫生财政学的研究大体有三种范式：一是从健康卫生资金形成的角度研究财政，这是传统的，也是当前主流的研究模式，此类学者大多具有医疗卫生教育背景，或者具有医学化主导的思维特

征（郑大喜，2016）；二是基于传统财政理论的公共品、外部性知识考察公共卫生财政事业，这类学者大多是医疗卫生系统以外的人员，通常具有财政学或政治经济学专业背景，许多人并不具备专业医疗技术（胡浩，2013），考虑到中国公立主导的医疗卫生体制和公共卫生财政投入及人民群众健康需求不断增长的实际，这类研究者的数量和成果都在增长；三是将公共卫生财政当作一个专业的学科体系来研究健康卫生问题，这类研究把卫生与财政结合起来，从两者互动的关系考察公共卫生的规划、执行、管理、监督、预算、评估等整个健康卫生实现的财政过程（刘继同，2008），从理论和研究效能看，这种研究范式最具发展前景，因为它结合了"内部人"与"外部人"的双重优势，但是从实际研究人员、研究机构、研究成果来看，数量却是最少的。综合这三种研究范式可以发现，有关公共卫生财政学的研究仍然存在不足，还不能适应健康中国建设宏伟目标的要求，为此，公共卫生财政学的专业理论研究应该从三个方面进一步完善：一是要明确界定适应健康中国建设需要的公共卫生财政的价值观念与政策目标到底应该是什么；二是要对公共卫生服务的性质有一个更明确的定性；三是要开展公共卫生财政相关的基础理论研究。唯有如此，才能够形成根基牢固的理论框架体系和政策法规体系，并以此服务于健康中国建设的需要。因为这有助于明确健康卫生的本质属性，确定健康责任的划分原则，决定健康卫生服务的筹资主体和服务对象，确立相关政策制定的指导思想。从经济学理论角度看，这还有助于区分公共卫生服务是否与其他赚钱谋利的商业性活动存在差别；从福利经济学角度看，这也有助于认识健康卫生服务本质上是否可以成为非营利性质的社会服务。因此，适应健康中国建设需要的公共卫生财政不能局限于对卫生筹资问题的观察，而应该立足于中国需要建立什么样的健康卫生财政问题。

（三）中国特色健康卫生财政学的研究议题

针对具体的健康卫生财政问题，大体的研究视角应包括：基于国家财政性质的研究，基于卫生行政体系建设的研究，基于卫生健康服务体系形成与提供的研究，基于健康卫生政策制定与设计的研究，以及基于公共卫生财政学学科角度的综合性研究或者交叉学科研究等。就健康中国建设的目标而言，基于任何单一视角的研究都难以适应健康中国建设远景目标规划的需要。建立现代公共卫生保健体系和政策框架是健康中国建设的核心目标，其中的关键问题是健康照顾责任的社会划分及其相伴的健康卫生服务的筹资、预算、支付、补偿和评估体系，这都涉及中国特色公共卫生财政的制度建设。衍生的问题包括为何要建立中国特色的健康卫生财政制度？谁去建设？如何建设？何时建设？建设者的责任关系？公共卫生财政与健康中国建设间的逻辑关系等一系列相关问题，而回答这些问题则涉及更广泛的知识领域。

　　结合改革开放以来，中国医疗卫生体制改革的经验和教训，以健康中国建设的宏伟目标为指引，在健康卫生财政最新理论发展的基础上，最重要的是应将健康卫生问题置于国家财政制度框架的动态演变中加以考察，从财政学角度来看健康卫生的地位，从医疗卫生角度来看财政的定位，通过对健康卫生与国家财政制度的互动研究，探讨健康卫生和公共财政制度的现代化之路。为此，应将卫生财政学、福利经济学、政治经济学等学科作为理论基础，将公共卫生财政学的研究议题分设为政治、行政、预算、管理、理论和文化等多个类型，从多个视角分析中国特色现代公共卫生财政学的理论政策体系，为健康中国建设和中华民族伟大复兴"中国梦"的实现奠定中国特色的现代国家财政、公共福利财政、健康卫生财政的思想与制度基础。

　　国家的政治制度与权力结构是研究国家财政制度与卫生财政制度的政治起点，从这一起点研究财政问题和健康卫生问题是"理论自信"的表现，有利于从政治因素分析国家、政党、意识形态、权力结构、利益相关方等因素对一国具体卫生制度的影响（杨善发，2016）。从中国的实际情况看，《中华人民共和国宪法（2018 年修订）》明确规定"中华人民共和国是工人阶级领导的、以工农联盟为基础的人民民主专政的社会主义国家""社会主义制度是中华人民共和国的根本制度""中国共产党领导是中国特色社会主义最本质的特征"，明确国家负有发展健康卫生事业、发展现代医药、发展传统医药的责任，鼓励农村集体经济组织、国有企事业单位和组织举办各种医疗卫生设施，鼓励开展群众性卫生健康活动，提升和保护人民群众的身心健康。中华人民共和国国务院作为最高国家权力机关的执行机关和最高国家行政机关，具体负责编制和执行国民经济和社会发展规划，当然也包括财政和公共卫生事业方面的规划。因此，国家政治制度与国家权力结构是国家财政和健康卫生财政最重要的政治影响因素。

　　政府职能的政治定位决定了国家财政的目标和功能，而国家财政又是健康卫生财政学研究的制度背景和首要任务。从形式上讲，财政主要体现为政府的收支活动，这些活动是国家实现职能的重要组成，也是宏观调控的重要工具。现代财政框架基本上由财政收入、财政预算、财政支出、财政行政管理和财政监督五大部分组成。财政是国家治理的基础，中国特色的现代财政制度框架主要由税收管理、政府收费、基金管理、预算管理、国库管理、支出管理、国债管理、财政政策、财政法制建设、社会保障、国有企业资本与财务管理、会计管理、财政信息化管理、国际财金管理和财政监督等内容组成（项怀诚，2001）。改革开放以来，中国的国家财政制度、财政理论都发生了重大变化，财政职能由"生产性"向"福利性"转变趋势明显。在涉及广大居民的司法公正、公共安全、"三农"问题、就业与社会保障、义务教育、医疗卫生服务、住房保障、基本公共文化服务、环境保护和收入再分配中的作用越来越大。其中公共卫生财政本身不仅是国家财政的重要组成内容，同时也是观察、理解、分析财政制度结构与政府职能的最佳视角。在实践中，反映这种互动关系的议题主要由公共卫生财政体系框架、政策目标、基本原则、法律法规、卫生合作、卫生保健服务、医疗保险和医疗救助体系、医疗健康服务价格形成体系等政策法规和制度性议题组成。

健康卫生的预算体系直接决定于公共卫生财政框架，间接决定于国家的财政制度框架。框架的基本含义是指系统结构的总体性状况，国家公共财政制度框架一般是由财政政策、财政收入、财政预算、财政支出和财政管理组成，对应的公共卫生财政制度框架也同样由卫生政策、卫生筹资、部门预算、卫生支出和卫生财政管理组成。就中国的具体情况来看，国家卫生健康委员会是健康卫生事业预算的主体，具体到工作承担层面的财务司就是"承担机关和预算管理单位预决算、财务、资产管理和内部审计工作，拟订药品和医疗器械采购相关规范，提出医疗服务和药品价格政策的建议，指导和监督社会抚养费管理"等，这意味着关注健康中国建设必须从国家公共卫生财政的角度去研究。

卫生政策法规与法律通常借助制度财政学的形式表现出来，国家财政政策法律法规及目标原则决定了卫生财政的政策法规、目标和原则，体现了政府财政政策法律法规体系的鲜明特色。以卫生政策为例，国家卫生政策类型不仅仅是卫生部门决定的政策，更要符合中共中央、国务院相关的政策法规。法规是中国政策法律体系中的独特类型之一，主要指由国务院颁布的行政法规，这类法规在发布主体、权威性、含金量、法律效力、可操作性和实施的社会效果等方面，都存在明确的层次性，反映并限定了国家财政、卫生财政政策法规的原则特征（刘继同，2011）。新中国成立以来，以改革开放为界，中国财政制度经历了两个完全不同的阶段，两个阶段的财政制度环境、制度框架、运行模式、理论基础和财政政策法规截然不同，清晰地反映了国家财政制度全面性、系统性、结构性和战略性的转型轨迹。经过改革开放40多年的发展，国家财政制度已经发生了巨大变化，实力不断壮大，结构持续优化，体制日益健全，调控日益完善，管理的科学化和精细化水平不断提高，对外的交流合作也不断拓展，具有中国特色的财政政策法律法规体系基本建立（谢旭人，2009）。相应的卫生财政政策法规、政策目标和基本原则也体现出了系统性特征。

财政预算是整个财政工作的灵魂和基础，国家财政预算体制与卫生领域的部门预算是卫生财政制度的核心。改革开放前及改革开放后的较长时间里，中国一直执行的是功能预算，虽然这在计划经济时期是必要的，但是在经济转向市场经济后，这种预算的突出问题开始暴露，不适应公共财政要求的问题日益突出。因此，适应国家分税制财政体制的建立，以财政部印发的《关于改进2000年中央预算编制的意见》为标志，部门预算序幕正式开启。部门预算是编制政府预算的一种制度和方法，它先由政府各部门依法编制能反映部门所有收入和支出情况的综合财政计划，再汇总为反映政府总体收支情况的综合性财政计划。部门预算虽然为政府各部门履行职能和事业发展提供了科学的、坚实的物质基础，但是从相应的理论研究看，有关卫生领域部门预决算的实证研究有待提高（吕娟和王燕，2015）。

医疗救助是卫生财政福利的重要内容，主要回应的是贫困与健康的关系问题，服务对象通常是特定或贫困人群，往往具有临时性特征。医疗救助作为健康卫生财政的重要部分，依法、因果是两个重要的行事原则。从世界各国社会救助的实际情况来看，为贫困群体或特定个人提供医疗健康服务一直是卫生财政的重要议题（普雷克尔等，2006）。医疗救助不同于其他健康卫生服务的最大特征是服务责任主体和筹资机制，作为福利性质的医疗救助，国家通常扮演救助的责任主体，筹资则主要来源于财政预算资金。在中国，构建城乡医疗救助服务体系是公共卫生财政学亟须研究的议题，具体的内容包括了救助支出的规模、结构与地区差异、中央与地方财政救助支出责任划分等问题（孙菊和秦瑶，2014）。在这些具体问题上，一些学者的研究表明，中国县级财政筹资责任的设定不仅是救助财政纵向失衡的直接原因，而且加剧了省际间救助资源的横向不平等，因此完善纵向和/或横向的政府间转移支付对于救助能力的均等化非常重要（顾昕和白晨，2015）。

目前，中国已经形成了养老、医疗、失业、工伤、生育为主的社会保障体系，其中社会医疗保险正处于向社会健康保险的转型过程中，中国特色的全民社保体系正在形成，改革思路也已明确，即要构建一个全民性的医保制度，允许一定时期内多个社保体系并存，允许一定时期内多种缴费与报销标准并存。筹资方面，医保筹资改革的最终目标是实现由"卫生财政预算拨款为主，社会医疗保险筹资为辅"转向"社会医疗保险筹资为主，财政卫生事业经费预算为辅"的模式。形成既能体现国家承担健康照顾责任的局面，又有助于确立现代健康卫生财政社会保险筹资为主导的模式，形成以预防为主，健康促进，和谐共生的医患关系。2009年，国务院决定由人力资源与社会保障部试编社会保险基金预算，标志着卫生财政与卫生财政预算体系建设进入新的发展阶段，健康卫生财政框架基本形成。

医疗服务产品的价格形成机制也是卫生财政学研究的基础与核心议题之一。原因是广泛存在着对医疗服务市场价格机制的质疑，在经济学理论中，价格是典型的市场经济现象，是商品供给与需求相互作用的均衡结果，但是财政基础理论告诉我们，医药卫生服务的价格纯粹由市场决定的机制并不是提高社会福利的最优选择。因为健康卫生服务类商品具有高度的外部性，考虑到健康是人类客观性与普遍性需求，健康卫生服务类商品价格必须依据具体的环境与特征，形成政府主导和/或市场主导相济的模式（赵小平，2005）。基于这样的考虑，健康卫生服务价格理论形成了议题广泛的研究领域，这包括了价格形成机制理论、价格改革与发展理论、价格管理、价格监测、成本调查和成本监审、药品价格、卫生服务价格和政策法规等。具体的研究领域和研究类型大体包括：价格形成的财政哲学与医学哲学、基础理论与理论基础议题；健康卫生服务价格政策研究；单个具体项目或药品价格的研究，如基本药物目录的政府定价等；健康卫生服务中各种成本投入/产出，尤其是价格/效益和服务效果研究；价格形成的影响因素、波动因素及价格选择的比较研究；价格行政管理、监督监察、宏观调控和财政价格补贴、政策措施等。事实上，健康卫生服务价格理论与政策都是动态演进过程，随着新健康问题的出现，价格形成机制也往往需要动态调整。

理论财政学的研究质量决定了公共卫生财政学的理论研究质量。卫生财政在国家经济社会发展中所处的地位、扮演的角色、发挥的作用等是理论财政学研究的基础性议题，直接决定和反映了卫生政策和健康卫生服务在国家发展中的角色，也间接反映了一个国家健康现代化的程度与国民健康福利水平的高低。新中国成立初期，国家用较少卫生财政经费，解决了世界上人口最多国家的健康问题，从政治需求和群众需求的高度反映了公共卫生事业在社会主义新中国建设中的地位（黄树则和林士笑，1986）。改革开放以后的较长一段时间，卫生事业的性质由单纯的"福利"转向为"具有一定福利性质的社会公益事业"，卫生健康出现了退化为"个人麻烦"的嫌疑。2003 年的 SARS 疫情扭转了这种蜕变，公共财政开始恢复和加强对疾病预防控制体系的投入。2020 年新冠疫情暴发后，中国公共卫生费用分担已经能够很好地体现卫生财政的公共产品特征。"十四五"规划中健康中国建设目标的提出，进一步明确了身心健康是最基本需要、最基本福利的性质，卫生服务在国家财政中的地位大幅回升。当然，国家卫生财政管理领域范围广泛、涵盖了所有的健康卫生财政制度，因此卫生财政理论的研究议题也自然广泛。

卫生财政管理体制与国家财政行政管理体制的协同融合也是重要议题。国务院及地方政府卫生财政管理体制是卫生财政制度建设与行政管理的重点，目前国家已经建立了五级卫生与健康委员会，但是从政府间财政关系的角度来看，国家与地方政府卫健委的权限设置还需要完善，比如社会医疗保险基金由人社部掌握、医疗卫生服务价格决定权在国家发改委，卫生财政管理体制仍然呈现多头分割管理状态。这种状况带来的最大问题是卫生资源分散，难以发挥卫生财政资源宏观调控作用，难以实现社保基金的风险防范和补偿作用（叶青，1998）。

卫生财政监督审计是保证卫生行政效率的重要环节，是卫生财政制度的重要部分。按照国务院三定方案，国家卫生健康委员会综合监督局承担公共医疗卫生活动的监督和查处工作，也负有完善监督体系和指导执法行为规范等职责。同时，卫生财政审计也是现代财政制度的组成部分，是财政监督的另一种表现形式和财政审计过程的一个环节。财政配置资源是一个系统工程，具有自身的规律性，是包括概算、预算编制与审批、组织收入、安排支出、争取平衡、决算编制与审批，财政事前、事中、事后监督，以及财政审计的一个完整过程。财政监督审计是密切相关的两种不同形式的监督活动。

卫生财政绩效评估是卫生财政制度建设的新成分。中国政府财政绩效评估的做法源于欧美的绩效预算，是绩效预算的必然结果。目前，全国各地和各行业都在进行绩效评估或类似的工作，健康卫生财政项目绩效评估不同于其他项目的最大特征是公平性和福利目标。卫生绩效评估的基础是卫生财务统计指标体系，因此卫生财务统计指标体系建设也必然是卫生财政制度的基础构成，也是政府收支分类科目在医疗卫生服务领域的具体体现，是国家财政经济活动的基础部分。2007 年以后，为适应公共财政制度建设需要，财政部对政府收支分类科目进行了大幅修改，形成了以政府收入分类、支出功能体系和支出经济体系为主要内容的政府收入分类体系。目前，国家财政预算和决算科目分为类、款、项三级，其中的类对应的是政府不同职能部门，如外交类、教育类、医疗卫生与计划生育类等，公共卫生绩效评估的基础正是对这些"类""款""项"数据质量的具体考察，同时也是贯彻公共卫生财政全过程管理的保证和基础，本质上反映的是国家财政权力的生成、演变、发展和实施。

卫生财政还有一个重要和基础的研究类型是财政文化，这是一个看不见、摸不着的领域，但又是对"有形"活动有重要影响的研究议题。一般来说，文化财政学的研究可以区分为三个类型：一是与社会主流价值观的切合，如国家主导的财政观何以影响财政制度、财政政策的价值目标？通常的结论是主流的社会价值观主导财政价值观，但问题是主流价值观是个动态概念（冯俏彬，2005）；二是比较容易观察、测量的财政文化与卫生财政文化习俗，这种文化本质上是一种系统或行业性文化，如卫生财政行为的约定俗成性"动作"；三是财政部门或卫生部门的部门化思维。由于中国社会治理的条块性特征，政府和社会透明度相对较低，因此部门化思维模式在中国社会生活中的表现尤为突出，日常生活中的行政协调、跨部门合作、部门博弈等就是典型（王军，2010）。从行为经济学的角度来看，文化财政实际上研究的是财政观的变迁，核心是财政制度背后的财政价值观，行为财政学的提出为文化财政学研究提供了科学实用的途径与方法。

三、健康中国建设与公共卫生财政学的新内涵

"健康中国建设"为中国特色的社会主义公共卫生财政提出了许多新的研究议题，也赋予了公共卫生财政学许多新的研究内涵。

中国于 2010 年跃居世界第二大经济体后，开启了社会福利时代的元年，全民健康和社会福利开始成为国家发展战略和社会政策目标（刘继同，2011）。健康卫生作为现代社会福利的载体，处于最基础、最核心的部位，对应于这一问题

的社会福利财政学和公共卫生财政学应运而生，并在社会健康福利的实现中扮演重要角色。健康福利财政的最大亮点是明确了国家是健康照顾责任的主体，明确了国家实现健康照顾主体责任的基本方式是公共卫生财政制度，明确了要用制度夯实公民的身心健康，明确了要为健康卫生财政筹资，并实行了筹资行为的预算化。健康卫生体系是当今社会最复杂的体系，公共卫生财政学的建设既要体现财政制度的普遍性，又要反映具体健康卫生财政制度的特殊性。这是因为公共卫生财政制度建设既是国家的宏观财政制度，又需要在微观医疗卫生机构行为中体现，宏观财政制度设计质量与卫生机构预算执行质量是相辅相成的组合体。中国福利财政与卫生财政的新内涵演进说明价值观才是财政制度建设的灵魂，而制度建设的价值理念、价值目标和价值基础是决定制度质量的前提（王雍君，2015）。如由传统财政到公共财政、再到民生财政，概念背后的深层动力就是价值观的转变（滕发才，2014）。总之，国家职能定位基础上的财政职能，财政职能定位基础上的公共卫生财政是现代社会与国家建设中最重要的财政关系。

"健康中国建设"战略为卫生财政学指明了研究方向，也清晰指明了中国特色公共卫生财政学建设的时间表与路线图，明确了卫生财政学的研究议题。中国的财政制度已经在公共财政建设中取得了成就，形成了稳定的外交财政、国防财政、环保财政、基础设施建设财政等公共品形成机制。同时在福利财政方面有许多需要完善的地方，包括卫生财政、教育财政、住房财政、社会保险与救助财政等方面。在这些社会政策与社会服务方面，必须建立起能够反映现代政府职能和财政职能的层次结构。就当前中国实际来看，社会福利财政与健康卫生财政都是全面建成小康社会的战略重点与优先领域，而健康卫生及其相应的财政制度建设又是重中之重，所谓"小康不小康关键看健康"即是这个意思。如何"把人民健康放在优先发展的战略地位，努力全方位全周期保障人民健康"，既是全面建成小康社会的战略重点，也是社会福利财政建设的战略重点，还是国民健康卫生制度体系改革的战略重点，与人类卫生健康共同体、人类命运共同体战略息息相关。因此在健康中国建设背景下，从宏观制度环境下的制度财政学、财政预算学、管理财政学、理论财政学和文化财政学等领域，充实公共卫生财政学的新内涵，对于中国特色现代公共卫生财政制度建设大有裨益（刘继同和吴明，2017）。

四、公共财政投入健康中国建设的逻辑与重点

（一）公共财政投入健康中国建设的逻辑起点

传统财政理论将财政投入卫生健康的逻辑设定为市场失灵，具体体现在家长主义、信息不对称等方面，就中国的实际情况来看，健康中国建设背景下公共卫

生财政投入的这些逻辑依然适用。

一是有助于打破健康与贫困的循环困境。市场经济运行的规律是根据个体对社会的贡献分配收入，这意味着存在健康问题的个体如果不能获得外部的资金补助，则不仅会因病致贫，还可能会因为贫困再次生病，形成贫困与健康的循环困境，在这个意义上健康体魄是个体摆脱贫困的前提和基础。为此，需要借助市场之外的手段来破除这种恶性循环，公共财政的非营利性质是破除这种循环的最有效手段，也是财政投入卫生健康事业的逻辑前提。如果进一步考虑到当今社会健康权和生命权在公民权利体系中的基础性地位，那么公共财政投入公共卫生事业，通过发力于疾病治疗、卫生环境，发挥减贫作用，阻止健康与贫困之间的恶性循环，维持良性互动就更有必要。

二是公共财政投入可以缓解健康卫生市场的失灵问题。首先，在健康卫生领域，供需双方的信息是不对称的，大多数情况下，医生是信息优势的一方，出于专业知识等方面的约束，患者通常不具备判断服务是否符合自己病情的知识和能力，因此也就缺乏通过讨价还价形成合理价格机制的条件，这使得医生有机会在提供医疗服务时，可以同时充当医疗服务需求和供给的决定者，这就会影响到医疗资源的合理配置。同时，由于医疗服务投入带来的效果也是因人而异的，患者健康状况的改善并不与特定的医疗资源存在必然的对应关系，这又会给政府监管带来高昂的监测成本。在医疗保险市场上，这种投保人与保险公司间的信息不对称，理论上可以因为逆向选择和/或道德风险而导致医疗服务市场的消失，尽管人的非完全理性或良善本能可以阻止这种极端情况的发生，但起码不可能消除医疗保险市场运作的低效率性。这仅仅是基于经济层面的分析，而实际上，生病不仅会产生医疗费用和保险问题，还会产生精神成本，而真实世界是人类作为经济动物与社会动物的结合体，不可能仅仅依靠经济层面的行为获得心理满足，提高福利还必须考虑经济以外的心理因素。

在卫生健康领域常见的另一个市场失灵是垄断，这主要表现为技术性垄断，如一些地区性疾病、艾滋病、或传染性疾病的治疗往往需要专业性很强的设备，因此只有少数医疗单位能够医治，此时这些医疗卫生机构就容易形成领域内的垄断。再比如用于预防新冠肺炎的疫苗，更是形成了全球几大厂商的寡头垄断情形，这时的价格不可能是市场有效的，社会福利也不可能是最大的，但是对于医药行业的发展而言却是必要的。对于卫生健康领域出现的这种现象，多数政府会采取不同方式进行干预，这包括价格管制、产量管制和政策激励等，政府干预会提高社会福利，如果要维持厂商的可持续发展能力，则需要财政对垄断企业进行必要补偿。除直接的市场干预外，反垄断法也是政府经常采用的方法，但是法律的制定与执行也都是有成本的，更不要说制度执行中的交易费用问题了。综合来看，政府配置医疗服务不可能出现市场有效的结果，当然也不可能出现政府校正到效率状态的结果，于是"两害相权取其轻"往往就成为政府介入健康卫生事业深度的通行法则。

三是可以缓解卫生健康宏观效率和微观效率的不一致问题。卫生健康的宏观效率侧重于提高全体国民的健康水平，而微观效率又往往侧重于维持医疗体系的正常运转。这可能会产生一个困境，即公众健康水平的提高，会减少医疗服务的需求，医疗服务机构的收入会相应减少，对保险等健康产品的购买也会减少，这就会影响到健康服务领域的微观主体效率（杨娉，2017）。解决这个矛盾需要政府在微观效率目标中有所作为，通过改变卫生财政行为方式或者对微观健康服务主体进行必要补偿，来调节纯市场运行可能的弊端，以实现社会正义的整体效率和市场主体微观效率的合理均衡。

效率之外的因素也会成为政府介入卫生健康事业的合理逻辑。例如，类似新冠疫情之类的突发公共卫生事件会对经济和社会造成难以估量的损失，没有任何机构或组织能够承担起这种损失，政府的参与实际上就起到了恢复经济乃至稳定社会的作用。如果考虑到衍生效应，政府增加对健康卫生的支出也颇具理由：政府通过提高支出不仅可以带来经济增长，还可以通过提高居民消费预期间接促进经济增长。短期来看，政府对公共卫生的投入会通过乘数效应促进经济社会发展，在国民经济三部门均衡模型中，政府对公共卫生的购买性支出会带来卫生产品市场均衡的上移，这会增加生产这些产品与服务的商家和工人的收入，这些增收既可以用于储蓄，又可以用于消费，用于消费的那部分又会带来新的产品需求，如此循环便提高了整体国民收入水平。长期来看，政府对健康卫生的支出有利于打造高素质的人力资本，这些人力资本会为社会发展带来更多高质量的劳动力，根据马克思的劳动价值理论，这意味着为经济增长增添了长期动力。再者，政府投入健康卫生的受益者往往是低收入群体，因此也意味着更好的收入再分配，更好的公平正义和更高的社会福利。

（二）公共卫生财政拄撑健康中国建设的重点

相对于人类健康服务需求而言，特定时期和社会形态下的公共卫生服务总是会面临稀缺性问题，在不具备有效市场假定的情况下，有限资源对无限需求的回应不可能做到市场有效，尽管政府介入不是市场有效的充分条件，但是必须确保政府介入的相对有效性是不容质疑的，否则政府就不需要介入而是直接让位于市场配置资源。政府介入时资金的使用绩效至关重要，因为它不仅会影响到政府介入资源配置相对于市场的有效性，还存在对纳税人负责的道德问题，加之现实中政府对公共卫生事件介入又具有普遍性，在应对突发公共卫生事件的医疗卫生服务供给时，政府财政发挥了核心作用，在突发公共卫生事件后的经济恢复中，也需要政府财政为企业提供税收优惠和资金补贴等措施来提振经济。因此，无论是从政府介入的事前理由，还是事后要求看，在探讨公共卫生财政拄撑健康中国建设的重点时，效率无疑是首要重点（郑联盛和高峰亭等，2020）。这也是本书的研究优先考察公共卫生财政支出绩效的原因所在。

拄撑重点的确定还需要考虑到中国特定的公共卫生财政支出状况。根据财政部公布的"一般公共预算支出决算表"可以发现，中国公共卫生财政支出项目大体包括卫生健康管理事务、公立医院、基层医疗卫生机构、公共卫生、中医药、计划生育事务、对基本医疗保险基金的补助、医疗救助、医疗保障管理事务等。其中公共卫生项目支出主要是指对公共卫生机构的支出，如疾病预防控制机构、卫生监督机构、妇幼保健机构、精神卫生机构、应急救治机构、采供血机构、其他专业公共卫生机构等；也包括对基本公共卫生服务、重大公共卫生专项、突发公共卫生事件应急处理和其他公共卫生项目的支出。其中支出金额最大的是对基本医疗保险基金的补助，目前城乡居民基本医疗保险基金补助金额虽然有所下降，但是仍占到一半以上，说明中国的保险制度已经表现出了比较严重的"福利化"迹象，这给财政支出造成了很大压力。对公立医院的支出也是一项重要的支出项目，占财政卫生健康支出总额约15.21%，该项目支出主要流向城市综合性医院，包括为公立医院提供更先进的医疗设备等，由于该项支出并没有伴随亲民的服务费用，因此只有城市较高收入群体才能够享受到这些服务，实际上造成了对低收入弱势群体的不公平性，这是该类支出应该关注的问题。狭义的公共卫生项目支出占卫生健康支出总额约13%，该项目支出包括重大公共卫生专项、突发公共卫生事件应急处理、居民健康档案、健康教育、预防接种、儿童健康管理、孕产妇健康管理、老年人健康管理、高血压患者健康管理、Ⅱ型糖尿病患者健康管理、严重精神障碍患者管理、结核病患者健康管理、中医药健康管理、卫生计生监督协管、免费提供避孕药具、健康素养促进行动等（杜创，2020；杜江和蒋震，2020）。从支出结构变化看，2010年以来，全国财政卫生支出增幅较大，平均每年全国财政卫生支出的71.73%投向了医保和公立医院，而平均每年全国财政用于其他公共卫生项目的支出仅占全国卫生财政支出的16.74%（单莹等，2020）。造成这种治疗性支出大于预防性支出的原因有很多，政绩考核背景下医院住院人数的增长、病床数的增长等指标容易"出成绩"是一个主要因素，而作为预防性的公共卫生财政支出，短期内并不容易见到效果，也难以形成量化评估的成效，在争取财政资金方面也自然处于劣势，这种情形对健康中国建设而言并不是一个积极信号，因此公共卫生财政支出应转向具有普惠性的公共卫生服务，让更广大人民群众受惠，这是公共卫生财政基于公平性角度的支出重点。

新冠疫情的暴发让财政支出结构的这种弊端暴露无遗，疫情作为对公共卫生体系的一场大考，直接决定了一个国家能否战胜这场灾难。在中国，虽然疫情得到了很好控制，且在全球防疫工作中表现优良，但也暴露出中国公共卫生体系存在的一些深层次问题。比如，财政在预防体系和公共卫生应急体系建设上保障不足，对公共卫生人才培养不够，是新冠疫情暴发初期产生乱象背后的直接原因：由于公众缺乏医疗卫生疾病预防基础知识，小病大病都去医院的惯性为交叉感染提供了机会，也加大了大医院医疗物资的紧张；公共卫生应急管理体系的监测预警能力差，信息发布时间长、系统响应时间长、信息混乱等都是公共卫生预警监测和权力不匹配的结果；公共卫生应急管理决策指挥体系独立性差，决策权又在地方政府成立的应急指挥部手上，国务院联防联控和国家卫生健康委员会很难发挥应有的作用（胡孝权，2020）。公共卫生人才培养涵盖公众对公共卫生专业的认知、公共卫生职称评定、大学对公共卫生专业的重视等，在社会认知上，公共卫生专业不是"好"的专业，因为找不到合适的工作，究其原因是许多专业性公共卫生机构，其许多职位向非公共卫生专业人员开放报考，且对学历要求较低，这使得中国疾控系统卫生专业人员中，大专及以下人员占比高达59%，整体人力资源不容乐观。因此，适应突发公共卫生事件处置要求的各项公共卫生财政支出也是今后应该关注的重点（黄宏和刘晓冬，2020）。

（三）公共卫生财政拄撑健康中国建设的方式

公共卫生财政拄撑健康中国建设在不同历史阶段表现出不同的形式，在计划经济时期，公共卫生财政以计划拨款的形式向公共卫生事业提供直接投入，而在市场经济体制下则主要采取政府购买和政策性投入的方式。

计划经济时期的公共卫生财政投入是一个广义的概念，政府的投入主要体现为国营企业是公共卫生产品的生产者和提供者。在这种模式下，政府直接投资公共卫生生产企业，划拨相应的生产资料，资金也全部来源于政府。以疾病防控为例，政府把资金划拨给疾病预防机构（主要指防疫站），防疫站为需求方提供公共卫生服务，由于政府对防疫站提供了补贴，因此需求者可以低价或免费形式获得卫生服务。财政拨款金额则依据机构人员编制、服务人数、服务质量和数量等绩效来决定，具体的拨款方式主要有差额预算拨款、全额预算拨款和专项补助方式（徐明明和刘继同，2015）。随着改革开放以后我国由计划经济向市场经济转变，由政府"全包式"的公共卫生服务供给模式越来越难以适应经济市场化的要求，适应市场经济需要的公共卫生管理模式势在必行。

在经济市场化进程快于行政转轨的过程中，政府对公共卫生的投入难以满足民众对公共卫生需求的增长，于是政府转变卫生财政投入方式，将原先计划性卫生财政投入转变为政府采购性投入，发挥有限卫生财政资金效益的最大化就成为一种有效的过渡方式。目前，世界范围内的医疗保健服务仍在改革，政府职能在卫生财政支出中的地位有增强趋势，2000年的世界卫生组织报告将"战略性购买"作为公共卫生服务的可行性策略加以推广。在中国，第九届全国人大常务委员会第二十八次全体会议通过了《中华人民共和国政府采购法》，意味着政府采购获得了立法上的保证。近年来，中央与各地方政府推行的药品集中采购就大幅度地降低了药品均价，让患者用上了更多的平价好药，人民群体的获得感持续增加。2009 年，"新医改"确立了政府购买为主的新的政府投入公共卫生供给机制，该机制继续保留了政府筹资主体和制定政策的角色，也借助法律合同、第三方非营利组织等方式丰富了公共卫生服务供给模式。

新的公共卫生财政投入方式虽然解决了之前的一些弊端，但是也带来了一些新的问题，是一种还需要不断完善的模式。第一，政府采购模式提升效率的重要原因是在服务提供时引入了市场机制，形成了服务供给者之间的竞争机制。但是实际环境却限制了这种竞争的效率，比如中国现行公共卫生服务补助大多是按照行政辖区来确定的，一方面私人卫生机构在中国发展较慢，规模不大，另一方面私营医疗卫生机构力量弱，难以获得足够合理的补助，这形成了私营医疗卫生服务机构与相应的公立机构间的不平等竞争。第二，政府在购买卫生服务时难以准确把握公众的卫生需求，因为中国基层公共卫生服务体系不健全，居民的公共卫生服务需求也较为繁杂，政府难以及时获得居民公共卫生服务需求的准确信息，限制了政府购买公共卫生服务的类型和后续工作的开展。第三，公共卫生服务成本存在难以测算的特征，如果政府提供的价格低于公共卫生服务的成本，就会影响到公共卫生服务提供者的积极性。第四，执行过程的寻租成本也是一个重要问题。在公共卫生服务购买过程中，政府充当了公共卫生服务的购买者和购买行为的监管者角色，政府拥有"裁判员"和"运动员"双重身份，这为滋生腐败和经济寻租提供了温床。第五，降低交易费用的途径有待探讨，主要是谈判中的讨价还价、协议签订及执行费用，公共卫生服务合同的设计需要考虑各个方面的因素，需要专业的人员撰写，协调过程中也需要花费很多的人力物力。执行成本还包括了执行中的违约成本、监管成本及矛盾处理成本等。第六，模式转换成本也需要时间消化，这包括原有的国有公共卫生服务提供者的淘汰问题，旧体制难以转换的医疗资源浪费问题。第七，新模式绩效考核机制也需要逐步完善，主要原因是公共卫生服务项目绩效考核指标本身具有动态特征，不同地区和经济发展不同阶段也存在差异，这可能导致技术性成本，也可能为虚报数据提供机会，形成无效负担。

幸运的是，经过不懈的改革完善，中国已经初步建立了以疾病预防、应急救治、卫生监督等专业公共卫生机构为骨干，以各级各类医疗卫生机构为依托，以基层医疗卫生机构为"网底"，以全民参与为支撑，覆盖全民的公共卫生服务体系。"十四五"规划时期，中国公共卫生事业将会按照中央确定的改革方向和要求，立足更精准、更有效的"预防为主"方针，在补短板、补漏洞、强弱项，在理顺体制机制、明确功能定位、加强监测预警、提高人员素质等方面加大工作力度。重点加强疾控体系现代化，提升县级医院救治能力和健全城市传染病救治网络，努力构建适应健康中国建设需要的强大公共卫生体系，有效维护人民健康。

第四章

公共卫生财政支出绩效
与健康中国建设

本章关注公共卫生财政资金的使用绩效问题，因为这是确定财政资金用途后的首要目标。本章主要做了两个方面的研究工作：一是使用数据包络分析法（DEA）评价了中国公共卫生财政支出绩效；二是利用 DEA – Tobit 两阶段模型和中国 31 个省份 2008～2019 年的省际面板数据考察了影响中国公共卫生财政支出绩效的相关因素。本章最后对研究结果作了总结性评价。

第一节　公共卫生财政支出绩效评价概述

一、公共卫生财政支出绩效评价

随着中国经济的快速发展和人民群众收入水平的日益提高，人们的需求开始由基本的物质需求向高层次、多样化方向转变，其中更好的公共卫生服务是人们重要的追求目标之一。中国政府历来重视公共卫生事业的改革与发展，经过改革开放 40 多年的不懈努力，已经建立起了覆盖城乡居民的基本卫生保健制度，能够为广大人民群众提供安全、有效、方便、价廉的公共卫生和基本医疗服务，公共医疗卫生的公益性日益提升，基本公共服务均等化程度逐步提高，虽然中国公共卫生事业的成就举世瞩目，但是也存在着医疗资源相对匮乏、地区及城乡之间差距过大等问题。同时，2020 年初暴发的新冠疫情给中国的医疗体系和公共卫生事业带来了严峻挑战，这次新冠疫情不仅暴露出中国公共卫生体系中的隐形弊端，也再一次引起人们对于公共卫生财政绩效问题的思考。如何推进公共卫生财政体制改革，构建一个有效的公共卫生体系已成为中国推进公共卫生事业发展、提高公共卫生应急防范能力，促进健康中国建设所必须面对的问题。为此，首先需要对现有的公共卫生财政支出进行绩效评价，找出问题的原因所在和解决问题的突破口，为政策完善提供事实支撑。

对公共卫生财政支出绩效的评价主要有两种方法：一种方法是构建评价指标利用比率分析法进行评价。基于公共卫生财政支出评价的基础性、效率性、有效性原则，刘叔申（2007）利用 1997～2004 年中国卫生财政支出数据的动态变化，对公共卫生财政支出绩效进行了综合评分，得出公共卫生财政支出整体绩效较低的结论，并提出了强化政府责任、合理配置事权，促进卫生管理创新的政策建议。丛树海（2008）将公共卫生绩效评价指标分为基础类和评价类，对不同指标赋予不同的积分权重，计算得出公共卫生服务的整体绩效分值，结果显示中国公共卫生服务产出效果并不理想，绩效水平整体不高。邱虹（2012）同样利用比率法对云南省 16 个地区的卫生服务绩效进行了评价，选取的指标包括财政医疗卫生支出总额、护士注册登记量等，计算结果是云南医疗卫生投入不足、结构失衡。孙玉栋和臧芝红（2016）按照系统优化原则，结合国内外卫生支出绩效评价指标体系的设计和中国卫生系统特点，构建了"新医改"背景下的中国卫生支出绩效评价体系，并认为虽然"新医改"提高了医疗卫生水平，改善了基层医疗卫生条件，但是地区、城乡之间存在较大差距。

另一种方法是 DEA 模型和回归分析法。王宝顺和刘京焕（2011）用 DEA 模型研究了中国 2005～2008 年省级财政医疗卫生支出效率，用 Malmquist 指数测算了中国地方财政医疗卫生支出效率的动态变化。屠彦（2015）利用 DEA 和 Tobit 模型分别对中国 31 个省份的医疗卫生财政支出效率和影响因素进行了研究，结果发现中国医疗卫生财政支出效率为有效状态，但是地区之间的医疗卫生发展水平不同，且差距较大，原因是财政分权和城市医疗技术程度在各省际间存在差异。张春丽和曾贞（2015）对浙江省自"新医改"以来的医疗卫生财政支出效率展开分析，结果显示"新医改"促进了浙江省公共卫生财政支出的力度，但是仍然低于中国多个省份的医疗卫生财政支出规模。刘文玉（2018）通过 DEA - Tobit 两阶段模型研究了中国 31 个省份地方政府卫生支出效率及相关影响因素，发现中国政府整体的卫生支出效率低下且逐年递减，且地区差异显著，其中财政分权、人均 GDP、人口及政府支出水平是各省卫生支出效率显著差异的影响因素。

比较上述绩效评价方法及其应用的启示是：比率分析法具有计算简单、数据可得性强的特点，虽然在早期绩效评价文献中应用广泛，但是由于无法评价投入产出关系，难以评价各项投入单元的优劣。数据包络分析法（DEA）以决策单元为基本单位，根据不同"输入"变量产生的不同"输出"效果评价"输入"单元的优劣，进而确定影响"输出"的主要因素，融合了投入产出的系统思想，可以为完善"输出"的"输入"因素提供指引。DEA 方法的不足之处是随着投入指标选取的增多，模型辨识力会相应下降，绩效结果会受多个方面的影响。现在的数据包络模型方法已有所完善，可以以一个绩效指标为研究对象，根据影响指标多样化选择解释变量构建回归模型，因此仍是目前相对较好的一个衡量绩效的方法。故本章采用 DEA – Tobit 两阶段模型考察中国公共卫生财政支出的绩效，即先用 DEA 模型对中国 2008 ~ 2019 年的公共卫生财政支出绩效进行分析，然后利用 Tobit 回归模型分析财政分权、卫生政策等因素对公共卫生财政支出绩效的影响。

二、公共卫生财政支出绩效评价方法

DEA – Tobit 两阶段模型可以在核算出政府支出效率的基础上，进一步分析各种经济、社会及政策因素对效率的影响，其技术优点包括：一是适宜于处理多投入多产出的效率核算问题，而公共卫生财政支出绩效恰恰就是多投入多产出问题；二是 DEA 作为一种非参数估计方法，可以相对有效地避免模型设定时的人为误差；三是 Tobit 可以在 DEA 的基础上进一步考察影响因素，且能够较好地克服效率分布的截取问题。

（一） DEA 方法简介

DEA 是一种非参数估计方法，用来测评一组具有多投入和多产出决策单元的生产效率。该方法采用线性规划构造凸性效率生产前沿，然后通过与此效率生产前沿的比较来判别效率的相对高低。DEA 方法两种常见的模型是 CCR 模型和 BCC 模型。其中 CCR 模型基于规模报酬不变技术测算综合技术效率，BCC 模型则无此要求，DEA 模型测算出的综合技术效率可以分解为纯技术效率和规模技术效率，这两类效率之间的关系是规模效率等于综合技术效率除以纯技术效率，当规模效率等于 1 时意味着综合技术效率等于纯技术效率，此时投入水平达到最优，否则就认为投入水平有改善空间，具体分为两种情况，如果存在规模报酬递增就表示投入规模不足，应增加投入来提高效率，如果规模报酬递减就表示投入规模过大，应减少投入规模或调整产出结构来达到最优。由于不能确定公共卫生财政支出的规模报酬不变性质，本章使用 BCC 模型测算公共卫生财政支出的三种技术效率。

DEA 方法可以从投入和产出两个角度来核算效率得分，分别称为投入导向模式和产出导向模式。投入导向模式测算效率是考虑如何在投入最小的情况下获得相同的产出，产出导向模式测算效率是考虑如何在相同投入条件下获得最大产出。由于公共卫生财政支出是重要的民生支出，支出的目的是获得尽量大的经济和社会效益，即居民能够获得更多更高质量的医疗服务，最大限度地促进居民健康水平的改善。因此，本章选取产出导向型测算模式。

现假设 DEA 模型的决策单元个数为 n，每个决策单元有 m 种投入和 s 种产出。令 $x_j = (x_{1j}, x_{2j}, \cdots, x_{mj})^T$，$y_j = (y_{1j}, y_{2j}, \cdots, y_{sj})^T$，式中 $x_{ij} > 0$ 代表的是第 j 个决策单元的第 i 种投入的量值，$y_{pj} > 0$ 代表的是第 j 个决策单元的第 p 种产出的量值（$j = 1, 2, \cdots, n$；$i = 1, 2, \cdots, m$；$p = 1, 2, \cdots, s$）。把第 $j0$ 个决策单元对应的投入及产出数据分别记为 $x_0 = x_{j0}$，$y_0 = y_{j0}$，$1 \leqslant j0 \leqslant n$，则第 $j0$ 个决策单元的综合技术效率 θ_j 可以通过以下线性规划求出，如式（4-1）所示：

$$\begin{cases} \max z = \theta_j \\ s.t. \sum_{j=1}^{n} x_j \lambda_j \leqslant x_0, \sum_{j=1}^{n} x_j \lambda_j \geqslant z y_0, \lambda_j \geqslant 0 \end{cases} \tag{4-1}$$

在式（4-1）基础上增加一个条件就可以求出第 j_0 个决策单元的纯技术效率 φ_j，如式（4-2）所示：

$$\begin{cases} \max z = \varphi_j \\ s.t. \sum_{j=1}^{n} x_j \lambda_j \leqslant x_0, \sum_{j=1}^{n} y_j \lambda_j \geqslant z y_0, \sum_{j=1}^{n} \lambda_j \geqslant 1, \lambda_j \geqslant 0 \end{cases} \tag{4-2}$$

根据规模效率等于综合技术效率除以纯技术效率之间的关系及式（4-1）和式（4-2）的结论就可以求出规模效率，具体测算时利用软件 DEAP2.1 实现。

（二）面板数据 Tobit 模型

DEA 模型使用决策单元控制了投入和产出，但是没有考虑其他一些决策单元不可控制的因素，而这些因素可能是造成决策单元效率差异的重要原因。因此，在通过 DEA 模型测算出决策单元效率得分的基础上，再利用这些效率得分对各种不可控因素进行回归就可以得到其他不可控因素的影响。由于效率得分的取值范围在 0 与 1 之间，因此当用这一得分作为回归模型的被解释变量时，会面临回归模型的数据截取问题，在这种情况下，普通最小二乘法（OLS）的估计结果为有偏且不一致的。为了避免 OLS 估计带来的这种误差，使用 Tobit 模型来回归估计是常用的方法之一。由于本章测算得到的中国 31 个省份 2008～2019 年的公共卫生财政支出效率分值为面板数据，因此在经验回归部分使用面板数据 Tobit 模型，模型形式如式（4-3）所示：

$$y_i = \begin{cases} \beta^T X_i + e_i, & \beta^T X_i + e_i > 0 \\ 0, & \beta^T X_i + e_i \leqslant 0 \end{cases} \tag{4-3}$$

其中，X_i 为自变量向量，β^T 是参数向量，$e_i \sim N(0, \sigma^2)$，当 $y_i > 0$ 时无限制观测值取实际观测值，$y_i \leqslant 0$ 时受限观测值取零。

第二节　中国公共卫生财政支出效率测算与评价

一、DEA 绩效评价

DEA 绩效评价的首要任务是确定投入/产出变量指标，考虑到研究的切入点是分省绩效，因此在考察中国公共卫生财政支出效率时，选取全国 31 个省（区、市）（不含港、澳、台，下同）医疗卫生财政支出作为投入指标，用于从"投入角度"反映公共卫生财政资源投入规模的大小。

对于产出指标，以往的研究往往仅选取单一指标作为产出指标，并不能合理反映公共卫生财政投入的表现，因为公共卫生财政投入不仅表现为医疗卫生资源的积累，还要考虑这种积累能够达到的预期效果。我们知道，公共卫生财政资金投入后会形成公共卫生服务供给方的机构、人员和设施，而这些机构、人员和设施正是实物形态的公共卫生资源，且直接决定公共卫生服务的供给绩效，因此用它们从"产出角度"反映财政资源投入的效果逻辑上是合理的。考虑到这些实物形态的公共卫生资源的效果最终还需要通过公共卫生服务的需求方来检验，因此在确定产出指标时综合了公共卫生资源形成和医疗服务效果提升两个方面的指标。其中公共卫生资源形成的"产出指标"包括了医疗卫生机构数、卫生人员数和医疗卫生机构床位数等，公共卫生资源使用效果的"产出指标"选择人口死亡率。由于人口死亡率具有逆向性质，为符合 DEA 方法投入产出之间正相关关系的要求，对这个指标取倒数处理。具体数据期间为 2008～2019 年，数据来源为各个年度的《中国财政年鉴》和《中国卫生统计年鉴》。

二、效率测算结果分析

用 DEAP2.1 软件测算的全国 31 个省份（不包含港、澳、台地区）公共卫生财政支出的综合技术效率、纯技术效率及规模技术效率具体如下。

（一）综合技术效率（TE）

综合技术效率衡量决策单元的总体效率状况。图 4-1 给出了 2008～2019 年31 个省份公共卫生财政支出平均综合技术效率值的变化趋势。由图 4-1 可以看出，2008～2019 年的 12 年间，中国公共卫生财政支出的平均综合技术效率经历了先上升后下降再上升的变化过程。平均综合技术效率先是从 2008 年的 0.756

上升到 2013 年的 0.818，达到 2013 年的最大值后开始下降，到 2016 年达到最低值 0.777，而后转向上升趋势。

图 4 - 1　2008~2019 年 31 个省（区、市）平均综合技术效率趋势

图 4 - 2 是 2008~2019 年全国 31 个省（区、市）平均综合技术效率的高低状况。该图显示宁夏回族自治区和上海市分别是全国平均综合技术效率最高和最低的省份，31 个省份中，17 个省份低于全国平均值，14 个省份高于全国平均值。在排名前 10 位的省份中，有 4 个来自东部地区（山东省、河北省、辽宁省、海南省），3 个来自中部地区（山西省、湖南省、河南省），3 个来自西部地区（宁夏回族自治区、西藏自治区、新疆维吾尔自治区）。通过计算东部、中部、西部三个地区的平均排名可以发现，中部地区 8 个省份的平均排名为 14 位，西部地区 12 个省份的平均排名为 16 位，东部地区 11 个省份的平均排名为 19 位，说明虽然排名前 10 位的东部地区省份更多，但是从平均排名来看，中部地区的比较优势更为突出，公共卫生财政支出平均综合技术效率相对更高。

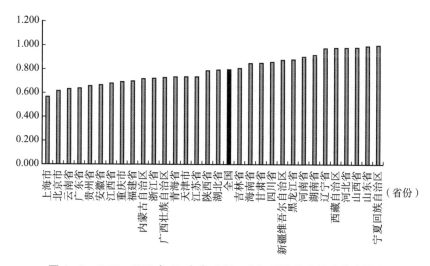

图 4 - 2　2008~2019 年 31 个省（区、市）平均综合技术效率排序

（二）纯技术效率（PTE）

公共卫生财政支出的无效率可能源于技术原因，纯技术效率就是用来衡量无效率在多大程度上是由纯技术造成的，它反映的是公共卫生财政支出规模一定的情况下，政府预算管理水平的高低或公共卫生服务区域在多大程度上是合理的。

图4-3描绘了2008~2019年间全国31个省（区、市）平均纯技术效率的变化趋势。该图表明，在2008~2019年的12年间，中国公共卫生财政支出的平均纯技术效率波动较大。在2008~2010年、2011~2013年及2015~2019年三个时段呈现上升趋势，在2010~2011年、2013~2015年两个时段呈下降趋势，10年内的最大值与最小值分别为2010年的0.917和2008年的0.888。

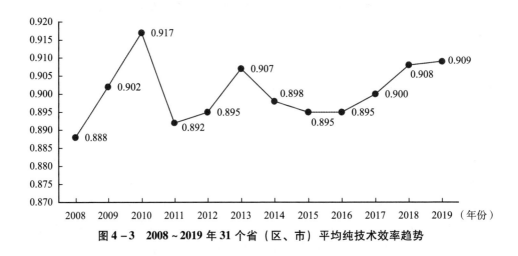

图4-3　2008~2019年31个省（区、市）平均纯技术效率趋势

图4-4描绘的是2008~2019年全国31个省份（区、市）平均纯技术效率的高低状况。宁夏回族自治区的平均纯技术效率与平均综合技术效率一样，位列全国第一，31个省份中有24个省份高于全国平均值，7个省份低于全国平均值。在排名前10的省份中，有4个来自东部地区（广东省、山东省、辽宁省、河北省），4个来自西部地区（宁夏回族自治区、四川省、西藏自治区、新疆维吾尔自治区），2个来自中部地区（山西省、河南省）。其中需要特别注意广东省，广东省的平均综合技术效率排在第28位，而平均纯技术效率排在第2位，表明广东省公共卫生财政支出平均综合技术效率偏低的原因并不是平均纯技术效率低下，而是另有原因。通过计算东部、中部、西部三个地区的平均排名可以发现，东部地区11个省份平均排名为14位，西部地区12个省份平均排名为15位，中部地区8个省份平均排名为18位，这与平均综合技术效率的情况恰好相反，东部地区的平均纯技术效率要高于西部和中部地区。

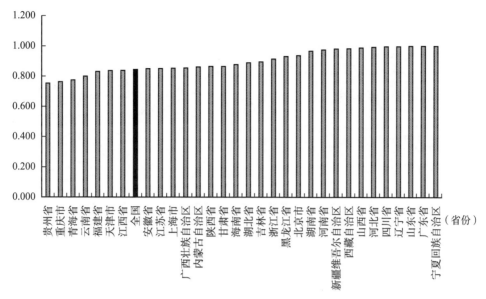

图 4 - 4　2008 ~ 2019 年 31 个省 (区、市) 平均纯技术效率排序

(三) 规模技术效率 (SE)

规模技术效率表示在一定投入条件下，技术效率在生产边界的产出量与最优规模下的产出量的比值。规模效率越大，表示该生产单元的生产规模越接近最优生产规模。除了可以获得规模技术效率得分，通过变换约束条件，可变规模报酬的 DEA 模型还可以判断该生产单元的规模报酬类型，如果结果显示为规模报酬递增，说明该生产单元想要提高生产效率可以通过生产规模的扩大来实现；反之，如果是规模报酬递减，则提高生产效率就体现为缩小生产规模。

图 4 - 5 描绘了 2008 ~ 2019 年 31 个省 (区、市) 平均规模技术效率的变化趋势。2008 ~ 2019 年间平均规模技术效率与平均综合技术效率的变化趋势相似，都经历了先上升后下降再回升的波动过程。从 2008 年的 0.849 上升至 2012 年的 0.909，2012 ~ 2016 年间虽然在 2013 年出现了小幅度回升，但是总体呈现下降趋势，到 2016 年的低点 0.865 后开始出现回升势头。

图 4 - 6 描绘的是 2008 ~ 2019 年全国 31 个省 (区、市) 平均规模技术效率的高低状况。宁夏回族自治区的平均规模效率依然是全国第一。31 个省 (区、市) 中，有 17 个高于全国平均值，14 个低于全国平均值。排在后 10 名的省份中，有 5 个来自东部地区 (北京市、广东省、上海市、浙江省、福建省)，3 个来自西部地区 (云南省、内蒙古自治区、广西壮族自治区)，2 个来自中部地区 (安徽省、江西省)。通过计算东部、中部、西部三个地区的平均排名可以发现，西部地区 12 个省份和中部地区 8 个省份的平均排名均为 14 位，东部地区 11 个省份的平均排名为 19 位，说明东部地区和西部地区的平均规模技术效率要低于中部地区。

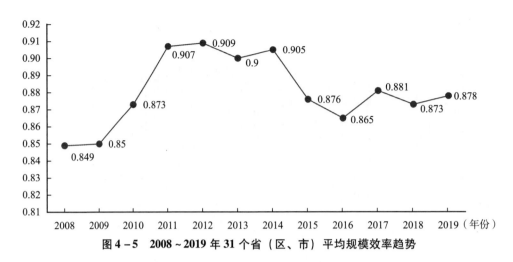

图 4 - 5　2008 ~ 2019 年 31 个省（区、市）平均规模效率趋势

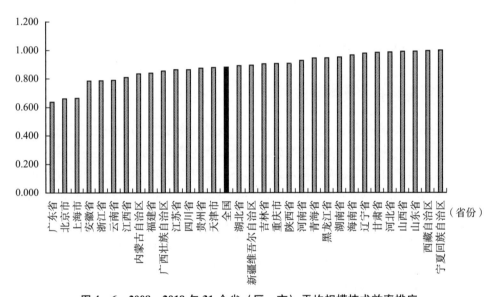

图 4 - 6　2008 ~ 2019 年 31 个省（区、市）平均规模技术效率排序

图 4 - 7 描绘的是 2008 ~ 2019 年全国 31 个省（区、市）平均公共卫生财政支出的高低状况，全国公共卫生财政支出最高的省份是广东省，最低的省份是西藏自治区。排在后 10 名的省份中，有 6 个来自西部地区（西藏自治区、宁夏回族自治区、青海省、新疆维吾尔自治区、甘肃省、内蒙古自治区），2 个来自东部地区（海南省、天津市），1 个来自中部地区（吉林省），说明西部地区的公共卫生投入明显低于东部和中部地区。

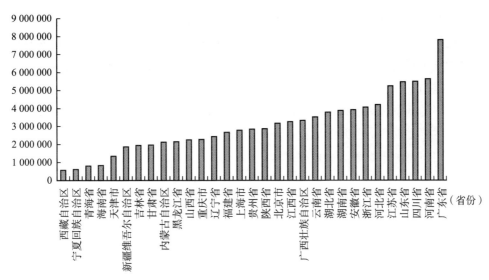

图4-7　2008~2019年31个省（区、市）政府平均公共卫生财政支出排序

综上对全国31个省（区、市）公共卫生财政支出效率的分析，可以得到的结论如下。

第一，从时间维度来看，在2008~2019年期间，中国公共卫生财政支出的综合支出效率、纯技术效率和规模技术效率都经历了先上升后下降再上升的波动过程。结合之前对中国公共卫生财政演进的介绍和DEA分析的结果可以发现，中国公共卫生财政支出效率的变化趋势与中国公共卫生财政改革的指导思想有一定的相关性，2009年之后，公共卫生财政逐步回归卫生事业的主导地位，但是健康中国建设的理念尚未确立，此时的公共卫生财政支出绩效更多地反映在医疗卫生机构数、床位数、人员数等能够反映"政绩"提升的指标上；2015年左右，健康中国建设概念开始形成并逐步占据主导地位，国家卫生财政支出的增量部分开始重点转向更重要的公共卫生基础设施，且随着卫生基础设施的到位和广大人民群众健康理念的转变，人们的预期寿命不断提高，于是在本章所选卫生产出指标的共同作用下，公共卫生财政支出绩效开始回升，进入适应健康中国建设需要的上升通道。从这种匹配度看，公共卫生财政确实是影响健康中国建设的因素，且绩效明显。

第二，从地区差异来看，中部地区的综合技术效率和规模技术效率均高于东西部地区，东部地区的纯技术效率要高于中部、西部地区。而综合技术效率等于纯技术效率和规模效率的乘积，通过将综合技术效率分为纯技术效率和规模技术效率两个部分来分析，可以看出东部地区公共卫生财政支出效率较低，其中一个原因是规模技术效率不足，即公共卫生财政支出超过了最优规模。另外，东部地区一些省份（如上海）的纯技术效率偏低也是造成其综合技术效率较低的重要原因，因此进一步优化这些地区的公共卫生财政支出结构，提高其公共卫生财政支出的纯技术效率，不仅有利于直接提高其综合技术效率，还有利于扩展这些省份的最优支出规模，使其能够在一个更高水平的规模技术效率基础上实现综合技术效率的提高。对于西部地区的省份来说，其综合技术效率偏低的原因主要来自纯技术效率的低下和规模技术效率的损失，所不同的是，西部地区省份规模技术效率损失主要是由政府公共卫生投入不足所致，增加西部地区各省份政府公共卫生财政支出将有利于缓解这一效率劣势。

三、Tobit 模型与经验实证

在运用 DEA 测算得到各省级政府卫生支出效率得分的基础上，运用 Tobit 模型对各种可能影响政府公共卫生财政支出效率的不可控变量进行回归分析。为此，以各省级政府公共卫生财政支出的综合技术效率为被解释变量，以经济、社会宏观环境和政策因素为解释变量，通过 Tobit 回归模型分析各变量的影响大小和方向，以便探究各省级政府公共卫生财政支出效率差异的影响因素，同时对各省区政府公共卫生财政支出效率差异的显著性进行检验。

（一）变量的选取

从已有研究文献看，韩华为和苗艳青（2010）使用的变量包括人口密度、人均 GDP、居民受教育程度、财政分权和医疗体制改革、地区差异等；张仲芳（2013）在研究影响地方政府公共卫生支出效率的决定因素时把财政分权、医疗卫生体制改革政策、人均 GDP、居民受教育水平、人口密度和城市化水平及地理区位纳入被解释变量；王宝顺和刘京焕（2011）也选取相似的经济和社会变量来研究卫生支出效率的影响因素。综合这类文献变量选择的共同特征和本书的研究目标，最终选取以下 6 个具体变量进行考察。

一是财政分权。分权财政是中国分税制财政体制改革后的基本财政制度安排，也是主要解释变量。由于中国财政分权语境下，地方政府可能更多地关注生产性财政支出并极力提高其规模效率，而不是侧重于医疗卫生等非生产性财政支出的规模和效率，从这个意义上讲，财政分权对地方政府卫生支出效率的影响也可能是负面的，当然，公共卫生财政支出也会通过促进经济增长而带动公共卫生支出效率的变化，所以总体的影响要看具体的回归结果。在指标具体计算上，由于此处考察的公共卫生财政支出绩效问题不牵涉到资金缺口或缺口的补充问题，所以用各省人均预算内省本级财政支出/全国人均中央预算内本级财政支出来衡量。

二是卫生政策。影响公共卫生财政支出的政策因素主要是政府在医疗卫生领域的改革措施，通常用年度虚拟变量来衡量某一医疗卫生政策对卫生支出效率的影响。中国从2009年开始推行以基本药物制度为代表的"新医改"，为观察其对公共卫生财政支出效率的影响，引入代表2009年"新医改"的时期虚拟变量T，虚拟变量T在2010年之前年度取值为0，之后年份取值为1。

三是地理区位变量。中国各地区公共财政支出的规模和结构明显不同，这些因素最终表现为地区公共卫生财政支出效率上的差异。鉴于此，引入地区虚拟变量D（D1、D2、D3分别代表东、中、西部地区）考察区位差异对地方政府卫生支出效率的影响。考虑到财政分权和卫生政策对各地区政府卫生支出效率的影响可能存在交互作用，因此在回归模型中加入财政分权变量和卫生政策变量的交互项。

四是经济发展水平变量。较高的经济发展水平有助于改善公共卫生系统的条件，提供更高质量的公共卫生服务，促进卫生支出效率的提高。但相反的观点也认为地区经济发展水平越高，可支配的财政资金也越充裕，对公共卫生资金投入的约束越少，反而容易造成资金浪费和管理松懈，从而降低资金效率，为验证实际影响方向，以人均GDP代表地区经济发展水平来具体考察。

五是人口因素变量。人口对政府公共卫生支出效率的影响主要表现为人口密度和城乡人口结构两个方面。理论上，一个地区单位面积上的人口越多，当地公共卫生服务网络就会越稠密，政府公共支出的规模经济效应越显著，政府公共卫生支出效率也越高；此外，一个地区的城市化水平越高，政府公共支出的规模经济效应也会越显著，越有利于政府支出效率的提高。

六是居民受教育水平变量。受教育水平是反映地区人口质量的常用指标，居民受教育程度越高，越有利于加强对政府的监督，提高政府财政资金效率。考虑到受教育程度的衡量指标常有歧义，故本章选取文盲率这一反向指标。

综合所有变量如表4-1所示，各变量数据均来源于各个统计年度的《中国财政统计年鉴》和《中国统计年鉴》。

表4-1　　　　　公共卫生财政支出效率 Tobit 回归的变量说明

变量	变量符号	变量定义
综合技术效率	TE	本章第二节（或上一小节）得到的综合技术效率
财政分权	fd	本省人均预算内省级本级财政支出/全国人均中央预算内本级财政支出
卫生政策	T	2008年至2010年，$T=0$，其他年份 $T=1$
地理区位	D1	东部地区 $D1=1$，其余取0
	D2	中部地区 $D2=1$，其余取0
	D3	西部地区 $D3=1$，其余取0

变量	变量符号	变量定义
交互变量	$D1Xfd$	衡量财政分权对东部地区政府卫生支出效率影响的交互变量
	$D2Xfd$	衡量财政分权对中部地区政府卫生支出效率影响的交互变量
	$D3Xfd$	衡量财政分权对西部地区政府卫生支出效率影响的交互变量
	$D1XT$	衡量卫生政策对东部地区政府卫生支出效率影响的交互变量
	$D2XT$	衡量卫生政策对中部地区政府卫生支出效率影响的交互变量
	$D3XT$	衡量卫生政策对西部地区政府卫生支出效率影响的交互变量
经济发展水平	gdp	人均gdp
人口密度	pd	地区人口数/地区面积
城市化程度	$urban$	城镇人口占总人口的比例
受教育水平	edu	15 岁及 15 岁以上人口中不识字及识字很少的人口比例（文盲率）

运用上述变量得到的具体 Tobit 回归模型如式（4 – 4）所示：

$$TE_{it} = \beta_0 + \beta_1 D1_{it} + \beta_2 D3_{it} + \beta_3 fd_{it} + \beta_4 T_{it} + \beta_5 gdp_{it}$$
$$+ \beta_6 pd_{it} + \beta_7 urban_{it} + \beta_8 edu_{it} + \mu_i + \varepsilon_i \tag{4 – 4}$$

式（4 – 4）中，公共卫生财政支出综合技术效率得分 TE 为被解释变量，β_0 为截距项，$\beta_1 - \beta_8$ 为各自变量的回归系数；$i(i = 1, 2, \cdots, 31)$ 代表省级个体变量，t 为年份变量，μ_i 为随个体变化而变化，不随时间变化且与解释变量不相关的截面固定效应；ε_i 为随时间和个体而独立变化的随机误差项。

（二）回归结果分析

在设定模型和确定好数据的基础上，运用 Stata16 对上述 Tobit 模型进行回归，具体结果如表 4 – 2 所示，在表 4 – 2 的 5 个不同回归结果中，模型 1 仅考虑人均 GDP、受教育水平、人口密度、城市化水平和地区虚拟变量的影响，模型 2 和模型 3 分别加入各类财政分权变量，模型 4 和模型 5 加入卫生政策变量。

表 4 – 2　　　　公共卫生财政支出效率影响因素的 Tobit 面板回归结果

变量	(1) 模型 1	(2) 模型 2	(3) 模型 3	(4) 模型 4	(5) 模型 5
常数项（_cons）	1.236 *** (15.842)	1.406 *** (16.700)	1.208 *** (13.274)	1.310 *** (15.536)	1.301 *** (15.107)
财政分权（fd）		0.017 *** (4.735)		0.015 *** (4.297)	0.015 *** (4.322)

续表

变量	（1）	（2）	（3）	（4）	（5）
	模型 1	模型 2	模型 3	模型 4	模型 5
卫生政策（T）				0.095 *** （4.611）	
东部地区（$D1$）	0.031 （1.163）	0.052 ** （1.996）		0.074 *** （2.840）	0.071 * （1.692）
西部地区（$D3$）	− 0.080 *** （− 3.601）	− 0.102 *** （− 4.602）		− 0.102 *** （− 4.696）	− 0.087 ** （− 2.224）
c. $D1$#c. fd			0.013 ** （2.514）		
c. $D2$#c. fd			0.020 *** （3.654）		
c. $D3$#c. fd			0.009 ** （2.586）		
c. $D1$#c. T					0.106 *** （3.153）
c. $D2$#c. T					0.103 *** （2.926）
c. $D3$#c. T					0.083 *** （2.814）
人均 gdp	0.000 （0.492）	0.000 （0.153）	0.000 （0.299）	− 0.000 * （− 1.794）	− 0.000 * （− 1.850）
人口密度（pd）	− 0.000 ** （− 1.982）	− 0.000 * （− 1.865）	− 0.000 *** （− 2.654）	− 0.000 ** （− 2.188）	− 0.000 ** （− 2.218）
城镇化（$urban$）	− 0.691 *** （− 4.352）	− 1.101 *** （− 6.208）	− 0.741 *** （− 3.830）	− 0.938 *** （− 5.337）	− 0.925 *** （− 5.192）
文盲率（edu）	− 0.000 （− 0.147）	− 0.010 *** （− 3.639）	− 0.006 ** （− 2.105）	− 0.009 *** （− 3.031）	− 0.009 *** （− 3.033）
$var(e.TE)$	0.023 *** （11.703）	0.021 *** （11.726）	0.023 *** （11.689）	0.020 *** （11.742）	0.020 *** （11.741）
N	372	372	372	372	372
$LRchi2$	69.420	91.711	59.109	112.577	112.948

注：括号中为 t 值，*、** 和 *** 分别对应的显著性水平为 $p < 0.1$、$p < 0.05$ 和 $p < 0.01$。

比较 5 个模型的对数似然值可知，模型 4 和模型 5 的拟合优度明显高于前 3 个模型，这说明模型 4 和模型 5 添加的卫生政策变量是影响公共卫生财政支出效率的重要因素，财政政策对公共卫生财政支出具有较大影响力。加入卫生政策和地区虚拟变量交互项后的模型 5 的拟合优度高于模型 4，说明卫生政策对不同地区公共卫生财政支出效率的影响是不同的，因此从财政分权角度研究各地卫生政策的落实有一定的合理性。同时，各变量在不同模型中的回归系数都相对稳定，对公共卫生财政支出效率的影响也比较稳健，故可以依据表 4-2 得出如下结论。

一是财政分权与公共卫生财政支出效率总体表现为正相关关系，加入财政分权变量后，模型 2 显示财政分权在 1% 的显著水平上与公共卫生财政支出效率存在正向关系。加入卫生政策变量后，模型 4 和模型 5 的结果显示财政分权对公共卫生财政支出的效率影响依然为正，且在 1% 的水平上显著，说明该回归结果是稳健的。进一步加入财政分权与地区虚拟变量交互项后，模型 3 显示财政分权对中部、东部支出效率的影响要高于西部地区，且不同影响都在统计上显著。这与该领域一些文献认为公共卫生财政支出效率与经济发展水平正相关的结论并不一致，原因可能是这些文献赖以推断的依据发生了变化，即中国地方政府存在的注重生产性财政支出规模与效率，忽略非生产性公共卫生支出的规模和效率的事实已然成为了过去时，或者说，经济增长与国家发展理念的变化已经深入人心，处于不同经济增长阶段的地区都在加大公共卫生财政支出的力度并提高其效率，且转型较快的中部地区已出于某种原因取得了相对较高的效率。从近十几年来中国经济发展理念的转变看，这种判断具有一定的合理性，因为经济新常态下的地方政府不再只是关注经济发展，而是将更多的注意力转向民生。此外，由于地方政府具有信息优势，能更好地了解本地区居民的偏好，因而有条件提供更适合当地需要的公共卫生服务，其效率相对于中央政府而言也应该更高。

二是卫生政策与公共卫生财政支出效率之间存在显著正相关。为了检验 2009 年推行的"新医改"对公共卫生财政支出效率的影响，我们在模型 4 中加入了卫生政策虚拟变量，结果显示 2009 年的"新医改"政策对公共卫生财政支出效率的影响是正向的，且在 1% 的水平上显著。模型 5 加入了卫生政策虚拟变量和地区虚拟变量的交互项，结果显示卫生政策对东部地区的影响系数高于中部和西部地区，显著性水平也高于中部和西部地区，表明 2009 年推出的"新医改"卫生政策有利于缩小东部和中部地区之间的效率差异。

三是人均 GDP 对公共卫生财政支出效率在统计和经济上的显著性都明显偏弱，这间接印证了 DEA 效率评价结果的合理性，即东部地区的经济发展水平高于中部地区，西部地区的发展水平低于中部地区，但是中部地区公共卫生财政支出效率却高于东部、西部地区，即经济发展水平并不是决定公共卫生财政支出效率的决定性因素。

四是人口密度与公共卫生财政支出效率存在统计上显著的负向关系，接近于0的系数表明经济影响偏低。其中原因可能是人口密度多的地方虽然公共卫生医疗资源丰富，但是在结构上可能并不与人们的需求有较好匹配，从而造成了卫生资源滥用与不足的共存，影响了这些地区的整体效率。此外，无论相关研究是负向解释还是正向解释，其经济影响力都相对较小，因此事实上的误差未必如数据呈现的那样方向明确。

五是城市化水平与公共卫生财政支出效率存在负向关系。同类文献将其解释为城市化水平提高带来的城市化问题，比如交通堵塞、污染环境、户籍制度，以及看病难、看病贵问题不断加深，给政府和居民带来的更大压力，影响居民获得医疗卫生服务的可及性，也对政府的行政效率产生了不利影响。这种解释忽略了城市化进程的另一个影响，即城市化水平越高，政府公共卫生财政支出的规模经济效应越明显，更多的人群集聚有助于便捷地提供更高质量的医疗卫生服务，居民对医疗卫生服务的利用更加有效，公共卫生财政支出效率也更高。此处的回归结果只不过由于两类观点影响力度有利于系数为负而已。

六是居民受教育水平与公共卫生财政支出效率存在负向关系。5个模型中文盲率对卫生支出效率的影响均为负，且在模型1之外的模型中均在5%水平以上显著，表明居民受教育水平越高，越有助于提高公共卫生财政支出效率。

四、总结性评价

运用DEA-Tobit两阶段分析框架对2008～2019年中国公共卫生财政支出效率及其影响因素进行了分析，基本结论如下：从时间维度来看，2008～2019年中国公共卫生财政支出的三类效率总体上都经历了先上升后下降再上升的过程；从地区差异上看，中国公共卫生财政支出效率存在地区差异，中部地区的综合技术效率高于东西部地区；财政分权对公共卫生财政支出效率的影响为正；2009年推行的"新医改"显著地提高了公共卫生财政支出效率；人均GDP对公共卫生财政支出效率没有显著影响；人口密度、城市化水平以及居民受教育水平对公共卫生财政支出效率的影响为负。

从健康中国建设的角度看，关于中国公共卫生财政支出绩效及其影响因素的分析为进一步完善卫生财政支出提供了有益启示。

从时间趋势看，继续完善公共卫生医疗体制，突出公共卫生服务的公益性特征是回应健康中国建设基本理念的必然要求。从狭义的角度看，确保改革成果能够惠及普通民众的改革重点是要完善基本药物制度，通过集团化采购降低药品成本、降低药品价格、增加纳入医保的药物种类，同时加强采购过程管理，通过强化公开透明遏制药物采购中的寻租活动。同时要进一步强化疾控预防体制，培养人民群体健康思维和习惯，通过财政引导使健康的预防性实现真正成为健康生活的主渠道。在需求管理层面，要扩大公共卫生财政支出的覆盖面，通过增加公共财政补贴力度，引导广大城乡居民积极参加各类社会保障类保险，着力加强省及以下各级政府的参保补助，通过共建共享，尽可能提高广大居民的医疗健康服务消费能力，提高健康资源的使用效率和人民群体的健康水平，形成健康中国建设中政府与居民的良性互动局面。

从支出规模与区域差异看，应进一步完善公共卫生财政支出的规模与结构。公共卫生财政支出规模与结构应该与卫生技术水平和医疗卫生服务需求相适应，研究结论表明，东部地区公共卫生财政支出效率较低的一个原因是政府公共卫生财政支出超过最优规模，而西部地区规模技术效率偏低主要是政府公共卫生投入不足所导致，因此有必要调整完善不同地区公共卫生财政支出规模，针对各地区公共卫生财政支出现状实行有针对性的政策。具体来说就是，东部地区应在控制其投入规模的同时加强创新，优化公共卫生财政支出结构，精细化投入方向，以消除效率损失；西部地区要在加大投入的同时着重提高政府对投入资金的配置和管理能力；中部地区应持续加大公共卫生投入，在保持政府有效配置资金的基础上，更好地利用卫生资源实现产出效益的最大化。同时也应看到，在健康中国建设语境中，健康权是应该人人共享的商品平均主义服务，因此东部、中部、西部地区公共卫生财政支出规模与结构的调整不仅是提升公共卫生财政资金使用效率的要求，也是推进健康中国建设所必须。

第五章

公共卫生服务均等化与健康中国建设

本章从公共卫生财政角度研究了公共卫生服务供给的公平性问题，这是在有效使用公共卫生财政资金基础上的首要目标。研究内容分三个层次：第一节介绍了中国公共卫生服务供给状况和均等化问题，阐释了财政分权对公共卫生服务均等化的影响逻辑，说明财政分权是影响公共卫生服务均等化的主因；第二节利用基尼系数、卡瓦尼指数和泰尔指数实证考察了中国公共卫生服务均等化程度，结果表明中国公共卫生服务均等化水平处于逐步改善状态；第三节通过选取 2003～2020 年的省际面板数据，运用固定效应模型和面板工具变量法实证分析了财政分权对地方政府公共卫生服务供给的影响，结论是财政分权对公共卫生服务供给的影响为负。在财政分权负向影响的情况下，公共卫生服务均等化水平能够改善的事实表明公共卫生服务资金缺口地区能够得到充分的转移支付补助，这启示我们关注分税制财政体制下的转移支付或者说财政协同问题。

第一节 财政分权与公共卫生服务均等化

公共卫生服务均等化属于公共卫生供给侧概念，在财政分权语境下，公共卫生服务供给既研究供给本身及其影响因素，也需要考虑公共卫生服务不均等性分布问题及其背后的经济逻辑。

一、中国公共卫生服务分级供给与均等化概况

习近平总书记在党的十九大报告中指出：中国特色社会主义进入新时代，中国社会主要矛盾已经转化为"人民日益增长的美好生活需要和不平衡不充分发展之间的矛盾"，在这一背景下"完善公共服务体系，保障群众基本生活"意义重大。当前，人民群众的需求已经从基本的"衣食住行"转向更高层次的对幸福生

活的向往，"病有所医"是人民群众美好生活需求在公共卫生领域的基本体现。由于外部性等原因，市场难以达到最优公共卫生产品供给水平，为满足人民群众日益增长的公共卫生服务需求，实现健康中国建设对公共卫生服务的定位，必须合理发挥政府的公共卫生产品供给职能，加大公共卫生财政支出力度，保障人民生命健康，拄撑健康中国建设的需要。

中国实行的是分税制财政体制，地方政府承担着提供诸如教育、医疗等基本公共卫生服务的主要职责。根据国家卫健委官网公布的信息，中国 2020 年的卫生总费用高达 72 306.4 亿元，其中政府支出占比超过 30%，地方政府的公共卫生支出在总的政府卫生支出中占比 90% 以上。可以说，地方政府的公共卫生服务提供能力在很大程度上决定了居民的公共卫生福利水平，因此财政分权是考察公共卫生服务均等化问题的重要方向。从各省级政府的财政支出结构上看，1997~2020 年公共卫生财政支出占政府财政总支出的比重不是很高，且没有出现明显增长趋势，有些地区甚至还出现了比重下降的现象，这意味着中国省级层面上的公共卫生服务供给存在总量不足与结构失衡问题。当然，省级政府在我国地方政府中只是一环，因此从省级政府层面进行考察，可能会忽略掉省内差异的影响，调整省内差异是省级政府的职责，如果假定省级政府是负责的，那么这个问题对研究结论的影响或许就没有想象的那么严重，且从统计数据的完整性看，这样处理还是能够以简化的方式反映问题的要义。

实际上，财政分权会影响到地方政府公共产品供给，很早就是财政学的研究课题，蒂布特（Tiebout，1956）的"用脚投票"理论是这方面研究的开创性成果，但因其过于严格的假设而质疑不断，加之各国经济社会发展状况存在差异，因此，借鉴而不是照搬该理论对特定国家财政分权影响公共产品供给进行具体问题具体分析是十分必要的。从中国的情况看，习近平同志对现阶段中国社会主要矛盾的定位意味着中国仍然是发展中国家，尽管政府提供公共产品的财力在不断提高，但难免受到经济发展水平的约束，且区域经济发展不平衡也带来了公共产品供给与需求的区域异质性，因此有必要针对中国财政分权特征具体考察其对公共卫生服务分级供给与均等化的影响。

二、公共卫生服务供给思想理论与实证研究概述

财政分权有利于促进公共产品供给和社会福利提高的思想来源于第一代财政分权理论，其思想来源可以追溯至蒂布特（1956）的"用脚投票"理论。该理论假设居民可以在不同辖区间自由流动，居民对辖区的选择显示了其对公共产品/税收组合的偏好，通过"用脚投票"机制引发地方政府间的竞争，使地方政府提供尽可能符合居民偏好的公共产品与服务。蒂布特模型通过一系列的条件设

定，如居民流动的无成本性、完全信息、有足够的辖区供居民选择、公共产品供给技术规模报酬不变等，在引入类似市场竞争机制的基础上，得到了公共产品供给达到社会最优水平的逻辑与结论。蒂布特模型本身的假设过于严格，很难符合现实情形，尽管如此，一些经验研究仍然支持了蒂布特模型从居民需求角度得到的财政分权最优均衡的合理性。斯蒂格勒（Stigler，1957）也从信息和需求异质性角度论证了财政分权的效率优势，知识和信息在社会上是分散分布的，而不同地区居民对于公共产品与服务的需求偏好是不同的，因此中央政府无法完全了解居民需求的异质性。相比中央政府，地方政府更具信息优势，能够更加充分了解辖区居民对公共产品种类和数量的需求，因此地方政府在特定公共产品供给方面比中央政府更有效率优势。马斯格雷夫（Musgrave，1959）也表达过类似的观点，并称如果再通过税权在不同层级政府之间的分配，使地方政府获得收入自主权，那么财权与支出责任的合理匹配就可以提高地方政府公共产品供给的整体效率。奥茨（Oates，1972）提出的"分权定理"也论证了分散化提供公共产品的比较优势。在假设考虑外部性、规模经济和需求异质性的条件下，如果某种公共产品在中央政府和地方政府提供公共产品的单位成本相同时，中央政府对每个人口子集提供等量公共产品带来的福利水平低于各个地方政府提供的帕累托最优产量。

在第一代财政分权理论的基础上，第二代财政分权理论突出了财政分权对政府提供公共产品的激励机制。在第二代财政分权理论框架下，博尔迪尼翁（Bordignon，2002）和贝斯利和科特（Besley and Coate，2003）研究发现了地方政府之间存在着"标尺竞争"。选民会比较不同辖区政府之间的绩效，以类似的辖区政府绩效来判断本地辖区政府的执政水平。通过施加对选民负责的压力，"标尺竞争"能够约束政府行为，从而使政府提高公共产品供给的质量与效率。西布赖特（Seabright，1996）的研究也表明，在财政分权体制下，当选的压力能降低地方政府的寻租倾向。从理论上讲，居民可以通过"用手投票"机制约束政府行为，迫使政府提高公共产品供给的效率。

第一、第二代财政分权理论都植根于西方发达国家的经济学主流思想与政治现实，关注的重点都是公共产品的供给效率问题，而不是公共卫生的均等化问题，因此从健康中国建设对基本公共卫生服务的定位看，这种理论的解释力都是有限的，因此这些理论虽然对研究中国的财政分权问题有一定启发，但是在具体考察中国的现实问题时，还是需要考虑到中国财政分权制度的特殊性，中国是一个幅员辽阔且经济发展不平稳的大国，中国共产党是中国各项事业发展的领导核心，财政工作的千头万绪都需要在实事求是和坚持党的领导辩证统一的基础上寻找最佳解决方案，中国式财政分权正是在这一思想指导下兼顾活力与秩序的结果，既吸收了西方财政分权思想的有益成分，也适应了中国经济社会动态发展中各个时期的实际需求，同时也不否定完善财政分权制度进程中可能出现的问题。因此在考察财政分权对公共卫生服务供给的影响时，需要依据中国实际抽象和提炼其中的逻辑关系，总结出影响公共卫生服务供给与均等化的主要因素，为进一步提升财政分权对公共卫生服务的保障能力提供借鉴。

三、财政分权影响公共卫生服务均等化经济逻辑

结合上述对相关理论与中国实际的简要介绍，下面从中国式财政分权体制下的政府行为特征入手，考察财政分权影响公共卫生服务供给的抑制效应、溢出效应、横向竞争效应，以及三者的综合影响。

(一) 公共卫生支出的分权抑制效应

经济增长是地方政府执政能力的重要指标，尽管中国财政正在加速转向民生财政，但经济增长指标在影响地方政府行为上仍占有重要地位。在假定其他民生公共服务投入固定的前提下，政府需要在经济增长与公共卫生服务投入间进行权衡，此时，经济增长与公共卫生投入在考核体系中的权重就直接决定了地方政府的行为重点，考虑到经济增长的基础性指标地位，赋予较大权重是合适的，这意味着将政府行为的重点定性为经济增长。在影响经济增长的"三驾马车"中，消费和净出口更多的是由市场决定的，投资可以区分为公共投资与市场投资，由于公共投资与市场投资都是经济增长的影响因素，因此当政府关注经济增长目标时，如果目标的实现难以透过市场投资、消费和净出口得以解决，扩大公共投资就是政府的不二选择，在政府收入确定的情况下，这也意味着其他公共服务的减少，如果说教育等其他公共服务更具支出刚性，那么公共卫生服务支出就会受到挤压，从而导致政府公共卫生财政支出的减少，这就是抑制效应。

(二) 公共卫生支出的分权溢出效应

抑制效应虽然会影响公共卫生财政支出的增长，但是不会影响到对经济增长的促进，而经济增长的结果是地方政府的税基扩大，财政收入提高和财政支出增长，这就可能出现公共卫生服务支出相对规模偏低但绝对规模扩大的现象，这种伴随经济增长而产生的公共卫生服务支出的扩张效应就是财政分权中的溢出效应。溢出效应的大小取决于两个方面的因素：一是民生财政转向的力度与速度，力度越大、速度越快，公共卫生服务支出占比的增长就越大越快；二是公共卫生服务支出的收入弹性，根据瓦格纳法则，居民对公共服务需求的收入弹性要大于价格弹性，因此从需求约束的角度看，财政分权的经济增长效应内在要求公共卫生服务的更快增长。

（三）公共卫生支出的横向竞争效应

横向竞争主要源于地方政府间的策略互动，在现今中国的政府间财政关系中，中央对地方政府的考核并不局限于地方辖区的绝对绩效，多数情况下还会参照其邻近地区的相对水平，这就会产生地方政府间的横向竞争问题。为最大化全民福祉，中央政府负责制定社会发展规划，并将其分解为经济增长、公共卫生水平、教育水平等系列指标来督促地方政府执行，由于各地资源禀赋和经济发展水平存在差异，加之政府间信息不对称或不确定性因素的影响，地方政府需要应对的考核指标总是会存在一定的弹性空间，这就为地方政府出于自身偏好形成横向竞争提供了可能。当经济增长在地方政府行为偏好中权重较高时，地方政府就会倾向于将可支配资源更多应用于推动经济增长，由于全社会可用于经济发展的劳动力、资本等资源通常是有限的，因此地方政府就会为了争夺经济资源而展开竞争，为了吸引企业和资本流入，地方政府就会扩大生产建设支出来完善基础设施。甚至当某一地方政府选择通过降低医疗、教育等公共支出比重来扩大生产建设支出规模时，其他地方政府为了不在经济竞争中落后也会选择仿效，结果导致更多地方政府的财政支出结构偏向于经济建设性支出，这种策略互动的结果就形成了阻碍公共卫生财政支出占比的一种逻辑机理。

当然，随着政绩考核指标日趋多元化、民生化，民生指标在官员考核中的权重在逐渐提高。2009 年中共中央、国务院将医疗卫生体制改革成效列入政府绩效考核范畴，这不仅会直接提高地方政府加大公共卫生服务供给水平的偏好，且随着经济发展水平的不断提高和广大人民群众对公共产品需求的不断增长，更多地方政府也会逐步转向对公共产品的高质量提供。当越来越多地方政府专注于公共卫生服务的提供时，为了获得自己在公共产品提供方面的比较优势，地方政府同样会加大在医疗卫生、教育等民生公共产品方面的投入来建立相对优势，此时的策略互动行为就成了提高公共卫生财政支出占比的影响因素。

所以横向竞争的总体影响是不确定的，这既取决于政府发展理念的转变和相关政策的设计，也取决于地方政府策略性行为的强弱和方向，还取决于中央和地方政府间的信息对称性和双向互动，因此最终的表现只能通过数据进行经验实证。

关于财政分权对公共卫生服务供给的影响，我们分别论述了抑制效应、溢出效应和横向竞争效应，也充分表明中国公共卫生服务均等化不是一个纯粹的经济问题，而是交织了财政体制在内的各种因素影响的结果。又由于三种效应是一种动态互动、相互制约或相互促进的过程，因此理论上并不支持财政分权影响公共卫生服务的明确结论，还需要借助经验分析方法来实证其具体影响。相应的，在探讨应对策略时，也必然会面临多种因素的权衡，而权衡并不意味着总是有明确结果，因此中国公共卫生服务均等化可能会是一个长期的工作重点。

第二节　中国公共卫生服务均等化测度

在验证财政分权对公共卫生服务供给的影响之前，有必要先对中国当前公共卫生服务均等化状况作一个比较直观的分析。

一、均等化度量方法的选择

（一）均等化度量的基本思想

从经济实际看，衡量一个国家或地区公共卫生服务的差距、比较不同国家或地区公共卫生服务的差别时，往往使用包括基尼系数在内的多个不公平度量指标。所以要多指标交叉印证，因为许多单一度量不公平性的指数不能完全满足指数公理化基本性质的要求，影响真实信息的全面提供。理论上，一个设计良好的不公平指数应该包括 Pigou – Dalton 转移原则、对称性和齐次性等基本性质。

Pigou – Dalton 转移原则：当收入从富人向穷人转移且不改变相对贫富关系时，不公平指数会下降，反之亦然。即由富到穷产生的新收入分配更加平等。

对称性：若设 x 与 y 是两个不同的分配向量，当通过收入交换由 x 得到 y 时，有 $I(x) = I(y)$。即不公平指数应该公平对待社会成员。

齐次性：当每个社会成员的收入都同比例增长时，指数值不变，即 $I(x) = I(kx)$。即不公平指数具有相对性，或规模报酬不变性。

人口倍增不变性：如果 y 是 x 的复制，即 $y = (x, \cdots, x)(r 个 x)$，则有 $I(y, nr) = I(x)$（龚志民和解垣，2006）。

在这些基本性质的指导下，可以从三个方面切入寻找不公平指数的设计：一是统计方法，即利用统计指数测度不公平的程度；二是福利方法，即以福利为出发点、以福利函数为工具来建立不公平衡量的尺度；三是公理方法，即从不公平度量应满足的基本条件出发，推导不公平度量的一般形式。无论哪种方法都隐含某种福利评价和价值判断，都应追求并遵循不公平度量指数应有的基本性质。

（二）均等化度量的常用方法

度量均等化或不公平程度的方法有多种，但并不是每一种方法都能很好地满足需求，因此在解决特定问题时需要具体问题具体分析。不过从指标构造方法上看，可以粗略地区分为直接度量法和间接度量法两种。直接度量法大体包括极差、限制性极差、变异系数、基尼系数等，间接度量法包括相关系数、弹性系数等指标；直接指标含义明确、应用范围广，间接度量只有在特定情况下才有明确的经济含义，在公平度量中较少作为指标应用（盛世明，2004），在此不再赘述。

1. 极差与限制性极差

极差是指考察样本中最大值与最小值的差值，统计上用来反映样本数据值的离散程度，当用来度量公平性问题时，极差越大说明越不公平，越小则说明越趋于公平。实际分析中，很少使用这一指标来说明公平性问题，因为它只利用了样本中的两个极端值，并不能真实全面地反映整个样本数据的离散程度，且在通货膨胀影响下容易不切实际地扩大差距，极差并不是一个好的统计指标。

限制性极差的提出是为了克服极差度量值的固有缺点，具体做法就是对计算极差的最大值与最小值的选取进行必要的限制，通常的做法是用一个接近于最大值的数据替换最大值，用一个接近于最小值的数据替换最小值，然后计算两者的差额。比如，95% 分位数与 5% 分位数的差、75% 分位数与 25% 分位数的差等就属于限制性极差。相较于极差方法，限制性极差的优点是剔除了样本中异常数据的影响，因此可以相对客观地反映样本数据的离散程度，但它没有克服极差概念的根本缺陷，因此限制性极差也不是一个很好的统计指标。尽管如此，一些限制性极差还是在统计分析中得到了广泛应用，即四分位差，四分位差是将样本数据先按由小到大进行排序，然后将全部数据分为四等份，其中三个分位点上的数据称为四分位数，分别是 25% 分位数（第一分位数或下分位数）、50% 分位数（第二分位数或中位数），75% 分位数（第三分位数或上分位数），四分位差就是上下分位数之差。

2. 变异系数

在统计学中，标准差是反映样本数据离散程度的常用指标，标准差没有成为衡量公平程度的常用指标，是因为用标准差描述离散程度时存在两个难以克服的缺点：一是样本标准差数值的大小与原变量值本身的大小和样本均值的大小密切相关，变量值越大离散程度的测度值自然就更大，变量值越小离散程度的测度值自然也就更小；二是标准差会因计量单位的不同而改变，当采用的计量单位不同时，其离散程度的测度值也不同。变异系数正是为消除标准差度量公平程度时的缺点而产生的，其具体的计算方法为 $CV = \sigma / \bar{x}$，其中 σ 表示样本标准差，$\bar{x}$ 表示样本平均值。CV 的取值范围为 0～1，$CV = 0$ 说明所有样本个体取值相同，或者意味着绝对公平，变异系数值越接近 1，则不公平程度越高。

3. 基尼系数

基尼指数最早由意大利统计与社会学家科拉多·基尼在 1912 年提出，具体含义是指在全部居民可得资源中，用于进行不平均分配的那部分资源所占的比例，基尼系数的值在 0~1 之间。根据联合国开发计划署规定，若基尼系数的值为 0.2，就表示指数等级极低（高度平均），在 0.2~0.29 之间表示指数等级低（比较平均），在 0.3~0.39 之间表示指数等级中（相对合理），在 0.4~0.59 之间表示指数等级高（差距较大），在 0.6 以上表示指数等级极高（差距悬殊）。国际上通常把 0.4 作为分配差距的"警戒线"。

基尼系数计算的基本思想源于洛伦兹曲线，该曲线反映的是从最贫穷人口计算起一直到最富有人口的人口百分比对应于人口百分比的收入百分比的点（如图 5-1 所示）。洛伦兹曲线用以比较和分析一个国家在不同时代或者不同国家在同一时代的财富不平等，通过洛伦兹曲线，可以直观地看到一个国家收入或资源分配的不平等状况。一般来讲，洛伦兹曲线弯曲程度越大，收入分配越不平等，反之亦然，特别地，如果所有资源都集中于一人，而其余人口毫无资源时，洛伦兹曲线退化为折线 OLH，此时为完全不平等状态，反之若任一个体拥有的资源均相等，则人口累计百分比等于收入累计百分比，洛伦兹曲线退化为通过原点的 45 度角直线 OH，此时资源分配处于完全平等状况。显然，任何国家的资源分配都不可能出现这种极端的情况，因此洛伦兹曲线通常介于两者之间，如图 5-1 中的 OH 曲线。此时，将洛伦兹曲线与 45 度线之间的部分 A 叫作"不平等面积"，将三角形 OLH 合围部分的面积 A+B 叫作"完全不平等面积"，则基尼系数 $G = A/(A+B)$，显然，基尼系数不会大于 1，也不会小于零。

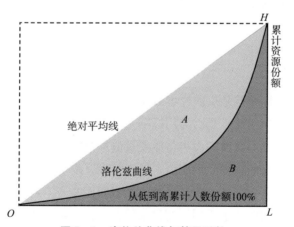

图 5-1　洛伦兹曲线与基尼系数

在实际计算时，基尼系数因考察样本的差异而形式上有所差别，在样本为离散变量时的计算公式为：$G = \sum_{i=1}^{n-1} M_i Q_{i+1} - \sum_{i=1}^{n-1} M_{i+1} Q_i$，其中 M_i 为某一资源（如收入）水平组人口数的累积百分比，Q_i 为某一资源（如收入）水平组资源数的累积百分比。在样本数据为参数型时，如果分布的密度函数已知，则基尼系数的计

算公式可以表示为 $G = \dfrac{1}{\mu} \displaystyle\int_0^\infty \int_0^\infty (x - y)f(x)f(y)\mathrm{d}x\mathrm{d}y$ ，其中 $f(x)$ 为资源 x 的密度

函数，μ 为 x 的期望；如果 x 的分布函数已知，则计算公式为 $G = 1 - \dfrac{1}{\mu}\displaystyle\int_0^\infty \left[1 - F(x)\right]^2\mathrm{d}x$ 。这里需要注意两点：一是以上公式都是基尼系数的估计值，因为通过样本是无法计算出总体真实值的；二是参数法对分布状态的认定很重要，如果认定的分布状态与实际分布差异较大，会带来估计值的较大偏差。一般来说，如果样本量较大，非参数方法不会导致较大误差，应为首选，当然，两类方法的相互印证也是一个不错的选择。

4. McLoone 指数和 Verstegen 指数

McLoone 指数是用于测度样本数据位于中位数以下数据分布状况的一种方法，目的是反映位于中位数以下观测值的公平程度，计算方法是用位于中位数以下数据的和除以这些观测值都取中位数时的和，由于中位数在样本数分别为奇偶数时的定义不同，McLoone 指数的计算也需要分两种情况给出，当样本数 n 为奇

数时，中位数 $m = X_{((n+1)/2)}$，McLoone 指数 $MI = \dfrac{\displaystyle\sum_1^{(n-1)/2} X_i}{m(n-1)/n}$ ；当样本量为偶数

时，中位数 $m = \dfrac{1}{2}(X_{n/2} + X_{(n+2)/2})$，McLoone 指数 $MI = \dfrac{\displaystyle\sum_1^{n/2} X_i}{2m/n}$ 。

由定义和计算方法可知，McLoone 指数的取值介于 0 ~ 1 之间，与基尼系数不同的是，McLoone 指数越接近于 1 就越能说明中位数以下群体的资源占有量更接近中位数，一般认为 McLoone 指数高于 0.95 时是比较理想的。

Verstegen 指数是和 McLoone 指数对等的方法，用于测度样本数据位于中位数以上数据的分布状况，反映的是位于中位数以上观测值的公平程度，计算方法是用位于中位数以上数据的和除以这些观测值都取中位数时的和，由于中位数在样本数分别为奇偶数时的定义不同，Verstegen 指数的计算也区分为两种情况，当样

本量为奇数时，Verstegen 指数 $VI = \dfrac{\displaystyle\sum_{(n+1)/2}^{n} X_i}{m(n+1)/n}$ ；当样本量为偶数时，Verstegen

指数 $VI = \dfrac{\displaystyle\sum_{(n+1)/2}^{n} X_i}{2m/n}$ ，其中中位数 m 的计算同 McLoone 指数。不同于 McLoone 指数的是，Verstegen 指数的取值总是大于或等于 1，且当 Verstegen 指数越接近于 1 时表示样本的公平程度就越好。

5. Kakwani 指数

Kakwani 指数也可以用来评估资源占有的相对公平性，通常用一种资源的集

中指数减去另一种资源的基尼系数求得。当我们考察人们享受的某种公共卫生服务是否与收入分配状况相匹配时，就可以定义公共卫生服务均等化水平的 Kakwani 指数 $Ki = Ci - Gi$，其中 Ci 为某种公共卫生服务的集中指数，Gi 为收入分配的基尼系数，这里 i 指某种公共卫生服务或收入。

集中指数本质上是改进的洛伦兹曲线法，用于分析不同社会经济状况人群的资源分布差异。具体是指某一地区的某部门，按人口平均的资源数，与全国或全区域该部门相应指标的比值，常用的计算公式为 $Ci = \dfrac{a}{m} \Big/ \dfrac{A}{M} = \dfrac{a}{m} \times \dfrac{M}{A}$，其中 a 为所计算地区某经济部门占有的资源量，m 为所计算地区的人口数，A 为全国或全区域该部门的资源量，M 为全国或全区域人口。如果变量是连续的，集中指数直观上就体现为集中曲线和公平曲线所围部分的面积，此时可以用定积分求和算法计算出来。集中指数的取值范围为 [-1, 1]，大于0时表明资源集中分布于较高层社会经济组，小于0时表明资源集中分布于较低层社会经济组。集中指数的绝对值越大，表明与社会经济状况相联系的资源的不平等程度越大。

由于集中指数 Ci 取值范围为 [-1, 1]，基尼系数 Gi 取值范围为 [0, 1]，因此 Kakwani 指数的取值范围为 [-2, 1]。如果 Kakwani 指数的值大于0，说明该资源的集中度曲线位于收入洛伦兹曲线之下，说明相对于收入不公平而言，该资源的分布更加不公平；如果 Kakwani 指数的值小于0，说明该资源的集中度曲线位于收入洛伦兹曲线之上，相对于收入不公平而言，该资源的分布相对更公平，此时该资源分布是更趋向合理的；如果 Kakwani 指数的值等于0，说明该资源的集中度曲线与收入洛伦兹曲线重合，说明该资源分布的公平性与收入分配的公平性是线性相关的（Kakwani and Lambert, 1998）。

6. Theil 指数

Theil（泰尔）指数又称为 Theil 熵标准，熵是物理学名词，最初用于衡量世界中事物的混乱程度，后由泰尔（1967）借用来计算收入不平等而得名，近年来在有关公共卫生服务公平性的研究中应用较为广泛。Theil 指数有不同的计算公式，但大多是在未分组数据上扩展而来，尽管如此，不同公式结果的可比性仍然较差。

对于未分组数据来说，广义不公平的计算可以定义如式（5-1）所示：

$$E(\alpha) = \frac{1}{n(\alpha^2 - \alpha)} \sum_i \left[\left(\frac{y_i}{y}\right)^{\alpha} - 1 \right] \qquad (5-1)$$

其中，y_i 为个体 i 的收入，y 为平均收入，α 为可变值参数，用于具体化指数计算形式，当 $\alpha = 0$ 时，式（5-1）式简化为 $E(0) = \dfrac{1}{n} \sum_i \ln\left(\dfrac{y_i}{y}\right)$，此时 $E(0)$ 称为零阶 Theil 指数或对数偏差均值指数（mean logarithmic deviation, MLD）；当 $\alpha = 1$ 时，$E(1)$ 称为 Theil 指数 $TI = E(1) = \dfrac{1}{n} \sum_i \left(\dfrac{y_i}{y}\right)\ln\left(\dfrac{y_i}{y}\right)$，由于

$y = 0$ 时该式没有定义，故可用任意小的数值代替，此时 $E(1)$ 的极大值近似于 $\ln(n)$。

依此公式计算出来的 Theil 指数并不在 0～1 范围内，不便比较，因此实际中常计算相对 Theil 指数（RE），即 Theil 指数与其最大值的比如式（5-2）所示：

$$RE = \frac{E(1)}{\max E(1)} = \frac{1}{n(\ln n)} \sum_i \left(\frac{y_i}{y}\right) \ln\left(\frac{y_i}{y}\right) \qquad (5-2)$$

相对 Theil 指数的取值范围为 [0, 1]。式（5-1）和式（5-2）是基于个体数据计算指数的，如果所有个体收入相同，则有个体水平和均值相同，此时 Theil 指数为 0，表示绝对公平（喻箴等，2020）。

分组数据 Theil 指数的计算，及 Theil-T 指数、Theil-L 指数的计算与上述公式相比略有变化，在此不再详述。

（三）对均等化度量方法的评价

均等化的度量有很多方法，这为不同研究目标提供了方法论上的便利，但也因此带来困扰和争执，因为对于相同的资源分布，不同的度量方法往往会得出不同的计算结果，有时甚至可能大相径庭。比如，对于两个收入分布不同的三人社会 A（3，12，12）和 B（4，9，14），当我们用变异系数衡量其收入分配状况时可以发现 B 优于 A，因为 B 社会的变异系数值 0.26 小于 A 社会的变异系数值 0.27；而当我们采用基尼系数来比较两个社会的公平程度时，结论却是 A 社会比 B 社会更加公平，因为 A 社会的基尼系数为 0.22，而 B 社会的基尼系数为 0.25，显然，这样的结果迥异会给我们造成相当的困惑。因此，在研究均等化问题时完全依赖于某个特定指标并不是一个理性的选择，而借助一组指标或者直接研究两条洛伦兹曲线反而是一个不错的选择。

在诸多衡量公平性的指标中，基尼系数是应用最为广泛的指标，但基尼系数的值容易受到样本分布的影响，有时候并不能给出明确的信息，比如同样的基尼系数值，可能源于低收入（位于中位数以下）样本的观测值，也可能由高收入（位于中位数以上）样本的观测值引致，这种情况下单纯的基尼系数是无法给出明确答案的，此时将基尼系数、变异系数、McLoone 指数和 Verstegen 指数结合起来加以考察就显得十分必要。

Theil 指数和基尼系数之间具有一定的互补性：基尼系数对中等收入水平的变化特别敏感。Theil-T 指数对上层收入水平的变化很明显，而 Theil-L 指数和 Theil-V 指数对底层收入水平的变化敏感。此外，对于分组数据来说，Theil 指数可以衡量组内差距和组间差距对总差距的贡献，这是 Theil 指数的一大优点。因此用 Theil 指数评价公共卫生服务公平性的文献逐步增长，但遗憾的是，许多文献并没有对计算公式作详细说明，降低了不同研究结果的可比性。

除上述介绍的度量公平性的计算指标外，实际工作中也会使用间接度量的方式评判资源分配的公平性。比如，基本公共卫生服务具有公共产品特性，因此各个地方的公共卫生服务不应因经济发展水平的差异而存在巨大差异，或者说不能过于依赖于当地的财政状况，此时，通过检验财政中性原则就可以对公共卫生服务的公平程度做出基本判断。具体来说，就是首先确定两个统计指标：一个是反映当地财政能力的统计量，如人均财政收入等，另一个是反映公共卫生服务配置状况的统计指标，如人均公共卫生服务拨款等，然后计算变量之间的相关系数，或者通过计量经济学方法确定他们之间的弹性系数。显然，如果相关系数低且弹性系数也低时，就可以说明公共卫生服务支出符合财政中性原则，在公共卫生服务提供方面做到了相对公平。

最后需要说明的是，当我们在谈论公平性问题时，间接度量方法因缺乏直观性而很少为研究文献采纳。当我们从不同角度考察公平性问题时，我们就可以从改变资源分布函数、调整上层或下层资源规模、设计再分配政策和改革福利计划等方面提出政策建议。

二、中国公共卫生服务均等化测算

根据《中国卫生健康统计年鉴》的统计口径，中国公共卫生服务均等化的现状大体上可以从卫生费用、卫生人员、卫生机构和卫生设施四个方面进行分析，研究视角可以是时间维度、截面维度或者两者的结合，方法上则包括了各个不公平指数在内的诸多统计方法。

(一) 公共卫生服务均等化总体分析

总体分析研究上述四个指标相对变化的总体趋势，目的是判断公共卫生服务相对重要性的变化，如果规范上认为这些指标在某些维度上应该得到相对更多的资源份额才是公平的，那么这些指标趋势的变化就可以帮助我们大体上判断公共卫生服务的公平程度。自2009年"新医改"以来，我国医疗卫生系统开始了公益性回归，2015年提出"健康中国建设"以来，基本公共卫生服务基础设施得到强化，政府、社会与个人之间，城乡之间，东部、中部、西部地区之间基本公共卫生服务供给的相对水平都发生了一些变化，但是也暴露出一些值得关注的问题。下面我们就以健康中国建设的基本理念为指导，从公共卫生服务均等化角度切入，利用卫生费用、卫生人员、卫生机构和卫生设施四个指标做一个总体分析。

卫生总费用是按来源法核算的，一般是指一个自然年度内一个国家或地区为开展卫生服务活动从全社会筹集的卫生资源的货币总额，反映的是一定经济条件下，政府、社会和居民个人对卫生保健费用的负担水平或卫生筹资模式的特征，可以直观地反映出卫生筹资的公平性或合理性。其中，政府卫生支出反映各级政府用于医疗卫生服务、医疗保障补助、卫生和医疗保障行政管理、人口与计划生育事务支出等各项事业的经费；社会卫生支出反映除政府外社会各界对卫生事业的资金投入，主要是指医疗保障支出、商业健康保险费、社会办医支出、社会捐赠援助、行政事业性收费收入等；个人卫生支出指城乡居民在接受各类医疗卫生服务时的现金支付，包括享受各种医疗保险制度时的自付费部分，反映的是城乡居民医疗卫生费用负担程度。

从图 5 - 2 所示卫生费用支出结构及变动趋势看，卫生支出费用呈现出逐年增长态势，卫生支出费用占 GDP 的比重也从 2009 年的 5.15% 上升到 2019 年的 6.67%，年均增长 0.15 个百分点。从费用分担情况看，有两个相当明显的变动态势，一是社会卫生支出费用占比从 35.1% 上升到了 44.27%，二是个人卫生支出费用分担份额从 37.5% 下降到 28.36%。根据健康中国建设的内涵理念，这种变化意味着卫生支出费用在政府、社会与个人间的分担合理性得到了提高，更符合公平化或均等化要义，这是因为在卫生费用占 GDP 之比和卫生总费用支出不断增长，且政府支出占比保持稳定（始终在 27.36% ~ 30.7%）的情况下，社会支出占比提高与个人支出占比的降低必定导致占人口大多数的中低收入群体成为最直接的受惠者，也更多体现了公共卫生服务的商品平均主义特征，这与健康中国建设对公共卫生服务均等化的定位是不谋而合的。

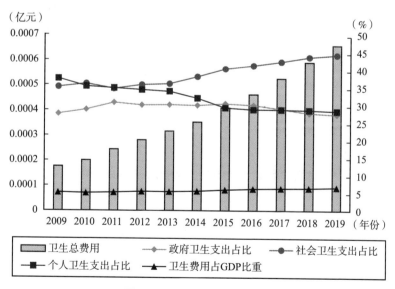

图 5 - 2　卫生费用支出结构

资料来源：《中国卫生健康统计年鉴》（2021）。

　　卫生人员是指在医院、基层医疗卫生机构、专业公共卫生机构及其他医疗卫生机构工作的职工，包括卫生技术人员、乡村医生和卫生员、其他技术人员、管理人员和工勤人员，不包括临时工、离退休人员、退职人员、离开本单位仍保留劳动关系人员、本单位返聘和临聘不足半年人员。按照这一统计指标，可以粗略地把除医院之外和工作地点在农村的卫生工作人员确定为公共卫生服务人员。

　　依据对卫生人员的定义，图5-3表明我国公共卫生服务人员自2009年"新医改"后经历了大幅度跃升，且随后表现出了明显的递增趋势，结合城乡卫生人员的变动态势可以发现，我国公共卫生服务人员的增长主要是源于农村卫生人员的增长，这意味从卫生人员的角度看，我国农村公共卫生服务得到了强化，城乡公共卫生服务均等化得到了改善。但不足的是，城乡之间卫生人员之比的数量改观并没有伴随相应的区域间质量改观，这可以从表5-1得到印证。

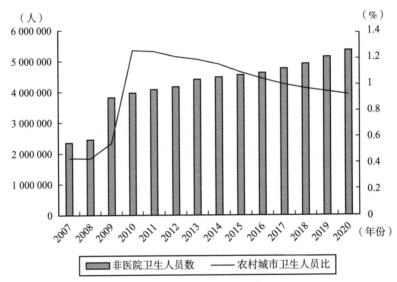

图5-3　公共卫生服务人员及城乡构成

资料来源：《中国卫生健康统计年鉴》（2021）。

表5-1　　　　　　　　东部、中部、西部地区卫生技术人员构成比较　　　　单位：人/千人口

年份	卫生技术人员			助理执业医师			执业医师			注册护士		
	东部	中部	西部	东部	中部	西部	东部	中部	西部	东部	中部	西部
2009	4.9	3.8	3.6	2.0	1.6	1.6	1.7	1.3	1.3	1.7	1.2	1.1
2015	6.2	5.4	5.8	2.4	2.1	2.1	2.0	1.7	1.7	2.5	2.2	2.3
2020	7.7	7.3	7.7	3.1	2.8	2.7	2.6	2.3	2.3	3.3	3.3	3.5

资料来源：《中国卫生健康统计年鉴》（2021）。

表 5-1 显示，自 2009 年"新医改"以来，每千人口的卫生人员数无论是东部、中部还是西部地区都呈现了增长趋势，且到 2020 年末这一数据在三大区域之间几乎没有差别，这与图 5-3 的结论相呼应。从公共卫生从业人员构成看，虽然注册护士数量区别不大，但是助理执业医师和执业医师人数东部地区明显占优，中部地区也相对优于西部地区，说明公共卫生从业人员的整体质量仍然存在区域性差异，这与健康中国建设要求公共卫生服务具有商品平均主义特征的目标仍有差距，公共卫生服务质量均等化仍然任重道远。

医疗卫生机构是指从卫生行政部门取得《医疗机构执业许可证》《中医诊所备案证》《计划生育技术服务许可证》，或从民政、工商行政、机构编制管理部门取得法人单位登记证书，为社会提供医疗服务、公共卫生服务或从事医学科研和医学在职培训等工作的单位。医疗卫生机构包括医院、基层医疗卫生机构、专业公共卫生机构、其他医疗卫生机构。其中，医院包括综合医院、中医医院、中西医结合医院、民族医院、各类专科医院和护理院，不包括专科疾病防治院、妇幼保健院和疗养院，包括医学院校附属医院。基层医疗卫生机构包括社区卫生服务中心、社区卫生服务站、街道卫生院、乡镇卫生院、村卫生室、门诊部、诊所（医务室）。专业公共卫生机构则包括了疾病预防控制中心、专科疾病防治机构、妇幼保健机构、健康教育机构、急救中心（站）、采供血机构、卫生监督机构、取得《医疗机构执业许可证》或《计划生育技术服务许可证》的计划生育技术服务机构等。

尽管这些机构都可以笼统地归入公共卫生服务机构，但从健康中国建设的角度看，基本公共卫生服务的主要提供机构应该是除医院以外的其他卫生机构，因为对大多数医院而言，医疗服务才是其最关注的重点。表 5-2 是东部、中部、西部地区非医院医疗卫生机构的构成及其变动情况，之所以列示这一数据是因为《中国卫生健康统计年鉴》上并没有提供机构数量方面的人均数据。

表 5-2　　　　　　　　　　　　分区域非医院卫生机构构成

年份	非医院卫生机构/医院卫生机构（倍数）				设卫生室的村数占行政村数（%）			
	总计	东部	中部	西部	总计	东部	中部	西部
2007	14.03	14.63	12.37	15.00	88.7	79.6	94.5	94.2
2009	44.17	41.94	46.11	44.97	90.4	80.0	97.2	96.2
2015	34.65	32.58	38.25	33.87	93.3	82.5	99.8	100
2020	27.90	27.12	29.41	27.44	94.8	86.8	100	99.9

资料来源：《中国卫生健康统计年鉴》（2021）（注：因统计年鉴数据为缺失状态，故"设卫生室的村数占行政村数"最后一行为 2019 年数据）。

表5-2显示：2007年以来，我国公共卫生机构基本公共卫生服务的提供能力处于一个上升通道，尤其是2009年"新医改"以来，基本公共卫生服务机构出现了一个跳跃式增长，之后虽有回落但是仍好于2007年之前的状态；从地区差异看，中部、西部地区公共卫生服务能力的提升明显高于东部地区，进一步考虑到中部、西部地区早前公共卫生服务不足的状况，就可以得出"新医改"和"健康中国建设"提出以来地区间公共卫生服务均等化程度得到了提升的结论，这一点也可以从设卫生室的村庄数占行政村数之比的数据中得到类似信息。不过，当我们考虑到东部地区相对于中部、西部地区人口密度上的巨大差异后，从机构数量相对性占优上得到的结论需要谨慎对待，每村必设卫生室在提供基本公共卫生服务上也许并不是唯一优选，因此基于机构对比得到的结论还应该辅以进一步的具体分析。

床位是最重要的卫生服务设施，统计上的床位数主要是指年底固定实有的床位（非编制床位），包括正规床、简易床、监护床、超过半年加床、正在消毒和修理的床位、因扩建或大修而停用的床位，不包括产科新生儿床、接产室待产床、库存床、观察床、临时加床和病人家属陪待床。考虑到《中国卫生健康统计年鉴》给出了每千人口医疗卫生机构床位数的统计指标，所以可以用每千人口医疗卫生机构床位数来比较东部、中部、西部地区公共卫生服务均等化的情况，具体如图5-4和图5-5所示。

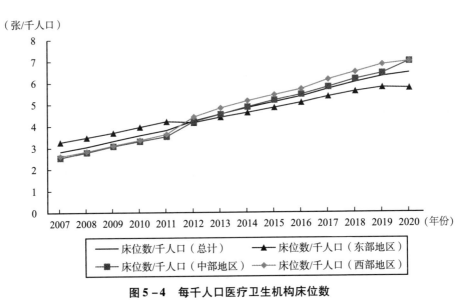

（张/千人口）

图5-4 每千人口医疗卫生机构床位数

资料来源：《中国卫生健康统计年鉴》（2021）。

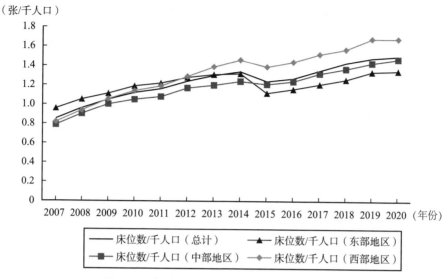

（张/千人口）

图 5 – 5 每千人口农业人口乡镇卫生院床位数

资料来源：《中国卫生健康统计年鉴》（2021）。

从图 5 – 4 和图 5 – 5 可以看出，在医疗卫生机构床位总数始终是东部地区大于中部地区、中部地区大于西部地区的情况下，不仅中部地区、西部地区的每千人口床位数超越了东部地区，且从更具基本公共卫生服务特征的每千农业人口乡镇卫生院床位数指标上，中部地区、西部地区同样实现了对东部地区的超越，说明我国中部地区、西部地区已经能够享受到不比东部地区差的公共卫生服务。当然，考虑到人口密度和城市化水平的影响，如何评价由卫生设施反映出来的这种均等化状态同样需要谨慎。

基于卫生费用、卫生人员、卫生机构和卫生设施的均等化分析给出了我国公共卫生服务均等化的概略，即 2009 年的"新医改"和之后"健康中国建设"的实施改变了我国各个地区公共卫生服务的提供能力，甚至在一些关键指标上，某些此前被认为能力薄弱的地区已经实现了人均数量的反超，如果考虑到人口密度和城市化进程的区域差异，类似这些人均数量上反超的结论仍然需要进一步的分析予以佐证。同时，基于不均等测量指标的具体分析更为直观且便于探讨，因此对公共卫生服务均等化进行具体的指标分析还是必要的。

（二）公共卫生服务均等化具体分析

公共卫生服务均等化具体分析有两层含义：一是要使用基尼系数等度量不均等的指标来具体测算公共卫生服务的均等化状况；二是分析的内容应是广大居民群众具有切身感受的公共卫生服务指标。对于第一层含义，我们在综合上述均等化度量指标选择的基础上，选取基尼系数（Gini index）、卡瓦尼指数（Kawasaki index）和泰尔指数（Theil index）三种方法进行相应分析；对于第二层含义，我们将在上述总体分析的基础上，精简出床位数指标和卫生人员数指标来具体分析，当然也会穿插引入一些解释性指标，以便解释具体分析的结果。之所以做这样的处理主要是考虑到居民享受公共卫生服务时能直观感受到的就是公共卫生服务的人员和设施，至于卫生机构数和卫生财政支出费用，通常是作为公共卫生服务的支撑而不是作为内容出现的，因此具体分析时不再将它们作为必选指标引入。接下来进行的具体分析都是基于省际面板数据来测算，数据的来源也都是《中国卫生健康统计年鉴》。

首先用基尼系数测算公共卫生服务均等化情况，结果发现每千人床位数与每万人卫生人员数的基尼系数都分别从 2003 年的 0.3387 和 0.351 下降到了 2020 年的 0.1 和 0.1964（如图 5－6 所示），在这个时间区间内，我国公共卫生领域的每千人床位数与每万人卫生人员数指标已经从不太合理的状况进入到高度平均状态，且这种均等化状态的实现大体是 2009 年医改前后实现的，而健康中国建设的提出则使得这一状态基本得以保证。分指标看，每千人床位数基尼系数指标始终处于下降通道，说明在公共卫生服务均等化方面做到了硬件先行；每万人卫生人员数的基尼系数在 2016 年之后略有上升，在人才流动日渐频密的时代大潮中，这个状态的维持也算不易。于是，可以把基尼系数指标下各省区间公共卫生服务均等化结果总结为日益改善或者基本实现，这与之前的总体分析结论是基本吻合的。当然，每万人卫生人员数基尼系数的小幅稳定回弹也启示我们，一些基本公共卫生服务不足的地区，在留住人才的软实力方面下足功夫是比注重投资公共卫生硬件基础设施更重要的工作。

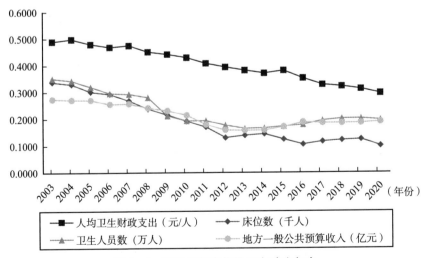

图 5－6 基尼系数变化及卫生财政变动

资料来源：《中国卫生健康统计年鉴》（2021）。

　　为探讨是什么原因导致了这种改善的出现，我们进一步考察了地方一般公共预算收入和各地人均公共卫生财政支出基尼系数的变动情况（如图 5 - 6 所示）。不难发现一个明显的特征是，人均公共卫生财政支出基尼系数的变动幅度远大于地方一般公共预算收入基尼系数的变动幅度，人均公共卫生财政支出的基尼系数从最高时的 0.4981 下降到 0.2961，而地方一般公共预算收入相应的变化只是从 0.274 下降到 0.1986，前者几乎是后者的两倍。面对这种情况和我国公共卫生财政的分权制特征，地方一般公共预算收入的变化不可能解释基本公共卫生服务均等化现象，那么唯一可行的解释就是基本公共卫生服务的均等化主要源自政府间转移支付，而分权财政本身对基本公共卫生服务的影响则另当别论。这也启示我们需要进一步分别研究财政分权与政府间协同对基本公共卫生服务供给的影响。

　　接下来，我们从卡瓦尼指数角度看基本公共卫生服务的均等化问题，很容易看出来每千人床位数与每万人卫生人员数的卡瓦尼指数都小于 0，且随着时间推移呈现接近于 0 的变化态势（如图 5 - 7 所示）。这说明相对于收入不公平而言，基本公共卫生服务资源的分布要相对公平些，即一些低收入者也可能享有与高收入者相当的基本公共卫生服务，从健康中国建设角度来看，这显然是合理的。考虑到卫生财政支出对每千人床位数与每万人卫生人员数分布的影响，图 5 - 7 也给出了人均公共卫生财政支出的 K 指数，结果该指数值始终位于每千人床位数与每万人卫生人员数 K 指数的下方，所以逻辑上讲由基本公共卫生财政支出均等化带来的基本公共卫生服务人员与设施的均等化是可行的，当然，要佐证这个与基尼系数相似的结论还需要结合计算 K 指数时的集中度指数 CI 进行综合判断。

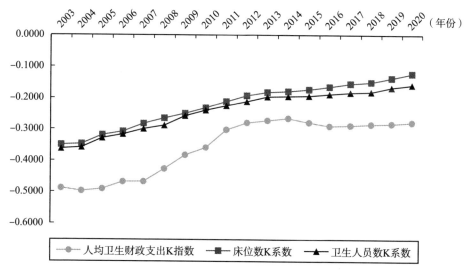

图 5 - 7　基本公共卫生服务的卡瓦尼指数

资料来源：《中国卫生健康统计年鉴》（2021）。

图 5 - 8 给出的是计算 K 指数时用到的相应的集中度指数 CI 值及其变动情况。不难发现 CI 指数始终小于 0 且随时间呈现增大趋势（或绝对值逐渐变小），这说明相对于收入不公平而言，"穷人"享受了相对更多的基本公共卫生服务，我国的基本公共卫生服务并没有背离其服务于最广大人民群众的根本宗旨；而绝对值的持续变小则说明有越来越多的"穷人"能够享受到基本公共卫生服务，基本公共卫生服务愈发具备健康中国建设所要求的可以全民共享的公共品特征。为探究公共卫生服务设施与人员这一特征背后的原因，图 5 - 8 也给出了人均公共卫生财政支出相对于地方一般公共预算收入的集中指数，很明显，该集中指数也呈现出小于 0 且逐步变大（绝对值变小）的特征，即公共卫生服务设施与人员支出的刚性已经很大程度上成为了地方财政收入的线性函数，各地方能够通过自身财力或转移支付来保障基本公共卫生服务均等化已是事实。

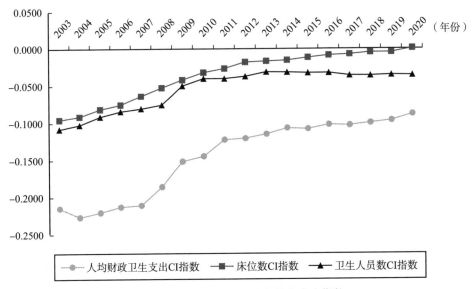

图 5 - 8 基本公共卫生服务的集中度指数

资料来源：《中国卫生健康统计年鉴》（2021）。

最后，我们从泰尔指数角度看基本公共卫生服务均等化状况，进一步用泰尔指数来分析公共卫生均等化的原因是它可以衡量组内差距、组间差距及其对总差距的贡献，并且可以与基尼系数进行互补性解释，因为两者的最终取值都受"收入"分布特征的影响，但是基尼系数对中等收入水平的变化敏感，而 Theil - T 指数对上层收入水平的变化敏感、Theil - L 对底层收入水平的变化敏感。表 5 - 3 是每千人床位数的泰尔指数值及其按照东部地区、中部地区、西部地区进行区域划后的区域内泰尔指数值，这里的东部地区包括北京市、天津市、河北省、辽宁省、上海市、江苏省、浙江省、福建省、山东省、广东省、海南省 11 个省

（市），中部地区包括山西省、吉林省、黑龙江省、安徽省、江西省、河南省、湖北省、湖南省8个省份，西部地区包括四川省、重庆市、贵州省、云南省、陕西省、甘肃省、青海省、宁夏回族自治区、新疆维吾尔自治区、广西壮族自治区、内蒙古自治区共11个省（市、区），西藏自治区因数据缺失而未列入。

表5-3 床位数的泰尔指数及其分解

年份	泰尔 T 指数			泰尔 L 指数		
	TWR	TBR	Theil	TWR	TBR	Theil
2003	0.3800	0.0188	0.3988	0.2978	0.0197	0.3175
2004	0.3709	0.0194	0.3903	0.2915	0.0203	0.3119
2005	0.3498	0.0177	0.3675	0.2754	0.0184	0.2939
2006	0.3354	0.0169	0.3523	0.2661	0.0174	0.2835
2007	0.3082	0.0187	0.3269	0.2460	0.0189	0.2649
2008	0.2845	0.0181	0.3026	0.2303	0.0178	0.2481
2009	0.2625	0.0193	0.2818	0.2155	0.0186	0.2341
2010	0.2410	0.0236	0.2645	0.1997	0.0224	0.2221
2011	0.2307	0.0266	0.2573	0.1914	0.0251	0.2165
2012	0.2156	0.0298	0.2454	0.1811	0.0280	0.2091
2013	0.2130	0.0336	0.2466	0.1790	0.0316	0.2106
2014	0.2109	0.0352	0.2461	0.1785	0.0332	0.2116
2015	0.2089	0.0345	0.2435	0.1783	0.0327	0.2110
2016	0.2060	0.0344	0.2404	0.1785	0.0327	0.2112
2017	0.2065	0.0367	0.2432	0.1795	0.0349	0.2144
2018	0.2045	0.0374	0.2419	0.1806	0.0358	0.2164
2019	0.2032	0.0389	0.2422	0.1809	0.0374	0.2183
2020	0.2001	0.0357	0.2358	0.1800	0.0347	0.2146

表5-3传递的信息主要有两个：一是泰尔指数、Theil-T指数和Theil-L指数基本都呈现出单边下降趋势，说明该时期以每千人床位数衡量的公共卫生服务均等化程度提高了，且无论是每千人床位数高的地区还是低的地区，其对泰尔指数的影响都是正向的；二是从区域内或区域间的差异看，公共卫生服务的区域内不平等（TWR）是影响均等化的主因，而东部地区、中部地区、西部地区间的差异影响甚微，这为政府公共卫生服务均等化工作重点提供了启示。

类比床位数指标的公共卫生服务均等化，表 5-4 也给出了以每万人拥有的卫生人员数计算的 Theil 指数。

表 5-4　　　　　　　　　　　　　　**卫生人员数的泰尔指数及其分解**

年份	泰尔 T 指数			泰尔 L 指数		
	TWR	TBR	Theil	TWR	TBR	Theil
2003	0.4155	0.0156	0.4311	0.3179	0.0165	0.3344
2004	0.4036	0.0152	0.4188	0.3106	0.0160	0.3266
2005	0.3803	0.0132	0.3936	0.2934	0.0139	0.3073
2006	0.3659	0.0127	0.3787	0.2833	0.0133	0.2967
2007	0.3564	0.0132	0.3696	0.2748	0.0138	0.2886
2008	0.3419	0.0122	0.3541	0.2662	0.0127	0.2789
2009	0.2897	0.0122	0.3019	0.2284	0.0121	0.2405
2010	0.2678	0.0147	0.2824	0.2134	0.0143	0.2278
2011	0.2635	0.0163	0.2799	0.2102	0.0158	0.2260
2012	0.2552	0.0177	0.2729	0.2055	0.0171	0.2226
2013	0.2447	0.0206	0.2653	0.1970	0.0197	0.2168
2014	0.2416	0.0222	0.2638	0.1968	0.0212	0.2179
2015	0.2435	0.0220	0.2655	0.1997	0.0209	0.2207
2016	0.2443	0.0223	0.2666	0.2025	0.0212	0.2237
2017	0.2511	0.0240	0.2750	0.2064	0.0227	0.2292
2018	0.2538	0.0238	0.2777	0.2084	0.0226	0.2310
2019	0.2523	0.0247	0.2770	0.2088	0.0233	0.2321
2020	0.2536	0.0235	0.2771	0.2112	0.0222	0.2334

正如床位数泰尔指数那样，表 5-4 所示的每万人卫生人员数均等化状况与表 5-3 的情况高度类似，说明从每万人卫生人员数指标来看，我国公共卫生服务的均等化水平也得到了提升，进入到了一个相对合理的状态，且东部地区、中部地区、西部地区各区域内的差异是下一步公共卫生服务均等化的主要关注重点。而进一步对均等化改善原因的探讨，也与 K 指数所揭示的结果是一致的，即人均公共卫生财政支出费用扮演了至关重要的角色。

（三）公共卫生服务均等化现状的总结性评述

公共卫生服务是一个复杂的多维度概念，结合《中国卫生健康统计年鉴》的做法，我们从卫生费用、卫生人员、卫生机构和卫生设施四个方面进行了均等化分析，尽管这四个方面不能涵盖公共卫生服务的全部内容，但是在权衡数据可得性和《中国卫生健康统计年鉴》所具有的权威性的前提下，从这四个方面展开分析应该是反映我国公共卫生服务均等化状况的合适选择。从分析结果来看有两点值得关注：首先，无论是从总体分析还是从具体数据计算的结果来看，2003年以来，我国基本公共卫生服务的均等化水平都有了明显提高，均等化状况也基本处于比较理想水平；其次，结合我国公共卫生财政发展过程来看，这种公共卫生服务均等化的改善是公共卫生财政大力支持的必然，那么分权财政下的公共卫生财政支出是如何影响公共卫生服务供给的呢？接下来就利用面板数据考察中国的财政分权对公共卫生服务供给的影响。

第三节　中国公共卫生服务供给经验分析

一、变量选择与模型构建

（一）变量选取

被解释变量。国外文献常用婴儿死亡率（IMR）作为被解释变量，其合理性的原因在第二章研究设计中已有分析，缺点是这一指标难以剔除家庭层面的影响，考虑到《中国卫生健康统计年鉴》对公共卫生服务指标的设定，结合本章第二节考察公共卫生服务均等化时的关注指标，此处选择每千人床位数（bed）和每万人卫生人员数（doc）作为衡量公共卫生服务的代理指标，这样做的好处是便于整合本章第二节与第三节的内容提出对策建议。考虑到这两个指标存在一定的滞后性或路径依赖，模型也引入该变量的一阶滞后项，在实际回归时，运用赤池信息准则（AIC）来判定如此处理的合理性。

解释变量。考虑到地方财政是公共卫生服务供给的主体，因此财政分权度是最重要的解释变量，但是国内关于中国财政分权度的衡量还没有形成统一的指标。鉴于公共卫生服务供给水平与政府财政支出之间存在着直接的相关性，故参考龚锋和雷欣（2010）的做法，选择财政支出自决率（fdex）作为财政分权度指标，即（地方本级预算总支出 − 中央转移支付）/地方本级预算总支出。财政支出自决率反映了地方政府财政支出的自由度，或者给定收入时的支出缺口，地方财政支出自由度越高，其在各种激励约束间实现自我目标的空间就越大，缺口也就越小。就公共卫生服务而言，这一指标也能较好地反映确定财政支出下的公共卫生服务供给能力，而这种能力的差异正是影响公共卫生服务供给差异主因。考虑到支出自决率很大程度上取决于财政收入的自决率（*fdin*），即地方本级预算收入/（地方本级预算收入＋转移支付），因此在稳健性检验时选择地方财政收入自决率替代支出自决率来检验回归结果的稳健性。

根据前述机理分析，我们知道财政分权对公共卫生财政支出的影响往往是通过经济增长目标和策略互动来实现的，因此考虑加入财政分权与经济增长、策略互动的交叉项。为实现经济增长的策略互动可以用吸引外来资本的竞争反映，尤其是对外商直接投资（FDI）的竞争，因为为了吸引更多 FDI，地方财政更倾向于扩大在短期内就能见效的基础设施投入，减少对公共卫生财政的支出，因此考虑使用地方政府吸收的 FDI 占当年全国 FDI 的比重来衡量不同地方政府间的竞争程度（*com*）（郑磊，2008）。

控制变量。控制变量的选取包括了基础设施水平变化量、人均公共卫生财政支出、经济发展水平、产业结构、人口数量和老龄化率。

基础设施水平变化量。地方政府的预算是有限的，因此需要在公共卫生财政支出与其他方面支出之间权衡预算，其他方面财政支出的相对扩大意味着公共卫生财政支出的降低，结合之前对基础设施建设支出与公共卫生财政支出之间替代关系的分析可知，必须控制基础设施水平才能反映财政分权的影响，因此使用公路密度（公路里程/土地面积）来代理地区基础设施水平（*road*），并以公路密度相比上期的变化量作为控制变量。

人均公共卫生财政支出。人均公共卫生财政支出（*medi*）与公共卫生服务供给之间存在着直接关系，一般来说人均公共卫生财政支出水平越高，公共卫生服务供给水平也越高。

人均地区生产总值。一般来说，经济发展水平对公共卫生服务供给起着积极的推动作用，即经济发展程度越高，公共卫生服务供给水平也越高，因此使用人均地区生产总值（*pergdp*）指标来反映地区经济发展水平。

第一产业占比。由于第一产业与地方政府财政支出之间的关系更加紧密（李涛和周业安，2009），因此第一产业的比重对政府财政支出结构有较大影响，第一产业比重越高，政府的非农支出就会越低。此外，第一产业占比越高的地区往往经济发展水平偏低，公共卫生服务供给水平也较低，因此使用地区生产总值中第一产业占比（*first*）来表示产业结构。

人口数量和老龄化率。人口数量（*people*）和老龄化率（*old*）对公共卫生服务供给的影响是：给定公共卫生服务投入，人口数量越大的地区，人均享受的公共卫生服务可能越少；老龄化率会影响地方政府的公共卫生财政支出决策，地方政府会根据老龄化率的提高相应扩大公共卫生支出，提高公共卫生服务的供给。

综合模型机理与变量分析，最后构建的计量模型如式（5-3）、式（5-4）所示：

$$\ln bed_{it} = \alpha_0 + \alpha_1 \ln fd_e x_{it} + \alpha_2 \ln com_{it} + \alpha_3 (\ln fd_e x_{it} \times \ln com_{it})$$
$$+ \alpha_4 \ln bed_{it-1} + \alpha_5 \Delta \ln road_{it} + \alpha_6 \ln medi_{it} + \alpha_7 \ln income_{it}$$
$$+ \alpha_8 \ln first_{it} + \alpha_9 \ln people_{it} + \alpha_{10} \ln old_{it} + \mu_i + \nu_t + \varepsilon_{it} \quad (5-3)$$
$$\ln doc_{it} = \beta_0 + \beta_1 \ln fd_e x_{it} + \beta_2 \ln com_{it} + \beta_3 (\ln fd_e x_{it} \times \ln com_{it})$$
$$+ \beta_4 \ln doc_{it-1} + \beta_5 \Delta \ln road_{it} + \beta_6 \ln medi_{it} + \beta_7 \ln income_{it}$$
$$+ \beta_8 \ln first_{it} + \beta_9 \ln people_{it} + \beta_{10} \ln old_{it} + \mu_i' + \nu_t' + \varepsilon_{it}' \quad (5-4)$$

式（5-3）和式（5-4）中，i 代表不同地区，t 代表不同年份，μ 代表个体效应，ε 代表扰动项，其他变量含义详见变量选取部分内容。

（二）数据描述

经验分析的绝大多数数据均来自历年的《中国统计年鉴》《中国卫生健康统计年鉴》《中国人口统计年鉴》和《中国区域经济统计年鉴》，部分数据由各省统计年鉴整理，个别数据用插值法得到。因数据缺失较多因而剔除西藏自治区的数据，最终的数据是 2003～2020 年的省际平衡面板。数据的描述性统计如表 5-5 所示。

表 5-5　　　　　　　　　　数据的描述性统计

变量	N	Mean	Std. Dev.	min	max
bed	540	43.083	14.789	15.276	80.668
doc	540	68.098	22.421	23.098	159.007
fdex	540	52.348	18.095	6.993	90.82
fdin	540	51.603	18.426	15.613	90.548
com	540	3.338	4.887	0.051	26.415
road	540	81.745	49.794	3.375	219.679
medi	540	605.567	466.194	26.648	2 187.955
pergdp	540	40 724.528	28 177.576	3 685.633	164 927.14
first	540	11.163	6.048	0.3	37.013
people	540	4 482.665	2 744.193	534	12 624
old	540	9.697	2.101	5.432	16.375

表 5-5 的描述性统计分析表明，相比每万人卫生人员数（doc），每万人床位数（bed）的标准差更小，这在一定程度上反映了中国地方政府更倾向于通过扩大医疗设施硬件数量来提高公共卫生服务能力。财政支出自决率（fdex）和财政收入自决率（fdin）的均值分别为 52.348% 和 51.603%，标准差分别达到了

18.095 和 18.426，表明在分税制改革后，中国地方政府由于地区间经济发展不平衡，财政分权水平呈现出较大差异。政府竞争程度（com）的标准差为4.887，意味着中国地方政府之间的竞争都十分激烈。公路密度（road）的平均值是81.745，而标准差仅为49.794，这印证了中国地方政府在经济竞争中通过基础设施建设吸引资本来拉动经济增长的做法，导致了各地区公路密度出现了趋同现象。人均公共卫生财政支出（medi）和人均地区生产总值（pergdp）的标准差都比较大，表明中国地区经济发展不平衡的状况。老龄化率（old）均值为9.697%，说明中国老年人口在总人口中的比重较高，对公共卫生服务的需求有扩大趋势。

二、经验实证与稳健性分析

（一）基本结果分析

为增加数据平稳性，先对相关变量进行对数化处理，然后利用 Hausman 检验表明应该使用固定效应模型进行估计，在此基础上进行过度识别检验（over iden-tification test），以考虑异方差的影响，最终回归结果如表5-6所示。

表5-6　　　　　　　　　　不同计量方法下的实证结果

变量	(1) FE_lnbed	(2) FE_lndoc	(3) TW_lnbed	(4) TW_lndoc	(5) IV_lnbed	(6) IV_lndoc
lnfdex	-0.028 (-1.422)	-0.131*** (-3.957)	-0.029 (-1.008)	-0.069*** (-2.774)	-0.028* (-1.804)	-0.141*** (-5.169)
lncom	0.053* (2.031)	0.197*** (5.039)	0.050 (1.519)	0.111*** (3.927)	0.056** (2.412)	0.208*** (5.151)
c.lnfdex#c.lncom	-0.013* (-1.864)	-0.049*** (-4.898)	-0.013 (-1.386)	-0.027*** (-3.658)	-0.015** (-2.315)	-0.052*** (-4.778)
L.lnbed	0.829*** (53.919)		0.836*** (35.052)		0.873*** (33.149)	
L.lndoc		0.731*** (24.379)		0.817*** (26.931)		0.660*** (15.286)
D.road	-0.000** (-2.481)	-0.000 (-1.366)	-0.000 (-0.512)	-0.000 (-0.930)	-0.000 (-1.170)	-0.000 (-0.852)
lnmedi	0.031*** (4.496)	0.080*** (6.001)	0.033** (2.421)	0.026 (1.503)	0.032*** (4.701)	0.078*** (6.799)

续表

变量	(1)	(2)	(3)	(4)	(5)	(6)
	FE_lnbed	FE_lndoc	TW_lnbed	TW_lndoc	IV_lnbed	IV_lndoc
lnpergdp	0.059 *** (3.514)	0.010 (0.288)	0.051 *** (2.875)	0.051 ** (2.087)	0.033 (1.623)	0.050 (1.513)
lnfirst	−0.016 (−1.247)	−0.030 * (−1.990)	−0.019 (−1.370)	−0.018 (−1.328)	−0.027 ** (−2.240)	−0.017 (−0.881)
lnpeople	−0.209 *** (−4.312)	−0.099 * (−1.982)	−0.208 *** (−3.357)	−0.136 ** (−2.418)	−0.193 *** (−5.920)	−0.099 * (−1.854)
lnold	−0.005 (−0.333)	0.042 * (2.022)	−0.007 (−0.395)	−0.019 (−0.936)	−0.025 (−1.387)	0.055 ** (2.243)
_cons	1.751 *** (4.053)	1.887 *** (3.888)	1.802 *** (3.223)	1.559 ** (2.572)	1.796 *** (6.153)	1.752 *** (3.478)
N	510	510	510	510	510	510
province	Yes	Yes	Yes	Yes	No	No
year	No	No	Yes	Yes	No	No
r2	0.994	0.977	0.994	0.990	0.836	0.917
F/chi2	11 154.889	2 488.591	114 681.402	18 551.863	9 826 696.303	4 232 366.757

注：括号中为 t 值，*、** 和 *** 分别对应的显著性水平为 $p < 0.1$、$p < 0.05$ 和 $p < 0.01$。

表 5-6 显示，无论是否考虑时间因素的影响，固定效应的结果都表明在财政支出自决率（fdex）意义上的财政分权系数都为负，且除了 TW_lnbed 模型中的系数外都显著。在固定效应模型下，财政分权度（fdex）每提高 1%，每万人床位数（bed）和每万人卫生人员数（doc）就会分别下降 0.028 个和 0.131 个百分点；在双向固定效应模型中，财政分权度（fdex）每提高 1% 对这两个指标的影响分别下降 0.029 个和 0.069 个百分点。这说明中国的财政分权制度没有促进公共卫生服务供给水平的提高，而是抑制了公共卫生服务的供给。结合前面对财政分权影响的分析和中国公共卫生财政支出的实际情况，可以认为地方政府将提供公共卫生服务的责任转移给"市场"是主因，因为在 2003 年至 2020 年间，中国政府公共卫生支出在社会卫生总支出的比重经历了先下降后上升的过程，且总的上升趋势还不明显。

在固定效应和双向固定效应模型中，政府竞争（com）的系数为正且统计上显著。在固定效应模型下，政府竞争（com）每提高 1%，每万人床位数（bed）和每万人卫生人员数（doc）分别上升 0.053 个和 0.197 个百分点，在双向固定效应模型中，相应的影响是分别会上升 0.05 个和 0.111 个百分点。这表明地方政府之间的竞争促进了公共卫生服务供给水平的提高，且政府竞争导致的经济增长对公共卫生服务的"溢出效应"大于"抑制效应"。其中导致公共卫生服务支出增长的逻辑在前述分析中已有论证，如果结合本模型结果进行分析，则可以从控制变量基础设施水平变化量（D. road）中看出端倪，基础设施水平变化量可以在一定程度上表示经济建设支出对公共卫生支出的"挤出效应"，而模型中政府竞争（lncom）的系数正是剔除了部分"挤出效应"的结果，为了验证这一猜想的准确性，将变量 road 去除后再进行回归，结果如表5－7所示。表5－7给出了去除变量 road 后政府竞争（lncom）的系数，虽然数值略有下降但是仍显著为正，说明即使加入被剔除的"挤出效应"，政府竞争依然在整体上促进了公共卫生服务供给水平的提高。

表5－7　　　　　　　　去除变量 road 增量后的实证结果

变量	(1) fe_lnbed	(2) fe_lndoc	(3) tw_lnbed	(4) tw_lndoc	(5) iv_lnbed	(6) iv_lndoc
lnfdex	-0.030 (-1.457)	-0.132*** (-3.979)	-0.029 (-1.005)	-0.069** (-2.748)	-0.029* (-1.871)	-0.142*** (-5.212)
lncom	0.053* (1.999)	0.196*** (5.008)	0.050 (1.511)	0.111*** (3.898)	0.056** (2.409)	0.208*** (5.143)
c. lnfdex#c. lncom	-0.013* (-1.821)	-0.049*** (-4.858)	-0.013 (-1.375)	-0.027*** (-3.617)	-0.015** (-2.307)	-0.051*** (-4.767)
L. lnbed	0.829*** (54.510)		0.837*** (36.265)		0.875*** (33.175)	
L. lndoc		0.732*** (24.625)		0.819*** (27.476)		0.662*** (15.440)
lnmedi	0.033*** (4.802)	0.081*** (6.074)	0.033** (2.441)	0.026 (1.508)	0.033*** (4.991)	0.080*** (7.088)
lnpergdp	0.057*** (3.441)	0.008 (0.225)	0.050*** (2.948)	0.049* (1.992)	0.030 (1.479)	0.046 (1.422)
lnfirst	-0.016 (-1.260)	-0.030* (-2.007)	-0.020 (-1.433)	-0.019 (-1.383)	-0.028** (-2.287)	-0.017 (-0.912)
lnpeople	-0.207*** (-4.310)	-0.097* (-1.943)	-0.208*** (-3.344)	-0.136** (-2.424)	-0.190*** (-5.840)	-0.097* (-1.816)
lnold	-0.005 (-0.377)	0.042* (2.004)	-0.007 (-0.380)	-0.019 (-0.896)	-0.027 (-1.463)	0.054** (2.209)

续表

变量	(1)	(2)	(3)	(4)	(5)	(6)
	fe_lnbed	fe_lndoc	tw_lnbed	tw_lndoc	iv_lnbed	iv_lndoc
_cons	1.751 *** (4.062)	1.888 *** (3.885)	1.807 *** (3.232)	1.575 ** (2.576)	1.798 *** (6.147)	1.756 *** (3.490)
N	510	510	510	510	510	510
province	Yes	Yes	Yes	Yes	No	No
year	No	No	Yes	Yes	No	No
r2	0.994	0.977	0.994	0.990	0.830	0.919
F/chi2	11 668.832	2 688.889	89 902.633	8 115.179	9 794 070.797	4 241 632.570

注：括号中为 t 值，*、** 和 *** 分别对应的显著性水平为 $p<0.1$、$p<0.05$ 和 $p<0.01$。

财政分权与政府竞争交互项（c.ln$fdex$#c.lncom）的系数在固定效应和双向固定效应模型中都显著为负，表明随着政府竞争程度的提高，财政分权对公共卫生服务供给的负面影响会加剧。在固定效应模型下，政府竞争程度（com）每提高1%，经由财政分权（$fdex$）导致的每万人床位数（bed）和每万人卫生人员数（doc）就会分别减少0.013个和0.049个百分点；在双向固定效应模型下，政府竞争程度（com）每提高1%，经由财政分权（fd_ex）导致的每万人床位数（bed）和每万人卫生人员数（doc）会分别减少0.013个和0.027个百分点。

表5-7中被解释变量的一阶滞后项在两种模型中都在1%的水平上显著为正，这表明公共卫生服务供给的确存在路径依赖。由于使用被解释变量的一阶滞后项可能存在内生性，因此使用面板工具变量法进行再次估计，其中的工具变量为人均公共卫生财政支出（ln$medi$）的一阶滞后项。人均公共卫生财政支出的一阶滞后项与被解释变量的一阶滞后项之间存在着明显的相关关系，说明人均公共卫生财政支出越大，公共卫生服务供给水平也越高。从逻辑上讲，本期的变量也无法影响到上一期的人均公共卫生财政支出，因此人均公共卫生财政支出的一阶滞后项无法通过影响其他控制变量的方式对被解释变量产生影响，满足工具变量的外生性条件。过度识别检验的 p 值接近于0，因此可以确定人均公共卫生财政支出的一阶滞后项是合适的工具变量。从实际的回归结果看，其与固定效应和双向固定效应模型的结果并没有显著的差异，变量系数的正负性、显著性都没有太大变化，因此排除了内生性问题，保证了回归结果的有效性。

在固定效应模型下，人均公共卫生财政支出（ln$medi$）对每万人床位数和每万人卫生人员数的影响系数都在1%的显著性水平上为正。在双向固定效应模型中，人均公共卫生财政支出的系数都有所减小，而且对每万人卫生人员数的影响不再显著。由于卫生技术人才的形成需要长时间的培养，因此一旦剔除时间趋势效应，公共卫生财政支出对卫生人员数的影响就会减小甚至不显著。这从侧面印证了在公共卫生服务供给中，相比于需要长时间培养的卫生技术人才，地方政府更偏向于增加医疗设施等"硬件"。人均地区生产总值（ln*pergdp*）的系数在所有模型中都为正，表明经济发展水平确实显著促进了地方政府公共卫生服务供给。第一产业占比的系数虽然为负，但是经济与统计显著性都较差，说明第一产业比重虽然会对公共卫生服务供给造成抑制作用，但是总体而言影响甚微。人口数量（ln*people*）的系数为负，表明地方政府的公共卫生服务供给增加速度低于地区人口增长速度，导致人均公共卫生服务供给水平降低，不利于民众公共卫生福利水平的提高。与人口数量的结果相似，老龄化（ln*old*）的系数也大多为负，仅在每万人床位数作为被解释变量的固定效应模型中为正数且不显著，其余情况下老龄化率变量也大多不显著。按照前面的机理分析，地方政府会根据辖区老龄化率的提高而增加公共卫生服务供给以满足需求，但是此处的实证结果却刚好相反，其中可能的原因是目前地方公共卫生福利水平在官员政绩考核体系中的权重仍然有待提高和完善。

（二）稳健性检验

由于财政分权的度量并没有一个权威定义，因此财政支出自决率（*fdex*）在很大程度上表示的是地方政府在财政支出方面的自主性，对财政分权的衡量存在着一定的遗漏，这可能导致实证结果有一定偏差。为了确保实证结果的稳健性，此处进一步使用财政收入自决率（*fdin*）作为财政分权的度量指标，重新进行计量分析，结果如表5-8所示。

表5-8 稳健性检验的实证结果

变量	(1) Fe_ln*bed*	(2) Fe_ln*doc*	(3) Tw_ln*bed*	(4) Tw_ln*doc*	(5) Iv_ln*bed*	(6) Iv_ln*doc*
ln*fdin*	-0.010 (-0.586)	-0.064 * (-1.714)	-0.008 (-0.365)	-0.026 (-1.251)	-0.007 (-0.571)	-0.073 *** (-3.290)
ln*com*	0.045 (1.255)	0.160 ** (2.220)	0.031 (0.884)	0.101 ** (2.578)	0.030 (0.773)	0.192 *** (2.781)
c. ln*fdin*#c. ln*com*	-0.011 (-1.139)	-0.039 * (-2.039)	-0.007 (-0.762)	-0.024 ** (-2.267)	-0.007 (-0.696)	-0.047 ** (-2.516)
L. ln*bed*	0.826 *** (49.904)		0.835 *** (33.622)		0.872 *** (32.481)	
L. ln*doc*		0.732 *** (22.588)		0.825 *** (26.287)		0.653 *** (14.592)

变量	(1)	(2)	(3)	(4)	(5)	(6)
	Fe_lnbed	Fe_lndoc	Tw_lnbed	Tw_lndoc	Iv_lnbed	Iv_lndoc
D. road	-0.000 **	-0.000	-0.000	-0.000	-0.000	-0.000
	(-2.498)	(-1.476)	(-0.452)	(-0.765)	(-1.156)	(-0.862)
lnmedi	0.031 ***	0.080 ***	0.031 **	0.019	0.032 ***	0.079 ***
	(4.537)	(5.750)	(2.237)	(1.055)	(4.683)	(6.689)
lnpergdp	0.059 ***	0.006	0.050 ***	0.045 *	0.032	0.050
	(3.462)	(0.156)	(2.848)	(1.837)	(1.583)	(1.484)
lnfirst	-0.011	-0.013	-0.014	-0.010	-0.021 *	0.001
	(-0.853)	(-0.773)	(-1.017)	(-0.701)	(-1.816)	(0.053)
lnpeople	-0.209 ***	-0.098 *	-0.214 ***	-0.145 **	-0.194 ***	-0.096 *
	(-4.337)	(-1.872)	(-3.503)	(-2.683)	(-5.920)	(-1.767)
lnold	-0.002	0.046 **	-0.006	-0.016	-0.024	0.059 **
	(-0.180)	(2.247)	(-0.330)	(-0.796)	(-1.286)	(2.387)
_cons	1.671 ***	1.602 ***	1.777 ***	1.500 **	1.707 ***	1.440 ***
	(3.835)	(3.137)	(3.192)	(2.603)	(5.883)	(2.821)
N	510	510	510	510	510	510
province	Yes	Yes	Yes	Yes	No	No
year	No	No	Yes	Yes	No	No
r2	0.994	0.976	0.994	0.990	0.830	0.936
F/chi2	12 309.483	1 930.853	87 490.343	7 295.927	9 735 120.264	4 069 578.862

注：括号中为 t 值，*、** 和 *** 分别对应的显著性水平是 $p < 0.1$、$p < 0.05$ 和 $p < 0.01$。

　　稳健性检验结果显示，在将财政支出自决率（fdex）替换为财政收入自决率（fdin）之后，模型结果在系数、显著性水平等方面与之前的实证结果基本一致。根据表5-8的回归结果可知，以财政收入自决率（fdin）度量的财政分权系数相比财政支出自决率（fdex）相对较低，仍然显著为负。出现这个变化可能是因为1994年分税制改革实施后，地方政府普遍以土地出让金筹措收入。此外，中国的转移支付制度对地方政府的支出行为产生了两种影响：一是"公共分担问题"（common pool problem）；转移支付的支出收益一般为本地区所有，成本却由国家承担，因此地方政府有激励通过展现财政收入困难来争取中央政府转移支付的动力；二是地方政府的预算软约束，由于中央政府通常会对陷入财政收入困难的地方政府给予转移支付进行救助，这种被救助的预期会导致地方政府支出行为的道德风险问题，使得财政支出水平相比财政收入会偏高。这些因素的作用使得财政支出自决率（*fdex*）相对于财政收入自决率（*fdin*）高估了财政分权对公共卫生服务供给的影响。

综上所述，不难发现中国财政分权与公共卫生服务供给之间的负相关特征。解读这种关系发现：首先，中国的财政分权制度本身不仅没有促进公共卫生服务供给水平的提高，反而还阻碍了中国公共卫生服务供给水平的提升，这可能是因为过分强调经济发展的重要性造成的；其次，尽管财政分权制度本身没有促进公共卫生支出的增长，但是伴随着财政分权的地方政府间竞争却显著促进了公共卫生服务供给水平的提高，这主要是由于地方政府间的横向竞争带来的。从经验回归结果的比较看，财政分权对公共服务供给的总体影响目前还是负向的，说明转变经济增长方式，突出新时代高质量发展理念是必要的。

三、经验结果对健康中国建设的启发

综合本章第一、第二、第三节内容的研究结论，结合之前对健康中国建设的相关分析，可以得到如下启发。

理论上人们探讨公共卫生服务供给时，首先遇到的往往是均等化问题，而这又受限于人们对公共服务均等化内涵的理解，从国外的研究现状看，"公平"和"正义"是两个重要的观察视角。哈多恩（Hadorn，1991）的公平救治理论强调了公平享用医疗卫生公共服务的思想，认为不应用人为的等级区分享受公共卫生服务的质量和水平，否则就是一种反伦理的、有悖于公平和正义的行为。丹尼斯和诺曼（Daniels and Norman，2001）从机会均等的角度定义公民享受国家提供的公共卫生服务的权利，认为机会平等才能保证人人受益均等。在国内，家长主义是公共卫生服务均等化的基本思想，认为国家提供公共卫生服务应该以公平、公正为根本宗旨，应为所有国民提供基本公共卫生服务（于风华，2009），不同学者的差异在于对均等定义的理解，通常的观点认为均等是一个相对概念，它既有区域性，也有时空性，因此公共卫生服务的均等化也是相对的（汪志强，2010）。也即从理念上讲是绝对的，人人都有权利，但从现实讲又是相对的，并不是每个人享有相同的服务，实际上，相同服务针对不同个体也不可能是最优的，所以沿着这个思路去做时，就可能会产生一个测度问题和"偏差"的可容忍度问题。显然，同时照顾到这些不同理念的公共卫生服务均等化是不存在的，本书给出的是基于家长主义思想下供给侧均等化的研究结果，或者说探讨的是家长主义视角下的公共卫生服务均等化问题，这是从政府财政角度最适合提供的均等化，因为这样的均等化毕竟在给予公共卫生消费者同等机会的同时，也兼顾了政策的可行性。

公共卫生服务均等化的测度问题是制定公共卫生服务均等化政策的参考与依据，然而在这一问题上也同样存在不同观点。莱格兰德（LeGrand，1987）用不同地区居民死亡年龄的基尼系数作为医疗卫生基本公共服务供给均等化的代理变量。文多等（VanDoor et al.，1997）利用自我评价健康法，通过构建占优集中指数来衡量公共卫生服务均等化水平，进而分析其影响因素。国内有关公共服务均等化的测度大体上沿用了基尼系数、变异系数、Theil 指数及洛伦兹曲线等传统的公平度衡量指标（郭庆旺和贾俊雪，2008；张文礼和谢芳，2012），但是这类指标的缺陷也显而易见（李凡和岳彩新，2013），造成这种争议的原因有研究问题技术方法上的差异，也有对国内外公共卫生服务供给现状从不同视角进行审视的原因，实际上，根据各年度《我国卫生健康事业发展统计公报》《中国卫生健康统计年鉴》和《中国财政年鉴》，运用简单的极值比较法就可以发现，尽管中国总体及各个地方的公共卫生服务支出都有所提高，但东部地区、中部地区、西部地区之间，尤其是同一地区不同省份公共卫生服务差异依然存在，处于一种逐步改善且可以接受的状态。从本章第二节测算的结果看，运用不同均等化衡量指标计算的结果确实都显示了公共卫生服务均等化日趋改善的特征，且目前基本处于大体公平的状况，而第三节实证结果给我们的启示是政府间转移支付的作用功不可没。基于此，新时代下的健康中国建设应进一步改善财政转移支付制度，压缩税收返还和专项转移支付规模，具体可以从以下几个方面加以阐述。

一是要进一步优化完善现行财政转移支付制度。在明确中央和地方政府在医疗卫生领域财政事权和支出责任划分的情况下，重点关注财权和事权匹配度方面的问题，优化财政转移支付各子项的内部结构。2019 年的中央一般公共预算对财政转移支付进行了重大调整，这种情况下，一般性转移支付占比已经大幅提升到近 90%，这意味着今后中国财政转移支付的重点将转向各子项的内部结构优化。就公共卫生转移支付来讲主要包括四个方面：第一，继续加大财政转移支付中医疗卫生领域的资金投入力度，一般性转移支付要侧重均衡性转移占比，逐步归并和取消非均衡性转移支付；第二，进一步完善分类分档的共同财政事权转移支付，因地制宜设立医疗卫生基本公共服务标准，实行目录清单管理并及时进行动态调整和优化；第三，建立健全医疗卫生领域专项转移支付项目的定期评估和退出机制，及时剔除不适应健康中国建设需要的项目，整体上提高医疗公共卫生服务资金的投入效率；第四，强化财政转移支付使用效果的绩效评价与监督体制，从产出效率、行政效率和循环激励等多个方面着手，确保财政转移支付资金能够做到真正用得对、用得实、用得好。

二是要重点提高基层公共卫生服务机构的供给能力。健康中国建设的核心是"强基层"，应探索形成以县级医疗卫生机构为龙头，乡镇卫生院为枢纽，村卫生机构为基础的县乡"一体化"管理格局。确保发挥县乡医疗卫生机构的纽带作用和龙头作用，形成县、乡、村三级医疗卫生机构分工协同的运行机制和"三级联动"的县域医疗服务体系。另外，要提质县级医疗卫生机构，做到按规定要求基本医疗服务"大病不出县"，切实解决县域居民看病就医难的问题。上级医院也要调整病种结构，引导诊断明确且病情稳定的患者向下级医疗卫生机构转诊，减少多发病、常见病及慢性病患者的比重，增加急需手术、危急重症患者的诊疗比重。为实现这些目标，还应加强县级医院医务人才、医疗技术及临床专科等核心能力建设，以提高县级医院规范化、精细化及信息化管理水平。同时要大力推进家庭医生签约服务工作，优先做好老年人、慢性病人群、孕产妇及儿童患者等重点人群的签约服务。通过上述措施引导优质医疗卫生服务向基层流动，再辅以基层服务能力考核评价体系，提升基层医疗卫生机构基本医疗服务能力的目标是可以实现的。

三是要将基本公共卫生服务建设纳入政府考核评价机制。目前，全国很多城市都在发布卫生与人群健康状况报告，但是很少将健康指标纳入到领导干部政绩考核体系的重要位置，这可能会影响到公共卫生服务均等化水平的建设。为此，中央政府要调整地方官员晋升激励机制，可以考虑将地区公共医疗卫生服务供给按照一定比例设计指标，并纳入对地方官员的政绩考核体系，据以建立有效的内在激励机制。党的十九大以来，"建设人民满意的服务型政府"成为政府改革的主旋律，服务型政府的本质就要将人民生存权、健康权落到实处，逐步提升地区医疗卫生基本公共服务供给能力。把公共卫生服务建设纳入对地方官员的政绩考核，建立起一套完整的基本公共卫生服务均等化绩效考核体系，对于调动地方政府提高基本公共卫生服务的主动性有积极的促进作用。同时，也要通过量化考核体系，考核地区间基本公共卫生服务水平的差距，通过考核促进地方公共卫生服务协同推进，提高公共卫生服务的整体均等化水平。

四是要强化地方政府行为的法律规范性。中国共产党是全心全意为人民服务的政党，将政府行为更多置于法律与社会规则约束的环境中，有利于实现党的这一宗旨。为此，通过地方政府公共卫生服务供给决策的民主化、法制化和公开化机制，提高社会公众的参与度和自身行为的规范性，充分发挥新闻媒体的舆论监督作用，促使地方政府在提供公共卫生服务时更加充分地反映辖区居民的需求，提高地方政府公共卫生产品供给效率。这就要求改革和完善现有制度中不适应健康中国建设需要的陈规旧俗，通过存量改革促进增量改革的效率。比如，在人口流动日益频繁的情况下，居民往往有意愿迁至公共卫生服务供给适合自身需求的辖区，这种居民"用脚投票"本身就可以对地方政府形成压力，推动地方政府改善公共卫生服务供给水平与效率。适应这种需要，就必须改革现有户籍制度或附着于户籍上的福利水平，因为现有户籍制度或随着于户籍的福利差异是阻碍居民流动的最大制度性障碍。还有更直接的社会保障制度的全国统一问题，由于社保制度是保障流动居民权益的基础性制度，但以省统筹为主的社会保障制度必然会影响到居民的跨省流动，因此居民社保的全国统筹势在必行。当然，改革是一项系统工程，各项改革的优先顺序和轻重缓急需要统筹协调，推进过程中也需要明确各自的权责。

第六章

公共卫生财政协同与健康中国建设

　　本章是第四章效率主题与第五章公平主题的自然延伸，旨在说明公共卫生财政如何才能有效且公平地服务于健康中国建设，结论是需要政府间公共卫生财政协同。本章包括三节内容：第一节研究均等化的必要性及相关问题。现实中最需要公共卫生财政协同的领域包括公共卫生服务的供给和突发公共卫生事件的处置。由于财政协同是福利经济学视角下公共卫生财政的基本职能，因此该节重点考察了突发公共卫生事件处置中的财政协同，包括现实必要、理论支撑和协同方式。第二节利用经验数据考察财政协同对公共卫生服务供给能力的影响。因为协同强度通常与空间相关性密切关联，因此选用空间计量模型，数据为 2007 ～ 2019 年的省级面板数据，结果表明财政协同有助于增强公共卫生服务供给能力。第三节论证处置突发公共卫生事件中的公共卫生财政协同问题。首先，类似传染病这类突发公共卫生事件必须要有公共卫生财政协同才能取得良好效果，这可从理论研究和对美国、日本、俄罗斯等国应对突发事件的实践中得到证实；其次，利用国际上 168 个国家的经验数据分析表明，公共卫生财政能力的提高确实可以降低疫情带来的死亡率，说明通过财政协同来优化公共卫生资源配置、提高疫情处置能力具有普适性，因此健康中国建设意义上处置突发公共卫生事件时的公共卫生财政协同也是必要的。

第一节　均等化、突发公共卫生
事件与财政协同

一、财政协同的必要性

　　与公共卫生服务均等化相伴的不同个体间人均公共卫生财政支出趋同目标的实现需要政府间财政协同，这在前文已有述及。突发公共卫生事件具有暴发的

突然性、蔓延快、不可预知及破坏性严重等特征，能够对一个地区、国家乃至世界范围内人们的正常生活及经济发展造成严重影响。1949 年以来就已经历过脊髓灰质炎、麻疹、破伤风等突发性传染病的影响，也依靠政府间财政协同基本消灭了鼠疫、疟疾、黑热病和天花等恶性传染病，进入 21 世纪以来，2003 年的 SARS 疫情、2009 年的甲型 H1N1 禽流感、2013 年的 H7N9 禽流感、2019 年的非洲猪瘟疫，以及 2020 年的新冠疫情等都是突发公共卫生事件的典型代表，这些事件都给中国经济社会发展和改革开放事业造成了重大经济损失和负面影响，而在应对这些突发公共卫生事件的过程中，没有哪一事件是靠单个地区的应急卫生力量就能得以很好控制的。这是因为在突发公共卫生事件中除各地公共卫生服务能力差异导致薄弱环节易受冲击外，伴随突发公共卫生事件形成的短期、巨大冲击是任何一个区域性政府难以承受之重，甚至对发达国家也不例外。因此，在任何一个影响广泛的公共卫生事件中，中央及地方政府都会出台各自的相关政策，通过协同合作来开展疫情防控及恢复经济。当然，除了地方政府应对公共卫生事件能力上的差异，政府间的合作也源于公共卫生事件的外部性特征，如果消极应对，大多数公共卫生事件都会因严重外溢而使大家受损，合作应对则可以共同受益，在这种情况下，合作共赢是政府最明智的选择，而要合作就需要协同，要协同又往往离不开中央政府的协调，因此引入中央政府，研究突发公共卫生事件中政府间的协同是理论必然和现实必须共同作用的结果。

公共卫生事件中的政府间协同必然表现为人流、物流、资金流的政府间转移，日常的转移一般表现为公共服务均等化，特殊时期或特殊方式的转移则主要表现为应对突发公共卫生事件的需要。从经验实证的角度看，用政府间资金转移考察公共服务均等化有一定的代表性，也居于经验研究的主流地位，这在本书有关公共卫生服务均等化的相关研究中已有叙及，此处不再赘述，这里仅明确财政分权和中央政府转移支付是导致公共卫生水平地区差异扩大的重要诱因，也是影响公共卫生财政支出、实现公共卫生服务均等化的重要影响因素（王晓洁，2009）。

研究政府间公共卫生财政协同不仅需要了解影响政府间公共卫生财政支出差异性的因素，还需要了解政府间策略互动与协同互动的影响因素，这需要在前述研究基础上，通过考察公共卫生财政支出在不同区域间的空间相关性来探究政府间转移支付应该遵循的规律，而借助空间计量模型来分析转移支付的地方人均公共卫生财政支出效应是探究这一规律的可行途径。为此，本章拟首先从不同层面分别考察突发公共卫生事件对经济冲击的传导路径，然后运用公共财政理论分析突发公共卫生事件损失补偿的理论基础，并从突发公共卫生事前、事中、事后单个阶段分析政府应对突发公共卫生事件时应有的财政支出方式，再后是利用空间自回归模型的经验实证分析和相应的研究启发，在此基础上又利用国际数据验证财政卫生支出的效果，以印证公共卫生财政协同的可能获益，最后是结合新冠疫情防控的案例分析。

二、突发公共卫生事件的经济影响

突发公共卫生事件首先会冲击微观个体的消费意愿、出行需求与收入预期，进而影响到中观层面相关行业的正常运营、投资、需求与供给等，中观层面的变化最终将延展到宏观层面的调整与应对。因此，在研究突发公共卫生事件影响的经济逻辑时，需要从微观、中观和宏观层面进行递进式梳理，以论证影响的起点和经济逻辑，从而为后续的经验实证和对策研究提供可靠的论证性支持。

（一）微观层面

公共卫生突发事件最初期的直接影响一般体现在微观个体身上，这种影响可以是直接的影响，也可以是连带性的间接影响。

直接影响首先表现为微观个体身心受到的伤害，以及为消除伤害而发生的费用，如感染疫病造成的身体不适及额外形成的治疗费用等，身体不适会减少经济活动，进而减少收入，这会影响到生活质量，额外治疗费用会增加患者的经济负担，挤压其他生活开支，这也会影响生活质量。此外，突发公共卫生事件不仅会影响到患者，也会影响到其他相关个体，这一影响主要来自微观个体的防范性行为，如为避免感染进行的自我隔离和经济活动的减少。当然，在信息技术高度发达的今天，人们也获得了通过增加线上活动来冲减疫情负面影响的机会。

间接影响主要表现为微观个体预期的改变，突发公共卫生事件会影响人们的消费预期和投资预期，如刚性支出增加、预期收入降低、投资环境不明朗等，这会诱致谨慎消费、谨慎投资成为优先选项，由此带来的消费、投资下降等紧缩性经济行为会负向反馈到整体经济的恢复进程中，而经济的持续低水平活动又反过来负向影响居民收入水平的提高，从而形成微观与宏观间的负反馈机制。

（二）中观层面

中观层面的影响有即期的，也有潜在的。突发公共卫生事件的即期影响主要出现在疫情的发生、传播与控制阶段。在这一阶段，人们除对医疗服务的需求会快速增长外，其他多数行业的经济活动都会减少或停滞，尤其是第三产业的旅游、交运、餐饮、零售、电影等行业。当然，在数字经济高度发达的当下，也有一些行为能够借疫情影响而逆势增长，如以口罩为代表的卫生防护用品产业和便于居家实现的产业，这包括电商、在线视频、网络游戏、在线教育、远程办公、物流等行业。

中观层面的潜在影响主要指减少经济活动带来的产业链、供给链的断裂，这是因为突发公共卫生事件会影响到全产业或部分产业的就业及运输链通畅的问题，这些问题会影响到生产链与供应链的有效衔接，阻碍经济系统的有效动态循环，从而造成对相关产业的伤害，最明显的是各个产业链上的中小微企业会面临更大的经营困难，成为疫情影响的重灾区。当然，面对疫情影响，如果各市场主体不是消极等待，也可能产生倒逼效应，促进一些相关产业的技术升级，诱导一些产业政策的重大变革，从而形成新的动力源或增长源。

（三）宏观层面

突发公共卫生事件对微观主体的影响会经由中观经济的变化影响到宏观经济的发展，这种影响既有短期的，也有长期的。短期内最直接影响就是 GDP 的快速回落，受新冠疫情影响，中国 2020 年第一季度的 GDP 数据下降了 6.8%，伴随着经济总量的回落，失业上升与物价上涨往往难以避免。长期看，如果疫情不能及时得到控制，经济就会面临长期停滞，从而危害到经济安全与国家安全，如果世界各国疫情控制程度不同步，突发公共卫生事件的长期影响就甚至可能影响到国际政治经济格局。此外，各微观个体、中观产业对疫情反应的差异，也会改变各自在经济布局中的相对地位，引发一些新的经济模式、经济行业，并可能影响到一个国家的宏观经济结构。

三、突发公共卫生事件中的政府间协同

无论是从应对突发公共卫生事件的影响，还是从应对突发公共卫生事件带来的经济影响上讲，政府间财政协同都是必要的。只不过处置目标的明确和影响机制的清晰，可以让我们更容易地认识到突发公共卫生事件中的政府间财政协同通常就体现为一种政府间的经济补偿或资源转移，因此接下来讨论经济补偿或资源转移的逻辑基准与目标选择。

从传统经济理论角度来看，政府间资源转移的理论基础是公共财政理论，具体包括公共财政理论中的外部性理论与政府间财政关系理论（类似财政联邦主义）。传统财政理论发端于亚当·斯密的市场失灵理论，亚当·斯密崇尚市场经济、反对政府干预，因此主张将政府职能限制在最小合理范围，这些合理范围主要是指市场无法有效运作的公共产品领域和外部性领域，公共产品由于具有非竞争性与非排他性特征，因此会诱致理性经济人选择"免费搭车"，结果导致公共产品的供给低于市场效率水平；外部性是指市场个体以非市场方式影响到其他市场个体的福利，当这种影响是增加其他个体的福利时，可以称为正外部性，反

之，如果降低了其他个体的福利，则称为负外部性。无论是正外部性还是负外部性，受影响的个体都不必为影响进行对等支付或对施加影响者进行对等补偿，这会导致施加影响者的行为无法通过市场机制体现其真正价值，因此也就无法通过市场机制实现外部性产品或行为的效率均衡，结果必然是产品的供给过度或者供给不足。

为应对公共产品与外部性问题导致的资源配置无效问题，公共财政理论提出的解决途径是政府介入，林达尔价格从理论上提供了解决方案，但是要求市场主体真实显示偏好，这又使问题回到了原点。因此，实际中的政府介入大多就只能限定在安全、国防和外交等具有明显公共产品特征的领域或具有商品平均主义特征产品的提供上，这时政府的介入虽然未必达到最优，但却更多地注重了公平，因此政府的介入大体上是增加了社会福利。科斯认为外部性导致无效的本质是产权的缺失，因此在没有交易成本、外部性来源明确、市场主体有阻止外部性权利的情况下，只要明确产权就可以通过市场机制实现外部性的校正，科斯的观点虽然因条件苛刻而应用受限，但是其带来的启发正随着技术进步而越来越具有应用价值。政府校正外部性的传统手段是庇古税（或庇古补贴），但这种理论的应用价值并不明显，因此实际中政府校正外部性的手段主要表现为排污费或许可证制度（或财政补贴）。

财政联邦主义思想的本源也是公共产品的有效供给问题，无论何种形式的政府间财权与事权分配都不可能实际上做到完美，其中原因包括了政府间的外部性问题、无效税制、公共产品的规模经济问题、公共服务均等化问题等。解决这些问题的方法是政府间财政协同或转移支付，但是无论哪种方法，其实施过程都必然体现为资源在政府间的转移。理论上，如果转移的资源恰好等于外部性的收益或成本时，资源分布就是有效的，实际中的政府间资源转移还需要考虑到公平性问题，而公平性问题首先是一个规范性问题，多数情况下还是一个动态问题，因此研究这类问题必须要结合特定的经济、社会和文化才是有意义的。

公共卫生事件尤其是突发性的公共卫生事件，总是体现为对经济社会生活的外生性负向冲击，并且这种冲击的影响往往是广泛而深入的，因为它可能遍及国家、涉及生命，因此采取的应对方式往往因时而化、各有不同。当这种影响大到遍及国家，重到危及生命时，它的影响就是国家安全与人民健康，而国家安全与人民健康大多数情况下都被视为全国性公共产品，所以中央政府、连同地方政府协同应对就必不可少。而当这种影响拘于一地时，对突发公共卫生事件的防范就更多地体现为外部性的处置，此时视外部性的影响范围与深度而协调政府间资源就是一个有效的手段。

上述分析从理论上明确了应对突发公共卫生事件时政府间互动的原因及政府间财政协同的经济基准。实际中的政府间互动因不同制度、文化、事件影响的深度、社会公众的主流价值取向而有差异，难以四海皆准，只能实事求是具体分析，故有必要基于上述思想理论，根据中国的具体情况进行经验分析。

四、政府间公共卫生财政协同的时间线

从时间线上讲，任何突发公共卫生事件的应对效果都可以从事前、事中和事后的行为轨迹中找到答案，因此可以按照这一顺序探寻经验分析的框架。

(一) 预防与应急准备阶段

这一阶段主要是预防监测并为随时可能发生的突发公共卫生事件做事前准备。按照财政支出责任划分与居民受益性相衔接的原则，县级以上地方各级政府承担公共卫生财政支出责任，出于公平性或外部性考虑，财力薄弱的地方政府在提供预防与应急准备时可以获得上级政府的专项转移支付，以分担自身的财政支出负担，目的是保证预防与应急准备在数量、质量和范围上实现最佳提供。预防与应急准备是各级政府的常规性运作，因此合理划分地方各级政府的公共卫生财政支出责任，明确资金获取途径与补偿标准非常重要，通常来说这类支出应在政府或部门的年度预算中得到体现，以保证突发公共卫生事件预防与应急准备的日常工作需要。

对预防和应急准备阶段的财政支出规模主要考虑以下几个方面的影响因素：一是重点疾病、地方病、职业病及传染病防治专项资金的转移支付，目的是保证突发事件应急知识教育、医疗卫生机构人员突发事件应急处理培训的日常工作；二是卫生信息网建设及所属医疗卫生单位的专项补助资金，目的是保证建立和完善突发公共卫生事件监测与预警系统、加强应急医疗服务网络建设的工作需要；三是突发公共卫生事件应急物资储备专项资金，目的是保证应急设施、设备、救治药品和医疗器械等物资储备需要；四是各级地方政府通过增加对指定医疗卫生单位的专项补助资金投入，保证突发公共卫生事件防治任务。

(二) 应急处理阶段

这一阶段是对本区域内发生的突发公共卫生事件的应急处理，突发公共卫生事件具有严重的负外部性特征，如果当地政府不能及时有效地进行控制，就会殃及其他地方的经济社会生活，因此各地方政府应共同承担相应的公共卫生财政支出责任，各省市级政府可以借助财政协同的方式进行合作，以保证应急处理的及时有效。对于基层财政能力薄弱的情况，通过一定规模的专项转移支付来分担下级政府财政支出责任，保证各级地方政府财政支出责任配置与财政收入筹集能力相适应。地方政府在承担突发公共卫生事件的财政支出责任时，

要兼顾区域间的责任均衡，根据地方疫情和病例人数测算出专项转移支付资金数额，使常住居民和非常住居民享受基本同等的救助水平，都能得到及时有效的治疗。

如果把突发公共卫生事件定性为影响国家安全与生命健康的公共产品，那么政府应承担的突发公共卫生事件财政支出责任还应该包括：一是事件受害者的救治费用，主要是指治疗费、药品费、物料消耗费、床位费、特护费等各种直接成本，对没有承担能力的受害者应当给予免费救治，借此实现事件经济损失的公共化，以消除事件的直接危害或避免受害者做出危及公众利益的个人选择；二是事件医护及有关人员补贴，包括医疗卫生人员补助与保健津贴，事件处理贡献人员奖励，工作致病、致残、死亡的人员补助与抚恤等支出；三是事件防治的科研支出。

（三）事后处理阶段

突发公共卫生事件的影响不会因为事件的消失戛然而止，因此事后的应对必不可少。突发公共卫生事件的事后处置通常包括居民身心健康的恢复、经济的恢复和社会生活秩序的恢复、疾控与医疗体系的完善、相应的科研储备等。为应对突发公共卫生事件的事后影响，地方各级政府应在中央领导下，共同承担突发公共卫生事件事后处理阶段的公共管理职责及对应的财政支出责任。为此，上下级政府间可以通过调整专项转移支付结构应对突发公共卫生事件的事后影响，由于是突发性事件，所以相应的支出也应列为一次性支出项目。中央政府在应对这种影响而调整当期的财政支出责任时，还需要考虑到区域发展的均衡性问题，适当调整转移支付时的力度，以平衡地方政府间的支出能力。此外，各地方政府间可以财政协同的方式进行转移支付，使突发事件所在区域各项社会和经济事业迅速恢复到健康发展的水平。

综上所述，突发公共卫生事件具有公共品与外部性特征，因此在应对突发公共卫生事件带来的影响时，地方政府无论是在横向还是纵向上都可以通过财政协同的方式缓解事件的负外部性影响。在突发公共卫生事件的预防与应急准备阶段，各级政府的财政支出额度应按照财政支出责任与辖区居民受益衔接的原则，通过上下级政府间转移支付的方式协助下级政府进行预防与应急准备工作；在应急处理阶段，由于各地方政府的财政支出压力都比较大，各地方政府应共同承担相对应的财政支出责任，各级政府可以通过财政协同的方式进行合作，以保证应急处理的及时有效；在事后处理阶段，中央政府在承担突发公共卫生事件事后处理的财政支出责任时，要兼顾区域经济的均衡发展，根据地方突发公共卫生事件影响程度确定对下的专项转移支付力度。

第二节　财政协同与公共卫生服务提供能力

一、变量选择与模型设定

前文分析表明，政府间公共卫生财政协同会影响到公共卫生服务的供给，这事关均等化，也会影响到突发性公共卫生事件的应对，这是从公共卫生财政支出目标角度进行的分析。如果从资金运作本身来说，公共卫生财政协调仍有三个方面的特征需要注意：一是在追求社会福利最大化的过程中，政府间财政协同是必要的，因为公平始终是人们追求的目标之一，尤其是在支撑公共卫生服务均等化的财力公平方面，公平目标的重要性尤为突出；二是财政协同不仅是一个经济学概念，也必定是一个地理学概念，因为较近事物比较远事物更关联是事物间相互关联的基本特征，因此在考察财政协同问题时，考虑财政能力的空间分布是必要的；三是政府间财政协同也存在一个张弛结合问题，应对突发公共卫生事件时需要政府间高强度的协同，而日常的财政协同则应该关注其对公共卫生服务的平滑性作用。财政协同的这些特征意味着需要引入空间计量模型来考察其具体影响。接下来说明变量选择与模型设定。

被解释变量的选择要服务于政府间财政协同的目标。虽然均等化是公共卫生财政的永恒主题，且均等化指标有时也可以用各地人均公共卫生财政支出差异来表示，但是考虑到各地公共卫生财政能力参差不齐，因此在考察用政府间转移支付衡量的财政协同问题时，用各地区人均公共卫生财政支出来衡量政府间财政协同相对更为合适，因为转移支付的目标无外乎通过扶助"贫困者"使总体的人均公共卫生财政支出水平提高，基于此，这里将被解释变量选择为各地区人均公共卫生财政支出（ax）。当然，对于突发性公共卫生事件的政府间财政协同而言，由于突发性事件一般具有偶发性，因此并不容易找到一个合适的衡量指标，一方面突发性公共卫生事件中的政府间财政协同意味着会有大量的人财物集聚到同一地域，以增强该地域的公共卫生事件应对能力；另一方面，某地发生突发公共卫生事件也必然体现为特定"病人"在这一地域的高度集聚，在假定各地同概率面临突发性公共卫生事件、居民同概率受到影响的情况下，卫生资源集聚地资源增长的促进效应与病患增长的稀释效应存在互相抵消的逻辑，因此实证分析时可以忽略突发公共卫生事件中的财政协同问题，以简化分析的难度，或者用本章第三节的案例方式单独考察。

解释变量的确定取决于对政府间协同的判定，但无论何种判断，都必然伴随有资源在政府间的转移，因此利用转移支付的力度来反映政府间协同的程度有一定合理性，从地方政府层面看，这一数据可以用各省市收到的中央补助收入（亿元）来衡量（sub）。

为准确获取解释变量与被解释变量间的关系，进一步设置如下控制变量：一是财政分权（finance），财政分权的衡量已经在第五章已有论及，考虑到此处用财政转移支付来反映财政协同，而财政收入又是转移支付的重要影响因素，因此选择地方政府非税收入（含专项收入行政事业性收费收入、罚没收入、国有资本经营收入、国有资源有偿使用收入等）占地方政府财政总收入的比值来衡量地方政府财政分权程度，就公共卫生服务供给而言，这样设计指标能相对好地反映确定财政收入下的公共卫生服务资金缺口，而这种缺口的大小正是政府间转移支付的重要考量；二是第三产业增加值（indthr），第三产业增加值一定程度上反映了经济增长的质量，经济增长质量越高，政府的财力越充分，政府越有能力提供更高水平的基本医疗卫生服务，相应的医疗卫生支出水平也更高，同时，居民的收入水平越高，居民的健康意识也会越高，即居民有意愿也有能力增加个人健康支出，相应的公共医疗卫生服务的供给也需要增加，进而导致政府医疗卫生支出的增加；三是人口结构，通常认为，未成年人和老年人相对于正常人有更多的医疗卫生需求，也即在社会抚养比较高的地区，政府人均公共卫生财政支出的投入也会越多，因此可以用社会抚养比（raise）作为衡量人口结构的指标，即各省（直辖市、自治区）的 1~14 岁和 65 岁以上人口占比；四是人口规模，随着人口规模的增加，地方人均公共卫生财政支出可能会因为基数的扩大而变小，导致地方人均公共卫生财政支出与地方人口规模负相关，人口规模用各省份各年度人口总数（万人）表示（people）；五是城镇化水平（town），城镇化水平的提高往往伴随着受教育水平和经济支付能力的提高，也意味着政府会提供更高质量的医疗卫生服务和资源，地方人均公共卫生财政支出与城镇化水平应正相关。

同步考虑到政府间财政协同的空间因素和公共卫生服务延续性特征后，最终的面板空间自回归模型如式（6-1）所示：

$$\ln aX_{it} = \alpha_{it} + \rho \sum_{i \neq j} w_i \ln aX_{it} + \beta_1 \ln Sub_{it}l + \beta_2 \ln indthr + \beta_3 Finance_{it} + \beta_4 \ln aGDP_{it}$$
$$+ \beta_5 Town_{it} + \beta_6 \ln People_{it} + \beta_7 Raise_{it} + \mu_i + \nu_t + \varepsilon_{it} \qquad (6-1)$$

式（6-1）中，aX 表示人均财政卫生支出，Sub 表示地方得到的中央政府补助性收入，Finance 表示财政分权程度，indthr 为第三产业增加值，Town 表示城镇化水平，People 表示人口规模，Raise 表示人口抚养比。Ln(∗) 表示对该变量选择自然对数，i 表示省份个体（1-31），t 表示时间年份（2007~2019 年）。被解释变量的空间滞后项 $w_i \ln aX_{it}$ 是一个反映相邻二进制权重矩阵对各省份人均公共卫生财政支出作用的内生变量。

二、数据来源与描述性统计

经验实证使用的数据为国内 31 个省（区、市）2007～2019 年的省际面板，所有变量数据均来自历年的《中国统计年鉴》和各省（区、市）的《统计年鉴》，部分数据由《中国统计年鉴》及各省（区、市）的《统计年鉴》等出版物公布的数据测算所得，数据的描述性统计如表 6－1 所示。

表 6－1　数据的描述性分析

变量	N	Mean	Std. Dev.	min	max
ln*ax*	403	6.409	0.706	4.534	8.134
ln*sub*	403	16.347	0.687	14.179	17.759
ln*indthr*	403	8.643	1.099	5.241	10.998
town	403	54.27	14.072	22.61	89.6
raise	403	36.59	1.894	33.875	40.598
ln*people*	403	8.111	0.849	5.666	9.433
finance	403	0.748	0.08	0.57	0.966

三、实证回归分析

1. 空间自相关检验

空间自相关是检验空间相关性的一种方法，用以反映变量在空间的分布特征及变量间的空间关系。莫兰指数（Moran's I）是衡量空间自相关的常用指标，用以反映全域空间的相关程度，一般定义为如式（6－2）所示：

$$I = \frac{\sum_{i=1}^{n}\sum_{j=1}^{n} w_{ij}(x_i - \bar{x})(x_j - \bar{x})}{S^2 \sum_{i=1}^{n}\sum_{j=1}^{n} w_{ij}} \quad (6-2)$$

其中：$S^2 = \frac{1}{n}\sum_{i=1}^{n}(x_i - \bar{x})$；$\bar{x} = \frac{1}{n}\sum_{i=1}^{n} x_i$。

式（6－2）中 x_i 代表某个指标 i 区域的观测值，w_{ij} 是空间权重矩阵，反映的是空间指标间的相互邻接关系，这种关系受到所采用的邻接标准的影响。莫兰指数的取值在 [－1，1] 之间，大于 0 时表示空间相关性为正，且相关性随数值增大而增强；反之亦然；等于 0 时表示地区间无关联。

空间权重矩阵 w_{ij} 衡量了不同地区之间经济社会联系的紧密程度。空间权重

矩阵 w_{ij} 设定为地区间地理距离的倒数，遵循 Rook 相邻判定规则：即如果地区之间相邻，则 w_{ij} 为 1，否则 w_{ij} 为 0，空间权重矩阵主对角线元素为 0。在构造完矩阵后，对矩阵进行标准化处理，使得矩阵每一行元素的和为 1。

为表征空间自相关存在的稳健性，表 6－2 也相应列出了吉尔里指数（C）和 Getis and Ord 指数（G）。三个不同指数均显著表明人均公共卫生财政支出具有统计上显著的空间相关性，且空间自相关系数为正，即较高卫生财政支出的地区和较高卫生财政支出的地区相靠近，较低卫生财政支出的地区和较低卫生财政支出的地区相邻，也即地方政府卫生财政支出存在明显的空间集聚效应。

表 6－2　　　　　　　　　地方人均公共卫生支出空间相关性检验

年份	M Index	P－value	C Index	P－value	G－Index	P－value
2007	0.268	0.002	0.512	0.003	0.143	0.009
2008	0.250	0.003	0.492	0.002	0.144	0.010
2009	0.275	0.002	0.524	0.002	0.146	0.014
2010	0.256	0.003	0.556	0.005	0.146	0.030
2011	0.238	0.005	0.575	0.006	0.147	0.039
2012	0.215	0.009	0.590	0.007	0.147	0.034
2013	0.205	0.012	0.597	0.007	0.147	0.039
2014	0.190	0.018	0.613	0.008	0.147	0.028
2015	0.202	0.013	0.607	0.009	0.147	0.047
2016	0.174	0.026	0.634	0.011	0.147	0.034
2017	0.147	0.042	0.686	0.039	0.147	0.068
2018	0.142	0.046	0.660	0.028	0.147	0.060
2019	0.145	0.043	0.654	0.028	0.147	0.054

注：表中 M Index 指莫兰指数，C Index 指吉尔里指数，G Index 指 Getis and Ord 指数。

2. 空间面板估计

表 6－3 为模型的估计结果。其中模型（1）为 OLS 回归，模型（2）到模型（5）分别表示固定效应和随机效应的空间自回归模型（SAR）及空间杜宾模型（SDM）的结果。对比不同模型的拟合结果可以发现，OLS 模型呈现的边际效应高达 0.591，且在 1% 的统计水平上显著，为验证这一结果的可靠性，我们进行空间计量回归，结果发现模型（2）到模型（5）的所有空间自回归系数（rho）都在 1% 的水平上显著为正，因此可以确定存在空间自回归效应，OLS 的估计是有偏的。在考虑到可能存在滞后因素的影响后，进一步分别进行 SAR（如

模型 2 和模型 3）和 SDM（模型 4 和模型 5）回归，结果发现中央政府补助（*sub*）、社会抚养率（*raise*）和财政分权度（*finance*）的滞后项都在 1% 的水平上显著，说明 SDM 模型具有更好的解释力。为检验区域扰动项 U_i 的影响，我们分别对 SDM 模型和 SAR 模型进行了 Hausman 检验，结果两类模型均可以接受随机效应原假设，而两类模型 R^2 的变化也清晰表明随机效应比固定效应具有更好的拟合优度。

表 6 – 3　　　　　　　　　　　　　　空间模型回归结果

变量	（1）OLS	（2）FE_SARW	（3）RE_SARW	（4）FE_SDMW	（5）RE_SDMW
ln*sub*	0.591 *** (20.171)	0.256 *** (4.956)	0.399 *** (9.348)	0.185 *** (3.319)	0.380 *** (8.232)
ln*indthr*	0.839 *** (20.142)	0.532 *** (9.118)	0.505 *** (8.897)	0.483 *** (8.324)	0.463 *** (8.007)
town	−0.011 *** (−5.381)	0.015 *** (4.873)	0.005 * (1.686)	0.018 *** (5.765)	0.006 * (1.907)
raise	−0.009 (−1.505)	−0.023 *** (−6.553)	−0.016 *** (−4.695)		
ln*people*	−1.348 *** (−39.675)	−1.001 *** (−6.366)	−0.947 *** (−14.678)	−1.047 *** (−6.824)	−0.914 *** (−13.939)
finance	0.362 ** (2.161)	−0.267 * (−1.908)	−0.279 ** (−2.018)	−0.257 * (−1.846)	−0.248 * (−1.798)
_*cons*	1.076 * (1.955)		1.601 ** (2.530)		0.339 (0.346)
Spatial rho		0.353 *** (9.194)	0.333 *** (8.980)	0.190 *** (3.533)	0.231 *** (4.641)
空间滞后项					
ln*sub*				0.305 *** (3.715)	0.176 *** (2.415)
raise				−0.022 *** (−6.415)	−0.015 *** (−4.307)
finance				−1.080 *** (−4.774)	−0.899 *** (−3.870)
N	403	403	403	403	403
R – square	0.917	0.803	0.913	0.778	0.916

注：括号中为 *t* 值，*、** 和 *** 分别对应的显著性水平为 $p < 0.1$、$p < 0.05$ 和 $p < 0.01$。

综上所述，我们可以用随机效应空间杜宾模型（RE_SDM）来解释政府财政协同对地方公共卫生支出的影响，由于空间模型中解释变量对被解释变量的影响还包含被解释变量的相互作用，因此模型（5）中的 0.380 并不能准确反映政府间财政协同对地方公共卫生财政支出的边际影响，为此我们需要将其分解为反映本区域解释变量对本区域被解释变量影响的直接效应（*Direct Effect*），其他区域解释变量对本区域被解释变量影响的间接效应（*Indirect Effect*）。具体的计算结果发现直接效应与间接效应分别为 0.396 和 0.322，且两者都在 1% 的水平上统计显著，这说明公共卫生支出的变化确实受到政府间协同作用的影响。

模型（5）也呈现了控制变量对地方人均公共卫生财政支出的影响，可以看到，在考虑政府间财政协同的情况下，人口是影响人均公共卫生财政支出的最重要因素，这也是许多经济总量靠后但人均公共卫生财政支出却靠前的主要原因，这也是支撑中央转移支付转向重视人均公共卫生财政支出的重要参考；其次，第三产业发展水平代表了经济发展质量，而经济发展到一定水平时人们对教育、卫生支出的重视会普遍提高的规律性也在回归结果中得到了体现，城镇化水平的提高为中央提高转移支付提供了缘由，但是统计上这个影响只有 10% 的显著性水平，且经济影响也不明显；最后，财政分权负向影响了中央对地方的转移支付，其中原因可以从财政分权的度量中得到体现，由于此处将财政分权指标定义为地方政府非税收入（含专项收入行政事业性收费收入、罚没收入、国有资本经营收入、国有资源有偿使用收入等）占地方政府财政总收入之比，因此分权程度越高，说明地方财政的自主能力超强，中央减少对该地区的转移支付自然也就顺理成章，因此影响为负的结果不足为奇。

3. 稳健性检验

稳健性检验的方法是替换权重矩阵，即用各省区首府地理距离的倒数替换原依据是否相邻构建的二值权重矩阵，其余回归方法同基本模型，结果如表 6 - 4 所示。

表 6 - 4　　　　　　　　　　空间回归结果的稳健性检验

变量	(6)	(7)	(8)	(9)
	FE_SARV	RE_SARV	FE_SDMV	RE_SDMV
ln*sub*	0.122 ** (2.423)	0.274 *** (6.230)	0.142 *** (2.772)	0.285 *** (6.153)
ln*indthr*	0.359 *** (6.206)	0.341 *** (5.946)	0.357 *** (6.172)	0.328 *** (5.590)

续表

变量	(6)	(7)	(8)	(9)
	FE_SARV	RE_SARV	FE_SDMV	RE_SDMV
town	0.018 *** (6.075)	0.008 *** (2.695)	0.018 *** (6.153)	0.008 * (2.753)
raise	− 0.020 *** (− 6.299)	− 0.014 *** (− 4.372)		
lnpeople	− 0.963 *** (− 6.573)	− 0.759 *** (− 11.535)	− 0.930 *** (− 6.336)	− 0.748 *** (− 11.108)
finance	− 0.220 * (− 1.686)	− 0.191 (− 1.466)	− 0.148 (− 1.100)	− 0.128 (− 0.959)
_cons		1.987 *** (3.215)		− 1.696 (− 1.338)
Spatial rho	0.567 *** (13.083)	0.527 *** (12.356)	0.535 *** (11.594)	0.447 *** (6.121)
空间滞后项				
lnsub				0.083 *** (0.821)
raise			− 0.022 *** (− 6.608)	− 0.015 (4.420)
finance			− 0.777 ** (− 2.108)	− 0.998 *** (− 2.488)
N	403	403	403	403
r2	0.791	0.921	0.803	0.925

注：括号中为 *t* 值，* 、** 和 *** 分别对应的显著性水平为 $p < 0.1$、$p < 0.05$ 和 $p < 0.01$。

　　表6-4结果中的模型（6）到模型（9）分别对应于表6-3中的模型（2）到模型（5），从模型整体的回归结果及相应变量的系数大小和方向看，表6-4基本支撑了表6-3的结论，说明表6-3的结论是稳健的。

四、经验分析对健康中国建设的启示

（一）政府间财政协同有助于提升公共卫生服务的公平性

　　公共卫生服务具有明显的公共产品特征，因此世界各国政府在提供公共卫生服务方面都起着重要作用。基本公共卫生服务的公平性主要是指保证基本公共卫生服务的均等化，即每一公民都能平等地获得基本公共卫生服务。在公共卫生财政支出主要依靠地方政府的财政体制下，经济发展水平较高的地区公共卫生投入往往较高，经济发展水平较低的地区公共卫生服务支出也较少，因此公共卫生服务均等化始终是一个问题。而通常情况下，经济欠发达地区又是各类流行性、传染性、地方性疾病的高发区，因此中央财政加大向欠发达地区的转移支付力度是保证其居民享有基本健康保障、实现各省市居民都能享受基本相同的公共卫生服务的重要举措。中央财政对欠发达地区和农村的公共卫生领域的转移支付需要兼顾公平与效率，因为经济欠发达地区的疾病预防与治疗费用比较低，同样的公共卫生支出可以产生相对较高的福利收益，或者说正外部性更明显，因此增加欠发达地区的公共卫生支出更具有社会效益。

（二）健全财政转移支付的测算办法

随着城镇化进程的不断深化、人口频繁流动及人口老龄化日趋严重，中国公共卫生需求也面临许多新课题，政府要不断完善公共卫生服务的供给方式和财政转移支付的测算办法。从回归结果看，人口因素与公共卫生财政支出具有明显的相关性。在经济发展水平、城镇化水平、人口规模、人口结构等存在较大差异的情况下，各级政府在制定公共卫生财政支出安排时，要充分考虑到人口规模的因素，对于人口老龄化严重、人口过于密集的地区，中央财政要按人口规模、人口结构、当地财力状况和支出成本差异系数等因素来合理界定对相应省市的公共卫生补助，针对性加大财政转移支付力度。

（三）根据中国人口结构变化引导医疗卫生产业优化升级

中国人口老龄化的速度超过了医疗卫生资源的增长速度，如何平稳度过老龄化阶段，满足社会医疗卫生服务与养老需求是当前中国医疗卫生领域需要关注的重点。目前，国家已经实施了多项措施保证老龄化社会的医疗卫生服务需求，如鼓励社会资本进入医养结合产业，同时配套改革医疗保障体系。但是在地区公共卫生服务能力差距仍然存在的情况下，老龄人口的流动会受到限制，同时老龄人口的相对集聚也不利于公共服务的均衡发展，因此中国应随着人口结构的变化，升级医疗卫生服务水平、优化医疗服务布局。

（四）适度推进城镇化

由于人口总量和城镇化水平会在一定程度上影响当地的公共卫生财政支出，因此政府对城镇化程度和水平应该审慎对待，不能为了发展经济而盲目鼓励城镇化，同时要积极采取措施引导人口合理流动，由于大城市经济水平和各项卫生设施完备，因此会比中小城市更具有吸引力，人口也就更容易向经济发展水平高的大城市流动，这就需要政府通过宏观政策进行引导，使人口分布与公共卫生服务相匹配。

（五）应关注公共卫生财政支出的空间溢出效应

公共卫生财政支出的空间溢出效应使较高卫生财政支出的地区和较高卫生支出的地区相近，较低卫生财政支出的地区和较低卫生支出的地区相邻，即周围省市的公共卫生财政支出会在一定程度上刺激本地区的公共卫生支出，因此应该鼓励公共卫生服务水平比较高的地区帮扶公共服务水平比较低的地区，通过带动发展实现区域卫生服务的均等化。

第三节　财政协同与突发公共卫生事件处置

在本章第二节分析政府间财政协同对公共卫生服务均等化的影响时，提到了突发公共卫生事件对政府间财政协同的内在需求，并认为政府间协同有助于提升突发公共卫生事件的处置能力，那如何才能描述这种能力产生的效果？显然，突发公共卫生事件的偶发性特征并不允许我们用单个国家的数据清楚说明，因此本节利用 2012 年全球 168 个国家的截面数据及 OCED 国家的截面数据，实证研究公共卫生投入对防治传染病这类突发公共卫生事件的影响，以检验财政能力提升对处理突发公共卫生事件效果的影响。结果表明：政府卫生支出对传染病死亡率的弹性显著为负，政府卫生支出的提高可以有效地降低传染病死亡率；公共卫生服务体系中的卫生人员数、卫生技术水平对降低传染病死亡率的影响是有限的。因此，要不断提高卫生资源的使用效率，合理确定转移支付，强化政府间财政协同，因地制宜提供卫生基础设施和卫生人员数量，避免过犹不及，以加大卫生财政支出、强化公共卫生财政协同来提高突发公共卫生事件的应急处置能力。

一、财政协同支撑突发公共卫生事件处置的国际实践

在展开经验分析之前，我们首先分析一下发达国家是如何通过制度化财政协同来提高应对突发公共卫生事件的处置能力，以帮助我们进行国际数据分析时选择合适的回归变量。所以要从财政协同角度切入考察应对突发公共卫生事件的处置能力，可从我国应对新冠疫情时的财政协同及其发挥的作用中得到启示，在新冠疫情暴发初期，中国政府迅捷调配公共卫生资源，以缓解应急物资的供不应求，财政部门作为卫生资源储备的资金提供者和物资调配的资金承担者为遏制新

冠疫情起到了关键性作用。也许正是基于这样的考虑，习近平总书记在"统筹推进新冠肺炎疫情防控和经济社会发展工作部署会"上提出了"积极的财政政策要更加积极有为"的要求。鉴于这次新冠疫情是对突发公共卫生事件应急能力的一次大考，全国财政部门勠力同心，在防疫经费保障、财税政策支持、财政采购收储、政策贴息贷款、人员津贴保障等方面特事特办，借助"绿色通道"措施，最大限度地发挥了财政在应对突发公共卫生事件中应有的保障供给作用。

财政保障与财政协同拄撑中国抗疫取得了举世瞩目的成就，但在整个抗疫过程中也暴露出中国应对突发性公共卫生事件时，存在预防不足、机制不畅、预警能力差、物资储备不足、应急救援队伍缺乏应急能力等薄弱环节。与此相关的问题已经吸引了众多学者去研究突发公共卫生事件的应急处置问题，也吸引了一些学者根据公共财政理论框架体系，进行财政应急保障机制方面的研究。这些研究主要集中在以下三个方面。

一是专注于论述财政保障机制在突发事件中的重要性。闫天池和李宏（2012）提出要根据公共财政体制框架，建立健全适应突发公共事件应对与处置需要的财政应急保障机制。盛婷婷（2014）从平时状态和应急状态两个角度对现行财政应急保障机制进行了梳理，认为财政在不同应急状态下的作用都是不可或缺的。在此次抗疫过程中，财政就发挥了统筹财政资金、集中财力保障非常时期的特殊需要，通过税收与补贴等财政政策措施减轻了新冠疫情对经济运行的影响，积极支持维护社会稳定、切实保障和改进民生等作用（孙玉栋和王强，2020）

二是对应急财政资金管理中存在的问题进行探讨。武玲玲等（2015）认为中国应急财政资金的使用存在常规资金规模偏小、筹集比例不合理、资金管理不完善、资金使用缺乏监督等问题。王伟平和冯敏娜（2016）认为中国在应急资金筹集上过分依赖政府财政、应急资金总量不足、未建立全面覆盖的巨灾保险体系、银行信贷参与不足且投向集中、未形成规范的社会捐赠机制等诸多问题。解决此类问题需要对应急资金的形成、使用和评估进行全过程分析，并相应完善应急资金筹集、分配、使用、绩效评估方面的政策措施（罗燕妮，2012）。

三是对国内外突发公共卫生事件应急处置体系的比较研究。施建华等（2014）通过对日本和印度等国突发公共卫生事件应急体系的梳理，为完善中国突发公共卫生应急处置体系提出了健全法律依托、加强统一领导与分级管理、综合协调、危机教育、完善防护网和监测系统、实现动态管理等政策建议。李海燕等（2005）在对比中国、美国突发传染病事件应急系统后，认为中国缺乏一个垂直化管理、有准备、有活力的疾病预防控制体系，提出建立国家卫生委员会，建立标准化、互联互通的卫生防疫网络，建立高效敏感的应急系统平台，建立健全突发事件应急法制，以保证依法行政、加强与国际社会的合作等建议。

通过以上三个方面的研究可以发现如下特点：一是对财政保障作用的研究更

多聚焦于应急财政资金的筹措、规模及中央与地方财政的责任分担等方面；二是对财政应急机制的制度化已有一定共识；三是发达国家应对突发事件的应急财政建设虽然各有特色，但在法律法规、运行机制、责任分担、应急投入等方面都有一些可资借鉴的经验。缺点是这些研究基本上处于一种规范说理状态，基于经验实证基础上的比较与抽象仍然不足，这不利于发现财政公共卫生应急中的一些规律性问题。因此，如何将应急管理、突发公共卫生事件与公共卫生财政能力相结合，构建有效的公共卫生应急管理机制，筑起国家公共卫生安全的坚固防线，仍然是世界各国公共卫生财政建设的一个重要课题。

这些研究特点给我们的启发是：一是用公共财政基本理论研究突发公共卫生事件处置实现了理论与实践的良性互动，财政理论支撑和指导了处置实践的发展，处置实践也促进了财政理论的拓展；二是一些发达国家应对突发公共卫生事件的成功经验，为学术界探索突发卫生事件处置中的财政规律提供了样本。因此，研究和总结发达国家的经验可以为推进中国健康事业发展提供借鉴。

从理论应用层面看，公共品与外部性造成的市场失灵只是政府介入公共卫生事件的前提，而政府具有的强制力特征才是政府介入处置公共品与外部性问题的本质，即政府能够利用自身的强制力迫使市场个体弥合其消费（生产）产品的价格与成本之差，而如何消除这种差值的方法体系则形成了公共财政的理论体系。按照这套理论体系，突发公共卫生事件也展现了需要政府介入的特征，原因是公共卫生突发事件影响的是国家安全与人民健康，从社会层面看，国家安全是典型的公共产品，因此需要政府财政支付公共卫生事件的成本，从个体层面看，人民健康带来的收益与个人在应对公共卫生事件中需要支付的成本也不可能是完全匹配的，因此由政府财政来平衡收益与成本之差也是必要的。此外，功能财政也为政府应对突发公共卫生事件提供了理论支撑。功能财政的概念源于凯恩斯的宏观经济理论，其基本思想是财政收支行为要由市场的供需矛盾决定，当需求不足时，需要采取扩张性财政政策，而不需要考虑财政支付能力的约束，或拘泥于财政支出效率的高低，反之则应该采取收缩性财政政策。我们知道，突发公共卫生事件大多数具有社会影响大的特征，因此突发公共卫生事件一旦发生往往会使社会经济大伤元气，无论是应急救援还是恢复重建，都需要庞大的资金支持，需要耗费大量的社会资源，其成本之高远远超出了个体承受能力乃至市场调节能力，所以必须由政府出面来承担其中的社会成本，扩大经济需求。在这样的框架下，财政作为政府运作的财力基础，作为国家应急反应机制的重要组成部分，承担为应对突发事件提供资金保障的重要职能，成为防范和化解公共风险的重要防线，具有不可比拟和无法替代的重要作用，是应对和解决突发公共卫生事件不可或缺的经济途径。

从实践探索层面来讲，国际上主要发达国家应对突发公共卫生事件的典型做法虽然有许多值得关注的特征，但是出于研究目的的差异性，各类文献的切入视角也往往不尽相同。当我们想要探索一些规律性的财政协同行为时，考察他们的应急管理体系应该是一个不错的切入点。因此，我们选择美国、日本、俄罗斯等大国或邻国的应急管理体系建设作为突破口，以期发现具备良好财政协同的公共卫生财政是如何影响突发公共卫生事件处置效果的。为此，我们首先需要介绍一下美国、日本、俄罗斯等国的应急管理体系建设。

（一）美国的应急管理体系

美国是当今世界唯一的超级大国，美国的公共卫生突发事件预警、应急管理能力在全球名列前茅，经过"西尼罗河"脑炎、"9·11"事件、猴痘病毒及数次炭疽事件的考验之后，美国高度重视公共卫生突发事件的应急体系建设，将其列入与国防安全同等重要的地位。分级管理、分级响应和标准化运行是美国应急管理运行机制的鲜明特点，由此形成了"联邦—州—地方政府"三级应急管理体系，强调以州和地方政府的自主应急管理为主，联邦政府起辅助作用。《斯塔福德法案》明确国土安全部及其隶属的联邦应急管理局是联邦层面的综合协调机构，主要负责与地方各应急机构的联络与协调工作，负责制定应急预案、协助地方组织实施救助。在实际应对突发事件过程中，突出属地管理职责，州及地方政府拥有充分的应急自主指挥权，负责安排、调动事发当地的各项应急资源。而当地方政府无力应对公共突发公共卫生事件时，可请求上级援助，州或联邦政府则根据相关法律和程序，调用相应资源实施救援。各州或地方政府也设立相应负责应急管理的专门机构，管理与应对本辖区的突发公共卫生事件。在横向协作方面，各州及地方政府签订应急互助协议，建立了区域互助协同机制。

美国应急管理具有健全的法律法规体系，强调标准化、法制化的应急管理程序与严格执法过程。美国法律还赋予各州高度自治的权力，防范流行性传染病的法律法规在州、县得以制定，为应急处置突发公共卫生事件提供了可靠的法律保障。为配合这种分级管理、分级响应机制，法律也明确了相应的财政承担责任和义务，联邦政府主要负责重大突发事件的预防、救援工作，在超出州和地方政府应对能力、事态非常严重时，联邦政府介入、帮助他们共同处理危机，必要时调动资源应援，这些财政支出通常由州政府及联邦政府按规定比例分担，可按具体情况进行合理调整。《斯塔福德法案》的财政分担公式明确规定，联邦政府向州政府支付的数额不得少于75%，用于设施修复与更换（周克清和李霞，2020）。

在财政保障资金形成机制上，美国构建了政府、社会、市场多主体的应急风险分担机制，为应对重大突发公共卫生事件提供资金保障。联邦政府通过预算拨款和专门目的税收设立联邦预备费，并对所涉及的资金使用情况进行严格监管和审计。《斯塔福德法案》明确规定，设立由联邦紧急管理局负责的救灾基金，不受预算年度限制，可用于支援州和地方政府应急需求及灾后恢复重建工作。如美国卫生部设立了"公共卫生与社会服务应急资金"（PHSSEF）账户，资金来源于联邦政府财政年度拨款。推动保险资金成为应急投入的重要力量，联邦政府及各州政府承担部分再保险人角色，强制推行巨灾保险（如国家洪水保险计划，NFIP），当突发事件发生时政府只对保险理赔以外费用支出进行补助。非政府组织参与应急投入受到高度重视，如美国红十字会直接参与应急准备与响应，慈善机构组织捐赠款项等。此外，通过灾害信息共享、严格区分危害等级、开展灾害培训与演练等组织活动，加大了应急预防投入力度和支持力度（崔军和杨琪，2013）。

（二）日本的应急管理体系

日本是自然灾害频发的岛国，在与灾害的长期斗争实践中，其危机管理体系也日趋成熟，建立了完善的从中央到地方的突发公共卫生事件应对体系。日本中央政府组建了牵头部门集中管理应急决策机制，注重引导非政府组织和全民参与，形成了中央—都道府县—市町村三级应急管理体系，各层级政府负责制定并贯彻执行应急计划，定期召开工作会议。应急中枢管理部门是内阁府，各牵头部门负责各自领域事务，实行战时与平时两种应急反应模式。突发事件发生时，内阁府设置"紧急救援总部"进行全国性统筹调度，事发地设立"紧急救援现场指挥部"以便就近协调管理。都道府县、市町村签订72小时互助协议，形成相互协作与支持模式，覆盖范围涉及全部基层组织。通过制定、健全相关法律，放宽准入条件，与市场主体签订合作救援协议，鼓励非政府组织参与公共事务管理等方式形成广泛参与的救援体系。此外，各级政府设置了众多综合性训练及救援体验中心，以培养民众的危机意识。

从财政角度来讲，日本明确了中央—都道府县—市町村三级政府的应急财政责任。《灾害救助法》明确规定灾害救助费用由都道府县先行支付及中央财政的补贴比例。例如，应急救助费用支出占都道府县税收收入2%以下时，中央财政补贴50%；占比为2%~4%时，中央财政补贴80%；占比在4%以上时，中央财政补贴90%。《面对重大灾害时的特别财政支援法》明确规定灾后恢复重建时中央财政与地方财政的责任分摊机制，对应急财政灾害救助支出发放标准与分摊份额作了详细规定，如抚恤慰问金由各级政府共同承担责任，其中中央政府承担25%，都道府县政府负担50%，市町村政府承担剩余的25%。对于应急资金的保障与使用，日本构建了应急资金投入、使用、监管全过程法律体系，明确了各级政府应急预算占财政预算总额的比例，并纳入年度财政预算范畴。《灾害救助法》明确规定，都道府县政府应预存一定比例的年度应急救助基金，用于物资储备、应急响应、紧急救助。此外，日本还积极鼓励非政府组织机构参与应急建设,通过市场机制主动同社会主体签订合作救援协议,如在发生突发事件情况下,委托非政府组织进行援助与协作,形成全社会广泛参与的应急投入合作模式,实现优质资源的有力整合。推动商业保险公司、日本再保险株式会社设计巨灾保险产品,政府分担部分风险,形成了官民一体的多元化巨灾保险体系(孙焱林等,2016)。

(三) 俄罗斯的应急管理体系

俄罗斯与中国在经济社会发展及社会转型方面具有相似性,由于突发公共卫生事件频繁发生,俄罗斯政府也广泛关注公共卫生突发事件的处置问题,在突发公共卫生事件的应对和处理方面积累了丰富经验,形成了以总统为核心的突发公共卫生事件应急管理模式。目前为止,俄罗斯已经建立了自上而下的垂直管理应急机构,注重横向协调与纵向贯通。在纵向应急组织上,在俄联邦、联邦主体(州、直辖市、共和国、边疆区等)、城市和基层村镇四级设置了应急管理机构,形成了以联邦安全会议为决策中枢,以紧急情况部为综合协调机构,联邦安全局、国防部、外交部、情报局等权力执行部门协调配合的垂直型应急管理体制。紧急情况部是突发公共卫生事件的组织核心,主要负责落实预防和救援措施,必要时可调动本地资源。将应对紧急状态的应急物资纳入国家物资储备体系,国家储备局统一负责储备与管理,紧急状态下,军队也可以提供运输和人员支持,形成应急体系的全员协同。在应急基础设施方面,建立了信息共享和警报警示系统,预警与灾害信息可以实时传达给居民,保障了信息传送的及时性和有效性。此外,各行政区单位也建有全覆盖式的预警和应对系统,形成了中央与地方纵横贯通的应急模式(王敏,2020)。

对于应急体系的财政资金保障,俄罗斯建立了联邦、联邦主体和地方三级应急预算资金保障模式。建立了从国家立法,到制度框架,再到技术要求的、系统性的应急物资储备运行与管理机制,形成了高效、规范、及时可达的应急储备运作机制。国家层面的立法主要是指《紧急状态法》,该法明确了各级政府在应急投入中的角色,明确了各级政府应建立相应的专项基金,及国家专项基金和联合专项基金,明确了资金的使用顺序、使用规范、补助标准和补助方式,具体涉及现金救济、救灾安置、伤亡补助、财物受损补助等。

国际实践的启示是法制化、规范化、常态化的应急管理体系对于妥善处理突发公共事件是必不可少的,因为这样的应急管理体系意味着财政资金可以足额、及时、精准地用于事件本身的处理,减少了事发仓促时可能带来的交易成本,效率自然就会提高。那么,卫生财政资金是否会影响到突发卫生事件的处置效率呢? 接下来就用国际上大多数国家的数据进行经验验证。

二、财政协同启示的国际数据验证

理论与实践分析都表明财政是各国处置突发公共卫生事件的主力，卫生财政资金是保障各国应急处置效果的重要物质基础，同时经济发展水平又是影响各国财力，进而影响其财政公共卫生投入能力的重要因素，因此也需要考虑。运行高效的法制化应急管理体系也意味着财政资金投入的持续性和及时性，从突发公共卫生事件的角度看，这种持续性的财政投入最终大多具象化为卫生人员数、医疗基础设施、医疗科研投入等衡量公共卫生服务能力的具体指标，及时性则仍然体现为应急处置时财政能力的增强。据此分析，可以合理推出以下假设。

假设1：政府公共卫生投入越多，应对突发公共卫生事件的应急能力就越强，公共卫生安全水平越高。

假设2：卫生人员数越多，应对突发公共卫生事件的应急能力就越强，公共卫生安全水平越高。

假设3：医疗卫生机构床位数越多，应对突发公共卫生事件的应急能力就越强，公共卫生安全水平越高。

假设4：卫生技术水平越高，应对突发公共卫生事件的应急能力就越强，公共卫生安全水平越高。

假设5：人均GDP越高，用于公共卫生财政支出资金就越充沛，应对突发公共卫生事件的应急能力就越强，公共卫生安全水平越高。

（一）变量与模型

验证上述假设需要把其经济含义具体化为相应的指标变量，从被解释变量的角度来看，公共卫生安全水平的优越起码表现在两个方面：一是能够有效预防传染病的发生或能够有效地防止传染病的蔓延；二是能够对染病者施加有效治疗。而这两个优秀表现的一致结果是能够降低传染病死亡率，因此可以把各国应急传染病时的死亡率（$dratio_i$）作为回归分析的被解释变量，由于目的是从公共卫生财政支出角度考察一个国家的突发公共卫生事件应急能力，所以选取人均公共卫生财政支出（$perhygexp$）作为解释变量。公共卫生应急系统的运作效率不仅取决于财政支持的力度，也与财政资金的使用效率高度相关，因此进一步将卫生人员数（$doctors$）、医疗卫生机构床位数（$hosbed$）、人均国内生产总值（$pergdp$）、放射治疗仪密度（$ramach$）4个指标作为控制变量，为增加数据平稳性，所有指标数据均取对数，具体的计量回归模型如式（6–3）所示：

$$Lndratio_i = \alpha_i + \beta_1 Lnperhygexp_{pi} + \beta_2 Lndoctors_i + \beta_3 Lnhosbed_i$$
$$+ \beta_4 Lnpergdp_i + \beta_5 Lnramach_i + D_1 + D_2 + D_3 + D_4 + D_5 + \varepsilon_i \quad (6–3)$$

式（6-3）中各变量所要反映的经济含义分别为：*dratio* 表示每十万人口的传染病死亡率，代表突发公共卫生事件应急处置能力，*perhygexp* 为人均公共卫生财政支出，代表公共卫生投入强度；*doctors* 和 *hosbed* 表示卫生资源，分别为每万人口卫生人员数、每万人口医疗卫生机构床位数；*pergdp* 表示人均 GDP，代表经济发展水平；*ramach* 表示每百万人放射治疗仪的密度，代表卫生技术水平，对于每百万人放射治疗仪的总密度以加 1 的自然对数衡量，加 1 的目的是避免放射治疗仪密度为 0 的国家无法取对数而造成数据缺失，D_1、D_2、D_3、D_4、D_5 为虚拟变量，分别表示发达国家、亚洲、美洲、欧洲、非洲，ln(·) 表示变量进行了对数化处理。

（二）数据及其描述分析

回归数据的样本期为 2012 年，兼顾研究目标、内容和数据的可得性，指标数据主要取自《中国卫生健康数据库》（2019）和《世界卫生数据库》（2013）。收集了相对完整的 168 个国家的横截面数据样本。由于各国数据统计工作情况不同，存在少量数据缺失，主要是个别国家 2012 年传染病死亡率、个别国家 2012 年卫生人员数。对缺失数据的处理方法主要是以下一年度的数据替代缺失的该年度数据，理由是相差一年的公共卫生服务能力一般不会有太大差距。

表 6-5 给出的是主要变量的描述性统计。从表 6-5 可以看出，传染病死亡率对数的均值为 4.587，说明 2012 年全球每十万人中约 215.38 人死于传染病，传染病死亡率的标准差为 1.287，说明不同国家传染病死亡率存在较大差异。核心解释变量人均政府医疗卫生支出对数的均值和标准差分别为 5.285 和 1.858，说明不同国家的人均公共卫生财政支出存在较大差异。

表 6-5　　　　　　　　变量的描述性统计

变量	含义	N	Mean	Std. Dev	min	max
ln*dratio*	传染病死亡率（每十万人）	168	4.587	1.287	2.197	7.191
ln*perhygexp*	人均公共卫生财政支出（美元）	168	5.285	1.858	1.609	8.977
ln*doctors*	卫生人员数（每万人）	168	3.499	1.228	0.336	5.492
ln*hosbed*	医疗卫生机构床位数（每万人）	168	3.049	0.94	0	4.927
ln*pergdp*	人均 GDP（美元）	168	9.002	1.233	6.31	11.563
ln*ramach*	放射治疗仪密度（每百万人）	168	0.739	0.755	0	3.312
D_1	发达国家	168	0.202	0.403	0	1
D_2	亚洲	168	0.25	0.434	0	1
D_3	美洲	168	0.208	0.407	0	1

变量	含义	N	Mean	Std. Dev	min	max
D_4	欧洲	168	0.226	0.42	0	1
D_5	非洲	168	0.256	0.438	0	1

为说明变量选取的合理性，表6-6给出了变量的相关性分析，从表6-6可以看出，人均公共卫生财政支出变量 lnperhygexp 与传染病死亡率变量 lndratio 的相关系数为 -0.784，且在1%的水平下显著，这一结果表明人均公共卫生财政支出变量与传染病死亡率变量显著负相关。这一结论初步证实了假设1的含义，即政府的公共卫生投入越高，传染病防治能力越高。另外，其他变量均与传染病死亡率变量 lndratio 存在较强的负相关性，说明变量选取总体是合适的。

表6-6　　　　　　　　　　主要变量的相关性分析

变量	lndratio	lnperhygexp	lndoct s	lnhosbed	lnpergdp	lnramach
lndratio	1					
lnperhygexp	-0.784***	1				
lndoctors	-0.824***	0.834***	1			
lnhosbed	-0.627***	0.640***	0.707***	1		
lnpergdp	-0.779***	0.912***	0.829***	0.577***	1	
lnramach	-0.763***	0.795***	0.715***	0.572***	0.713***	1

注：***对应的显著性水平为 $p < 0.01$。

（三）全样本回归结果

首先对全样本进行多元线性回归，估计结果如表6-7所示，模型（1）仅以政府人均卫生支出作为解释变量，此时政府人均卫生支出的系数为 -0.543，且通过了1%水平的显著性检验；模型（2）在模型（1）的基础上加入了卫生人员数变量，此时政府人均卫生支出的系数为 -0.221，两个变量都通过了1%水平的显著性水平；模型（3）在模型（2）的基础上加入了医疗卫生机构床位数变量，此时政府卫生支出、卫生人员数显著，而床位数不显著，因此在模型（4）中去掉了该变量；模型（4）在模型（2）的基础上加入了人均GDP变量，此时政府卫生支出、卫生人员数显著，而人均GDP不显著，因此在下个模型中去掉该变量；模型（5）在模型（2）的基础上加入了放射治疗仪总密度的变量，此时三个变量均显著；模型（6）在模型（5）的基础上加入了发达国家、亚洲、美洲、欧洲、非洲等虚拟变量，此时人均公共卫生财政支出的系数为 -0.127，其中人均公共卫生财政支出、卫生人员数、放射治疗仪密度亚洲和欧洲都通过了1%的显著性检验。

表 6 - 7 国际应急能力全体样本分析结果

变量	(1)	(2)	(3)	(4)	(5)	(6)
	model1	model2	model3	model4	model5	model6
$lnperhygexp$	-0.543 *** (-16.280)	-0.221 *** (-4.193)	-0.214 *** (-4.031)	-0.136 * (-1.805)	-0.081 (-1.390)	-0.127 ** (-2.182)
$lndoctors$		-0.584 *** (-7.321)	-0.549 *** (-6.280)	-0.544 *** (-6.537)	-0.530 *** (-6.963)	-0.338 *** (-4.381)
$lnhosbed$			-0.081 (-0.984)			
$lnpergdp$				-0.177 (-1.590)		
$lnramach$					-0.528 *** (-4.689)	-0.387 *** (-3.016)
D_1						0.038 (0.199)
D_2						-0.523 ** (-2.350)
D_3						-0.304 (-1.347)
D_4						-0.640 *** (-2.655)
D_5						0.372 (1.619)
_cons	7.457 *** (39.910)	7.799 *** (46.044)	7.886 *** (41.236)	8.805 *** (13.437)	7.256 *** (36.803)	6.963 *** (21.753)
N	168	168	168	168	168	168
$R-square$	0.615	0.709	0.711	0.714	0.744	0.799

注：括号中为 t 值，* 、** 和 *** 分别对应的显著性水平为 $p<0.1$、$p<0.05$ 和 $p<0.01$。

综上所述，人均公共卫生财政支出能够使传染病死亡率显著降低，说明公共卫生财政支出对突发公共卫生事件的处置具有重要作用。每万人口卫生人员数、每百万人放射治疗仪密度的系数亚洲和欧洲都显著为负，说明这 6 个变量也可以有效地降低传染病的死亡率。每万人口医疗卫生机构床位数、人均 GDP 的系数为正值但并不显著，说明两者对降低传染病死亡率的作用有限。具体来看，卫生财政支出能显著降低居民的传染病死亡率，在其他条件不变的情况下，人均公共卫生财政支出每提高1%，传染病死亡率将降低0.127%。卫生人员数可以有效提高居民健康水平、降低传染病死亡率，符合理论预期。床位数的作用不显著，原因可能是过多的床位数会引发诱导需求现象，不利于健康水平的改善，对于有盈利压力的医疗卫生机构，床位数的诱导需求现象更为严重（孙焱林等，2016），也许一些传染病的治疗并不需要床位数作为必要的硬件支撑。高质量的经济发展水平意味着有更好的营养条件和健康保障措施，但lnpergdp的系数为正值且不显著，说明经济发展水平不是降低传染病死亡率的主要因素。高的卫生技术水平意味着配备着更好的医疗设施，高的放射治疗仪密度可以大大地降低传染病死亡率，符合理论预期。亚洲、欧洲的系数显著为负，且欧洲的系数远大于亚洲的系数，说明在欧洲的传染病死亡率远小于亚洲的传染病死亡率。

（四）OECD国家样本回归结果

经济合作发展组织（OECD）是国际上经济相对发达的国家组织，在此基础上加上巴西、俄罗斯、南非、哥斯达黎加、中国等经济较发达国家，共形成42个OECD样本，进行多元对数线性回归的估计结果如表6-8所示，模型（7）仅以人均政府公共卫生财政支出作为解释变量，此时公共卫生财政支出的系数为-0.414，通过了1%水平的显著性检验；模型（8）在模型（7）的基础上加入了卫生人员数的变量，此时公共卫生财政支出的系数为-0.862，通过了1%水平的显著性检验；模型（9）在模型（8）的基础上加入了医疗卫生机构床位数变量，此时公共卫生财政支出的系数为-0.571，且通过了5%水平的显著性检验；模型（10）在模型（9）的基础上加入了人均GDP的变量，此时公共卫生财政支出的系数为-0.578，且通过了5%水平的显著性检验；模型（11）在模型（10）的基础上加入了卫生技术水平的变量，此时公共卫生财政支出的系数为-0.936，且通过了1%水平的显著性检验。

表6-8　　　　　　　　　OECD国家样本分析结果

变量	(7) model7	(8) model8	(9) model9	(10) model10	(11) model11
lnperhygexp	-0.414*** (-2.738)	-0.862*** (-2.886)	-0.571** (-2.207)	-0.578** (-2.179)	-0.936*** (-3.059)
lndoctors		0.671** (2.266)	0.710** (2.482)	0.709** (2.429)	0.442 (1.252)
lnhosbed			-0.673* (-1.762)	-0.645 (-1.574)	-0.782* (-2.013)

续表

变量	（7）	（8）	（9）	（10）	（11）
	model7	model8	model9	model10	model11
ln*pergdp*				-0.057 (-0.350)	-0.222 (-1.087)
ln*ramach*					1.522 (1.600)
_cons	6.413^{***} (5.291)	5.368^{***} (5.872)	6.042^{***} (5.515)	6.184^{***} (4.977)	-3.850 (-0.640)
N	42	42	42	42	42
r2	0.222	0.337	0.452	0.453	0.550

注：括号中为 t 值，$*$、$**$ 和 $***$ 分别对应的显著性水平为 $p<0.1$、$p<0.05$ 和 $p<0.01$。

从 OECD 国家的回归结果看，人均公共卫生财政支出的提高同样显著降低了传染病死亡率，每万人口医疗卫生机构床位数的系数也显著为负，说明这两个变量的提高可以有效地降低传染病死亡率。卫生人员数、每百万人放射治疗仪密度的系数显著为正，说明这两个变量与传染病死亡率之间存在正相关关系，可能的原因之一是传染性疾病的发生会引致卫生人员数与相关仪器使用的增加，这其中还存在棘轮效应，所以当传染病过去之后，人数与卫生医疗设备就出现了过剩，逐步就表现出对传染病死亡率的负向作用。在回归函数中，传染病治疗水平随公共卫生投入增长而呈现改善状况，但是边际上存在递减特征，这意味着对于较低卫生投入水平的发展中国家，增加公共卫生财政投入具有更大降低传染病的作用，发达国家同等投入的效果却并不一定显著，而回归的结果也确实证明了卫生人员数、医疗设备等投入不会线性地降低传染病死亡率，而是有一个下降甚至停滞点（沈郁淇等，2019）。人均 GDP 的系数为负但并不显著，说明该变量对降低传染病死亡率的作用有限。总体来看，OECD 国家的回归结果与全体样本回归结果大致相同，但是 OECD 国家的人均公共卫生财政支出系数（-0.936）的绝对值明显大于全体样本下的系数绝对值（-0.127），说明 OECD 国家人均公共卫生财政支出的增加对传染病死亡率的降低作用更为明显。与其他国家相比，OECD 国家是运用市场机制进行资源配置相对成熟的国家，但是在医疗卫生领域却高度依赖政府公共卫生财政支出，说明公共卫生财政支出不仅可以保障医疗卫生服务的公益性，还可以撬动医疗卫生服务供给，促进公共卫生事业的发展。

三、经验结果及对健康中国建设的启示

(一) 国际经验研究的结果

利用 168 个国家截面数据及 OECD 国家截面数据的实证分析，印证了政府公共卫生财政支出对传染病防治的影响，具体结果是：一是政府卫生支出对传染病死亡率的弹性显著为负，政府卫生支出的提高可以有效地降低传染病死亡率。二是卫生投入中的卫生人员数、卫生技术水平对降低传染病死亡率的作用是有限的，当到达一定界限时，人力资源、物力资源投入的边际效应接近于零，因此需要综合权衡成本收益，以提高卫生资源的使用效率，合理提供卫生基础设施和投入卫生人员，避免过犹不及。经验分析的这两个结果意味着：一是通过财政协同提高卫生财政能力较弱地区的卫生财政支出是合适的，因为这样可以减少突发公共卫生事件带来的损失；二是除处置突发公共卫生事件中的财政协同外，平时的财政协同也同样重要，因为卫生人员、卫生技术水平等卫生服务基础设施的形成是长时间积累的结果，不可能借助随用随取的协同得以解决。当然，基于卫生基础设施形成的公共卫生财政协同也应注意效率原则，因为一定程度以后其边际效应存在递减特征。

(二) 国际经验对健康中国建设的启示

结合文献总结、理论解析、案例印证和数据实证的研究结果，不难发现公共卫生财政支出与卫生财政协同在应对突发公共卫生事件和构建应急保障机制中的重要作用，也不难发现建立健全财政应急保障领导机制、财政应急资金保障机制、财政应急风险管理机制、应急物资协调动员机制、财政应急资金监管机制在构建应急管理体系和处置突发公共卫生事件时的基础和保障作用。发挥这种作用既是一个国家卫生财政治理能力现代化的重要组成，也是推进健康中国建设的重要内容，因此借鉴国际经验促进健康中国建设具有内在必要性。

一是要建立健全财政应急保障运行机制。应进一步健全国家公共卫生突发事件应急管理机制，完善财政应急保障运行机制，建立统一高效的卫生财政集中领导指挥体系，做到指令清晰、系统有序、执行高效，精准保障突发公共卫生事件物资供给。在国家应急管理机制下，尝试设立财政应急保障领导小组，财政部作为日常办事机构，平时管理主要集中于财政风险防范，一旦出现重大突发事件，就可以直接转换为财政应急指挥部，随时根据情况进行分析、判断、决策，指挥财政系统全力做好应对工作。加强各级财政之间、财政部门与相关部门之间的信息互通、措施互动、力量统筹的协调机制，筑牢突发公共卫生事件的财政保障防

线。全面加强和完善应急财政领域相关法律法规建设，强化应急财政法制保障。

二是要健全财政应急资金保障机制。对重大突发公共卫生事件，要坚持全国一盘棋、统筹各方力量加以保障。新冠疫情防控的涉及面已经超越了特定地区或特定部门的应对能力，是更大范围统筹保障的抗疫行动，因此要建立健全由政府主导、社会组织、公民个人多主体共同参与的应急资金投入保障机制。在政府层面，要彻底转变"重处置、轻预防"的惯性思维，坚决摒弃财政机会主义思想，抓好公共卫生突发事件预防关口，投入合理有效的资金进行预防，降低突发公共卫生事件的影响。在财政资金管理上，平时要对各种风险点投入相应资金。同时，要完善预备费管理机制，将重大突发公共卫生事件专项预备费与传统预算年度预备费相分离，实行重大突发公共卫生事件专项预备费的基金式管理。在社会组织和普通公众层面，要优化和完善捐赠管理制度，完善社会捐赠资金跨区域跨部门统计、使用、监督机制，扩大社会组织接受捐赠的范围，大幅提高捐赠税收优惠力度，提高相关社会组织的公信度和执行力。要健全突发公共卫生事件属地管理责任，明确中央和地方政府之间的支出责任，建立合理的成本分担机制。挖掘中国特色的多省包干支援的成功经验，探索应对突发公共卫生事件的区域协调与互助机制。加大财政对应急技术攻关的资助，统筹应急人才支持和应急时效，提高财政对应急事件处理的人、财、物保障水平。

三是要完善财政应急风险管理机制。财政应急风险管理应从根本上克服"重处置，轻预防"的弊病，注重风险全过程管理，完善财政投入引导应急管理重心"关口前移"。强化财政应急风险意识，完善财政应对重大风险的研判、评估、决策、防控协同机制。推动财政应急工作从事后被动型转向事前主动型，从当前财政投入侧重突发公共卫生事件应急响应转向对预警监测、风险报告、后期处置的资金保障。为此，要在财政应急建设中合理配置公共资源，健全统筹协调体制、属地管理体制，完善社会力量和市场参与机制，通过调查评估机制、学习机制等进一步提升财政风险管理水平。建立健全突发公共卫生事件保险法律制度，采取财税政策优惠方式引导市场资金进入应急管理领域，建立突发公共卫生事件保险制度，为企业和普通民众提供商业性保险保障。明确责任边界，推进政府、社会、市场三者风险共担，鼓励公众在自救、自建中强化风险意识。鼓励运用大数据、人工智能、云计算等技术推进应急财政建设，在资源调配、资金监管、政策实施等方面更好地发挥拄撑作用。

四是要健全应急物资协调动员机制。建立健全应急物资跨部门协调机制，加大应急资源调配力度，提升应对突发公共卫生事件的能力。在新冠疫情防控中，中国政府采取的新冠疫情"防控指挥部"协调机制就取得了良好效果，通过综合协调帮助现有疫情防控物资生产厂家恢复或维持生产能力、采购相关设备扩大疫情防控物资的生产能力、帮助相关厂家实现转产疫情防控物资等。在疫情防控资源有限的条件下，构建多部门应急协同机制，从法律层面保障政府全面掌控战略物资。明确界定责任义务，尽力保证铁路公路通达，对截留挪用防控物资的行为追究刑事责任。加大疫情防控辅助支出安排，加大对疫情防控参与人员的物资保障和薪酬支持力度，落实、落细财税金融对受损行业、个人的支持政策。合理管控国家战略物资的储备调度，满足突发公共事件应急需要。在重大突发公共卫生事件面前，要灵活调整财政支出政策，适当压缩当年一般性公务支出，来缓解财政的收支矛盾。

五是要构建新型财政应急资金监管机制。在重大突发公共卫生事件暴发时，各级政府和部门都会投入大量资金进行应对。由于突发公共卫生事件具有偶然性，需要及时安排相应的资金，故此不能履行常规程序，若不加以有效监管，不仅会浪费有效的财政资金，还会贻误战机，不利于相关突发公共卫生事件的处置。因此，要建立多元化财政应急资金监管机制，推动监管重心前移，建立健全常态型应急监管机制，设置平时、实时和恢复等多个阶段的财政监管措施，为应对突发公共卫生事件做好保障。构建财政平战监管转换机制，明确财政应急状态进入与退出的依据和标准，明确各级财政在应急状态下的权利和义务。建立各级财政部门应急协同监管机制，构建突发公共卫生事件数据资料共享平台，侧重应急监管的针对性和时效性，形成监管合力。以财政部地方监管局职能授权方式转变为契机，推动应急财政监管向高效性、主动性、灵活性转变，加快构建自主型财政应急监管机制，更好实现中央财政管理在地方监管的延伸。要建立和完善财政应急资金绩效评价机制，财政应急资金与普通财政资金存在一定差异，故而不能简单套用普通财政资金绩效评价管理办法，应当建立专门的财政应急资金绩效评价管理办法。特别是要在加强财政资金绩效评价的基础上，高度重视社会性公共资金的绩效评价。比如，中国红十字会和中华慈善总会在重大突发公共卫生事件中都会募集大量资金，这些资金的使用方向及其效益到底如何，不仅关系到突发公共卫生事件的应对效果，还关系到未来募集资金的可能性。

第七章

公共卫生财政国际协同、人类卫生健康共同体与健康中国建设

　　本章旨在论证健康中国建设是构建人类卫生健康共同体理念在中国的行动实践，公共卫生财政拄撑健康中国建设必须站在构建人类卫生健康共同体的高度。全球化背景下的健康中国建设不可能完全独立于构建人类卫生健康共同体而单独存在。唯有处理好国际、国内两个维度的公共卫生财政协同，才能实现健康中国建设与构建人类卫生健康共同体的双赢。为此：本章第一节介绍了构建人类卫生健康共同体的理念、内涵与时代价值；第二节说明公共卫生财政协同是实现健康中国建设与构建人类卫生健康共同体双赢的枢纽；第三节通过分析游轮困境说明构建人类卫生健康共同体所需的制度环境与合作态度，以及公共卫生财政协同在促进健康中国建设与构建人类卫生健康共同体良性互动中的作用。第四节总结了公共卫生财政在健康中国建设和构建人类卫生健康共同体中的枢纽作用，并通过论述健康中国建设与构建人类卫生健康共同体的联动性，说明为什么要在构建人类卫生健康共同体视角下研究公共卫生财政对健康中国建设的拄撑作用。

第一节　人类卫生健康共同体理念的形成

一、人类卫生健康共同体理念与内涵

　　我们已经在第二章概念界定中给出了人类卫生健康共同体的概念，下面从三个方面对这一概念的内涵作进一步的阐述。

（一）人类卫生健康共同体重要论述是健康中国建设思想的升华

　　健康是社会文明进步的基础，人类卫生健康共同体是全人类的共同愿景，是

实现全人类健康的重要举措。习近平主席在 2019 年 6 月致信博鳌亚洲论坛全球健康论坛大会时指出，"推进全球卫生事业，是落实 2030 年可持续发展议程的重要组成部分"，健康问题不是局限于单一国家的卫生健康治理，而是全球公共卫生治理问题，卫生健康是国际社会的共同责任。2021 年 5 月 21 日，习近平主席应邀以视频方式出席全球健康峰会时又一次提出了要秉持人类卫生健康共同体理念，要加强和发挥联合国和世界卫生组织的作用，要坚持共商、共建、共享，要更好地反映发展中国家的合理诉求，这些呼吁进一步阐释了人类健康与人类卫生健康共同体建设的重要关联性。

经济全球化总是体现为人流、物流和信息流的全球化运行，这些要素的全球化流动为经济发展带来了机遇，也为全球公共卫生治理带来了挑战，因为全球化深度和广度的增加意味着跨国经贸、旅行、学习等活动变得日益便利，同时也使公共卫生疾病的全球传播变得更加容易，如果公共卫生治理忽略了这种全球化背后的逻辑，那么高传染性公共卫生疾病就会反向影响到经济全球化的发展，甚至会对人类生命健康造成威胁。从这个意义上讲，人类卫生健康共同体毫无疑问是与健康中国建设一脉相承的理念升华。

（二）人类卫生健康共同体具有丰富意涵

人类卫生健康共同体是人类命运共同体的有机构成，更是人类命运共同体的思想升华。马克思和恩格斯认为只有"真正共同体"才能使人类获得真正自由和全面发展[①]；在党的十九大报告中，习近平总书记呼吁建设持久和平、普遍安全、共同繁荣、开放包容、清洁美丽的世界，"五个世界"的论断明确了人类命运共同体的意涵，其中的"普遍安全"完全超越了传统意义上的军事安全、国土安全等狭义范畴，是照顾到全人类的、具有普适性的、能够应对全球突发公共卫生事件等非传统危险的安全，从这个角度来看，人类卫生健康共同体是人类命运共同体理念在卫生健康领域的具体表现，健康是人的基本需求，是全人类的共同愿景，着眼于全人类整体安全和整体福祉的人类命运共同体必须是包含人类卫生健康共同体的有机整体。这里"全人类"的表述凸显了命运共同体的范围，即它不能是一部分人独善其身的健康，而应是全体人类都能够享受、都能够共同实践的健康。"卫生健康"的限定说明命运共同体不是出于政治利益或经济利益的考量，而是出于对人民生命安全和身体健康的关切；"共同体"的概念规范了健康的实现路径，即健康的实现不能指望各自为政的孤军作战，而应是团结协作的整体。从目标、范围与路径的一致性来看，人类卫生健康共同体理念真正体现了全球一家的整体意识、互助合作的共患意识、协商包容的互动意识和携手共进的发展意

---

① 马克思恩格斯文集：第 2 卷［M］. 北京：人民出版社，2009：24.

识，超越了"丛林法则"所体现的"零和博弈"思想，不是基于一方的输赢评论成就，而是在全人类幸福的高度上定位人类整体共享发展的思想创新。

生命健康是无国界的，尊重世界各国人民生命健康权的平等是人类基本的道德追求，是人类卫生健康共同体理念的价值归宿和目标追求。人类卫生健康共同体理念结合人类命运共同体的核心内核，把生命健康权作为最基本人权，站在了维护世界人民身心健康的道德高地，是有重大政治、经济和社会意涵的追求目标，因为个体健康水平的改善和提高可以汇聚成全社会人力资本和幸福水平的改善和提升，进而形成推动经济社会发展的健康优势。所以健康是人类全面自由发展的基础和前提，是一个国家政治清明、经济发展和社会健康的重要标志，没有居民个体的健康，国家层面的健康与发展就无从谈起，人类命运共同体也可能成为空中楼阁。

（三）人类卫生健康共同体内涵的本质要点

首先，在任何情况下，人的生命安全和身体健康都应该是首位的，从人类卫生健康共同体的角度讲，就是当面临重大公共卫生事件时要有全球视野，要时刻提防公共卫生事件给各国人民生命安全和身体健康带来的巨大威胁、给全球公共卫生安全带来的巨大挑战，并以全人类的卫生健康福祉为理念指导公共卫生政策的制定和执行，唯有如此才能形成全世界人民步调一致，众志成城、共克时艰的巨大合力，筑就应对公共卫生事件的良好氛围，实现处置公共卫生事件的理想效果，因此，人类卫生健康共同体理念的首要内涵就是始终要把人民群众的生命健康权放在首位。

其次，中国在卫生健康领域的国内协同实践很好地诠释了人类卫生健康共同体理念，为构建人类卫生健康共同体提供了参照。中国是一个公共卫生事件多发的国家，因此在处置公共卫生事件方面积累了比较丰富的经验，虽然一些做法得益于社会主义制度所具有的强大动员能力和改革开放积累起来的综合实力，但全国人民的团结奉献，以及随着国家富强而伴生的对卫生健康的日益重视无疑也是重要的社会环境因素。虽然国际公共卫生财政协同难以达到中国在应对公共卫生事件时的协同效果，但借鉴中国公共卫生财政协同的成功经验仍不失为一个可行的努力方向，这就要求各国在应对突发性、全球性公共卫生事件时，必须互帮互助，协调行动，支持国际组织发挥作用，加强宏观经济政策协调。对此，习近平主席在 2020 年 3 月 26 日的 G20 领导人应对新冠疫情特别峰会上也提出了应对公共卫生事件的国际合作倡议，强调了"中国好，世界更好；世界好，中国才好"的内涵逻辑，彰显了呼吁世界公共卫生协同合作的底气与逻辑。

最后，中国奋力推进人类卫生健康共同体建设，对推进人类命运共同体建设意义重大。共商、共建、共享是人类命运共同体全球治理观的集中体现，也是一个应对全球性挑战和问题的治理体系。随着全球性挑战的日益增多，加强全球治理、推动全球治理体系变革已是大势所趋。经济全球化的不断演进增加了人们的国际交往，导致许多卫生健康问题也不再局限于个别国家或地区，中国作为一个全球化的重要参与者，具有国内地域辽阔、人员来往频密、区域协作广泛的事实特征，这使健康中国建设的稳步推进不仅有助于人类卫生健康共同体建设，也会因中国社会的整体进步和人民幸福，展现出对推进人类命运共同体建设的重要示范价值，对引导世界各国实现开放、包容、普惠、平衡、共赢的发展，推动建设相互尊重、合作共赢的新型国际关系意义重大。

二、构建人类卫生健康共同体的时代价值

人类卫生健康共同体倡议既造福中国人民，也造福世界人民，是对藐视生命健康、追求政治和意识形态对抗的最好回击，构建人类卫生健康共同体对维护世界卫生健康事业具有指引航向的重要作用，是划时代的战略倡议。

第一，人类卫生健康共同体的推进和落实有助于提升世界各国人民的健康福祉。人类卫生健康共同体所倡导的卫生健康是非排他性的，主张生命健康权无国界、无种族、无关社会发展水平，尊重全世界各国人民平等的生命健康权。从中国的实际来看，党和政府始终把人民生命健康置于各项事业的首位，始终把防控公共卫生突发事件作为全体人民健康的共同事业推动发展，这是在国内意义上的人类卫生健康共同体实践，而在对外合作中，中国共产党和政府同样把生命安全和身体健康摆在首位，既借鉴吸收世界各国人民的成功做法，也为世界公共卫生事业贡献中国智慧和中国方案。在将生命健康权与平等权置顶的前提下，将"健康中国建设"战略落实到国民健康行动中，并结合联合国2030年可持续发展议程的相关精神，将健康合作融入日常的经贸往来当中，大大增进了包括中国人民在内的世界各国人民的福祉。

第二，构建人类卫生健康共同体有利于提升全球公共卫生治理水平。公共卫生事件的防控是全球治理体系的重要内容，也是人类社会必须面对和解决的现实问题。新冠疫情的全球蔓延表明不少国家并没有建立起及时灵敏的疾病监测和预警体系，导致医疗物资储备匮乏，统筹协调能力不足，加之各国在历史传统、社会文化、政治制度、治理模式、价值观念等方面的差异，此次新冠疫情给全球公共卫生治理带来了严重冲击和重大挑战。中国在防控新冠疫情的过程中，主动与联合国、世界卫生组织等国际组织合作，在监控疫情、公布信息、制定协议、共享资源、提供援助、协调沟通等多个方面主动作为，尊重各国客观条件，鼓励各国采取有差异、针对性、符合自身特征的防疫方式和举措，为世界各国防疫工作提供了力所能及的帮助，促进了人类卫生健康共同体建设，提升了全球公共卫生

治理水平。

第三，构建人类卫生健康共同体有助于畅通国际交往。在逆全球化不断抬头的当今世界，畅通国际交往仍然是世界各国的主流追求，因此在构建全球公共卫生治理体系方面，少数国家的参与赤字、责任赤字，以及将科学问题政治化的做法，不仅遭到广泛批评，也严重干扰了世界卫生组织在全球公共卫生突发事件中的引领和协调作用，阻碍了全球公共卫生治理能力的不断提升。在这样的关键时刻，习近平总书记提出了构建人类卫生健康共同体倡议，积极主张多边主义，反对单边主义和排他性小圈子、小团伙，从思想根源上否定了国际秩序中存在的"中心/边缘"式不合理结构，为世界各国追求互联互通、互学互鉴、共赢共享提供了思想指针，为打破国际交往中的互设壁垒、实现畅通合作、提升国际交往的数量与质量提供了行动指南。

第四，构建人类卫生健康共同体有助于促进人类文明进步。人类文明既是历史演进的必然，也是文明互鉴的结果，是在不断克服包括公共卫生事件在内的各种威胁中成长的。在与各类公共卫生事件的较量与斗争中，人类的知识得以增长、科学得以普及、教育得以重视、隔阂得以消除、文明得以进步。历史上，无论是天花、鼠疫，还是大流感，在每次公共卫生事件的防控中，都曾出现过因相关国家间缺乏合作而形成困局的情况，但更多的表现则是通过互帮互助、互学互鉴并取得面对公共卫生事件的成功，这说明在公共卫生健康领域必须求同存异，必须精诚合作，必须通过命运共同体，才能做到凝心聚力，实现人类文明进步不断升华。习近平总书记提出的人类卫生健康共同体倡议不仅是这种历史规律的总结，还超越了国家间的政治制度差异、文化习俗差异与意识形态差异，体现了对促进当代文明进步的深刻认知。

第五，人类卫生健康共同体为推动全球卫生治理提供了思想启迪。人类卫生健康共同体强调世界上所有个体生命健康的共同性，也强调全球公共卫生安全和全球卫生治理体系的变革，表达了中国积极参与全球卫生治理的意愿、能力和智慧。公共卫生事件带来的挑战往往是全球共同的，因此责任是全球共同的，命运也是全球共同的。在各国依存度不断提高的时代背景下，一些全球性的公共卫生事件不可能凭单个国家的力量很好解决，唯有在全球范围内整合公共卫生相关的物资与要素，通过加强国际合作协调行动，才有可能取得防控公共卫生事件的最佳效果。目前，联合国与世界卫生组织在公共卫生治理方面存在很多问题，全球性公共卫生健康需求日益突出与全球公共卫生治理体系建设严重滞后之间的矛盾难以及时调和，改革和调整全球公共卫生治理现状势在必行。习近平总书记关于人类卫生健康共同体的重要论述，是完善全球卫生健康治理的思想结晶，其共商、共建、共享的核心理念对推动人类卫生健康共同体建设提供了思想启迪。

第二节　公共卫生财政拄撑人类卫生健康共同体

一、公共卫生财政与人类卫生健康共同体

（一）人类卫生健康共同体中的公共财政理念

社会分工的扩大和生产力的发展使人类交往逐渐普遍化，各民族、各地区，甚至国家间的封闭状态被打破，跨越空间的全球性人类相互依存格局逐渐形成，这使个体的自由全面发展与人类共同体的发展趋向一致。人类卫生健康共同体倡议正是在全球公共卫生治理严重不足的现实背景下，对人类命运共同体思想的继承、创新和发展，也是对中华民族历经沧桑、公为"天下"的思想凝炼。与此同时，中国在充分保障国内民众卫生健康权利的同时，致力于为全球卫生治理提供"公共产品"的事实，既是践行人类卫生健康共同体倡议，也突出了公共卫生财政在构建人类卫生健康共同体进程中的基础性作用。

公共卫生财政的核心职能就是提供公共卫生产品，基于自利的贸易竞争满足了民众多元化的需求，造成了低收入群体更加贫困和贫富差距的扩大，在社会福利意义上也增加了对公共产品的需求。这可能使少数富裕国家萌生"去全球化"念想，因为"去全球化"在特定维度上有利于富裕国家享受到"额外"水平的公共卫生服务。然而不幸的是，去全球化的直接结果是全球公共卫生资源的地区失衡与贫富失衡，是局部利益超越整体利益的狭隘举措，最终会侵蚀到全球福利水平。而人类卫生健康共同体理念旨在实现各个国家和地区守望相助、互通有无、通过团结协作实现全体人民健康的基本目标，是有助于增加全球福利水平的。比如，对新冠疫情的国际防控，如果单凭世界卫生组织等国际机构来实现医疗物资的合理配置是不可能的，其原因是在全球化发展过程中，国家间的分工不断细化，经济和医疗发展水平也相差悬殊，出于经济和技术上原因，总是会出现一些国家医疗物资短缺，而另一些国家相对充裕的情况，这对于适用商品平均主义意义上的生命健康权而言并不是一个直接的理想状态。此外，卫生健康市场也存在着明显的信息不对称特征，这可能导致一些国家利用技术、信息，甚或生产优势形成对医疗资源的市场垄断，最终导致国际医疗卫生健康市场失灵。如果伴随市场失灵的物资调配出现困难，使不同国家间防疫物资的均衡配置始终处于一个严重的失衡状态，不仅难以达成全球防疫的良好效果，反而会加速疫情传播，使一些医疗服务保障薄弱的国家或地区陷入混乱，人民的生命健康面临威胁。因

此，全球各国必须携手构建人类卫生健康共同体，必须在生命健康的道德与自由市场规则之间做出正确选择，将行为重点落实到国家间的公共卫生财政协作，才能实现全球人类卫生福利水平的提升。

公共卫生健康资源配置失灵还可能源自国际公共卫生治理体系的不合理。全球公共卫生治理体系是一个庞大的复杂系统。一方面，公共卫生治理体系涉及几乎所有国家和多个国际组织，世界卫生组织尽管处于核心地位，但在面对重大突发公共卫生事件时，其组织协调能力的局限性也很明显，不同国家行为目标的冲突与全球民众整体公共利益的不一致也使这个没有强制力的国际组织的协调工作难以如意；另一方面，现有国际公共卫生突发事件应急管理体系还不完善，相关国际组织的协调能力与组织成员的自律能力都有待提高。如一些传染性突发公共卫生事件的全球传播就与国际突发公共卫生事件应急管理机制的不足密切相关，这包括应急预案在全球不同国家或地区的执行效率差异较大，或者世界卫生组织的行为目标与各个国家民众利益之间的差异明显，或者某些国家可能出于"免费搭车"的侥幸追求，等等。

对公共卫生资源配置中的搭便车行为及相关的卫生健康市场失灵，中国是否应该提供搭便车机会，或者多大程度上提供这种机会值得研究。我们认为，搭乘中国经济发展便车，享受中国健康产业发展带来的便利，有助于推动全球经济的快速发展，是一个双赢的行为。但如果允许在负外部性情况下搭便车则会对人类卫生健康事业发展造成伤害，在应对突发公共卫生健康事件时情况尤其如此，因此这种搭便车行为的后果是对负外部性的校正失灵。然而消除负外部性情况下的搭便车行为并不容易，一是各国文化存在差异，一些国家对人类命运共同体的普惠和共赢思想存有歧见、甚至偏见；二是部分国家可能会戴着有色眼镜审视人类卫生健康共同体理念，并用狭隘的趋利避害思想指导自己的行为，导致各国公共卫生财政协同举步维艰，不利于构建人类卫生健康共同体（秦立建等，2020）。

（二）人类卫生健康共同体中的财政协同

从构建人类卫生健康共同体对公共卫生财政的要求看，人类卫生健康共同体建设必须基于各国公共卫生财政的支撑与协同，在理论观念上也必须树立和推行全球健康财政学、全球福利财政学的思想观点，只有构建起以全人类公共卫生健康为核心的全球健康福利财政制度，才有可能为构建人类卫生健康共同体提供思想储备和物质支撑。从现实需求看，公共卫生事件造成的负面影响包括政治伤害、经济损失、社会创伤、文化冲击，乃至国际关系的处置和维护，此时，仅仅依靠"善念"而实现全球人类卫生健康平等安全的目标毫无希望，因为在一个全球化社会中，各类传染性疾病都有可能演化为全球大流行状态，人类将无处可逃，唯有加强全球健康合作、实现国家间的互助才有可能实现全球共赢，唯有世界各国齐心协力才能获得真正胜利。然而现代财政制度本质上是国家意志的表达，是国家政治承诺、经济承诺与行政承诺的综合体现，其基本目标是确保国家生存、安全与福利，实质是充当国家治理体系的核心与基础，执行层面则体现在国防、公共安全、教育医疗、住房保障、社会救助等财政制度安排中，这些制度安排的本质是保障本国居民的健康与福利。但如果狭隘地绝对化现代财政制度的本质，那么就不可能有效应对全球性公共卫生事件，有时甚至可能需要付出生命代价。因此，深刻体会人类卫生健康共同体倡议的思想精髓对促进全球公共卫生财政协同具有积极的思想引领价值（刘继同，2020）。

（三）中国卫生财政助力全球卫生治理体系

全球公共卫生财政是全球卫生健康服务的财政基础，是一国卫生健康体系的国际延伸和制度化拓展，是一国对外卫生交往的重要构成，在人类卫生健康共同体建设中扮演重要角色。公共卫生健康服务传统上属于国家主权地域范围内的国内事务，进入 21 世纪以后，世界经济加速融合，国际贸易的快速发展对全球性卫生健康服务形成强烈需求，国际公共卫生财政合作逐渐成为世界各国面临的共同挑战。随着中国融入世界经济深度和广度的不断拓展，参与全球性卫生健康服务事业、参与构建全球性公共卫生财政体系开始成为中国卫生健康事业必须面对的问题。这主要有以下五个层面的含义：一是中国政府已全方位参与世界卫生组织的各项活动，包括专业性的交流合作、技术援助和制度性创新等；二是中国政府的卫生外交与领事保护活动充分体现了中国政府在国际卫生事务中的角色，随着中国经济地位的不断提升，无论这些卫生外交与领事保护活动是双边的或多边的交流合作，中国的卫生外交与领事保护活动都变得日趋重要；三是中国政府列支了贯彻实施《国际卫生条例》和相关国际医疗卫生政策法规的预算经费，贯彻实施《国际卫生条例》所需要的卫生财政投入持续增加；四是中国政府与相关国际组织在医疗卫生服务领域中的政府贷款与交流合作明显增长，项目涵盖口腔卫生、重症监测、妇女健康、盲聋康复、神经科学、医院医疗技术装备、农村卫生与预防医学、妇幼卫生等，具体内容包括了外国政府贷款、项目财务管理、贷款债务管理、财政资金配套、招标采购流程、卫生财政综合管理等涉及公共卫生财政预算编制与管理的具体事项；五是中国政府开展了各种卫生援助与卫生发展援助服务，这类援助主要体现在中非卫生合作领域，合作重点是医疗卫生服务体系建设，核心是公共卫生财政制度建设。

（四）公共卫生财政制度建设的重点是卫生健康

卫生健康是公共卫生财政制度的主体，主要由医疗保健、公共卫生财政和长期照顾服务等组成，满足全家性、全民性、全人类性和全生命周期的身心健康需求。公共卫生财政在中国的发展路径是曲折的，新中国成立之后的公共卫生财政大体上包括医疗保健与狭义的公共卫生两部分，国家是卫生费用的承担主体；改革开放后的较长时间里，医疗保健和公共卫生服务的财政色彩越来越淡，市场化色彩越来越浓，个人成为卫生支出的主要负担者，公共卫生财政在卫生健康服务中的地位日渐淡化；2003 年 SARS 疫情之后，公共卫生财政开始回归卫生健康服务的中心地位，健康中国建设的提出更进一步明确了公共卫生财政在卫生健康领域的基础性作用，当前，中国公共卫生财政仍处于一个不断发展与完善的时期，现代卫生健康体系所要求的框架、范围、内容与优先领域正在落实，具有中国特色的公共卫生财政体系正在形成（刘继同和吴明，2017）。

二、健康中国建设与人类卫生健康共同体

人类卫生健康共同体是提高全人类健康福祉的重大战略举措，健康中国建设作为这一战略在中国的具体举措具有基础性、示范性、促进性作用。做好健康中国建设有助于促进国际社会在卫生健康领域深度合作，打破国家壁垒，弱化政治差异，超越意识形态，使国际公共卫生财政协同回归到服务全球生命健康的轨道上来。与此同时，健康中国建设本身也是对人类卫生健康共同体理念的检验，是对构建人类卫生健康共同体的贡献。

（一）利益共享促进构建人类卫生健康共同体

公共卫生健康合作的最大益处就是能够让全人类的卫生健康与生命安全得到保障，而生命健康又是实现人类共赢的物质动力和基础保障。人类卫生健康共同体倡导在追求本国利益时兼顾他国合理关切，在谋求本国发展中促进各国共同发展，强调各个国家的利益都能够在共同体中得到体现。中国作为人类卫生健康共同体的首倡者，始终在立足本国利益的同时又坚持国际公共卫生合作，主张各国共享治理成果，始终秉持守望相助的朴素思想，在人类卫生健康共同体建设中推进国际公共卫生深度合作，在理念与行动上都赢得认可。首先，中国始终强调和支持世界卫生组织发挥领导作用，与世界卫生组织进行了一系列卓有成效的合作，并得到了世界卫生组织的积极评价；其次，中国注重发挥二十国集团的协调引领作用，在 2020 年召开的二十国集团领导人应对新冠疫情特别峰会上提出了人民健康福祉是所有政策措施之核心的观点；最后，在中国 – 东盟、中国 – 阿拉伯国家合作论坛、中非合作论坛、金砖国家合作机制、"一带一路"等多个区域性国际平台上，中国都积极倡导双边或多边疫情防控合作，强调不同国家之间信息分享与互联互通的基础设施协调，强调基于实际行动的能力与标准差距弥补等多个方面的合作内容。这些不同层次的国际合作充分展示了人类卫生健康共同体

的利益共享特征。

（二）责任共担促进构建人类卫生健康共同体

利益共享的前提是责任共担，在人类卫生健康共同体建设中，责任共担主要是指一个国家对外部世界在涉及公共卫生服务的经济、政治、安全、道义等方面应承担的国际义务，反映其对外部世界所做的贡献，也是其利益共享的保障和依据。中国作为国际社会负责任的大国，积极参与全球公共卫生治理体系建设和突发公共卫生事件处置，在推动人类卫生健康共同体建设中始终勇于担当、乐于奉献。比如，中国在新冠疫情防控中为世界贡献了抗疫经验和抗疫援助，在经验分享方面，国家卫生健康委把最新诊疗方案、防控方案汇编成册，毫无保留地分享给世界各国、国际组织，为世界防疫奉献中国经验；在抗疫援助方面，中国向公共卫生体系薄弱的国家提供了人员培训、专家支持、医疗共建等全方位支持。中国在推进人类卫生健康共同体建设中的责任担当，大大推进了人类卫生健康事业的发展，夯实了建设人类卫生健康共同体的物质基础。

（三）规范共建促进构建人类卫生健康共同体

国际规范是各国在价值观念与行动准则共识上的制度性体现，主要定义国际事务中"正常"行为的理念和准则，是利益共享、责任共担的行为基础。随着国际公共卫生事业合作不断深入，全球公共卫生治理中应该遵循什么样的价值规范和行为准则，已成为一个难以回避的问题。中国作为国际公共卫生健康事业的重要参与方，在权衡国内与国际共同利益的基础上，本着提高全人类健康福祉的基本理念，提出了共商、共建、共享的构建人类卫生健康共同体倡议，为国际规范的演进注入良治善念。共商合作大计、共建合作平台、共享合作成果的理念和主张赢得了世界各国人民的普遍认可和由衷赞誉，但要将这种理念和主张转化为行为规范，仍然需要以行动感染各国民众、唤醒各国政府，形成共建人类卫生健康共同体的自觉意识。为此，中国对优化全球公共卫生治理体系进行了不懈探索：一是通过国内各部门、各地方联动合作推动健康中国建设，为国际合作提供参照；二是尊重联合国及世界卫生组织在全球公共卫生治理体系中的领导地位，维护其应对重大突发公共卫生事件时的权威性和领导力，以弥补治理赤字、能力不足和资源短缺的挑战；三是深化二十国集团、中国－东盟、"一带一路"等区域性多边合作机制，通过区域合作为全球合作积累经验；四是与国际社会携手构建全球公共卫生治理体系，着力推进卫生健康领域重大国际合作；五是鼓励民间力量参与全球公共卫生健康体系建设。中国的现实探索为构建人类卫生健康共同体行为规范提供了可资借鉴的行动路径（齐峰，2020）。

当然，利益共享、责任共担要顺利转化为规范共建，还可能面临现有利益格局的制约，需要打破现有国际公共卫生领域的不合理制度规则，从构建人类卫生健康共同体的制度短板入手找准问题的症结，为此，剖析新冠疫情期间出现的"游轮困境"是一个不错的探索方向。

第三节　人类卫生健康共同体的卫生制度困境与出路

一、"游轮困境"与人类卫生健康共同体建设的短板

（一）新冠疫情中的"游轮困境"

所谓"游轮困境"是指在此次新冠疫情中，一些感染新冠疫情的游轮陷入防疫困境的情形。在此次新冠疫情流行期间，共有 5 艘游轮遭遇了新冠疫情的侵袭，它们分别是在中国天津港停靠的"歌诗达·赛琳娜号"游轮、中国深圳蛇口港的"歌诗达·威尼斯号"游轮、日本横滨母港始发的"钻石公主号"、"威斯特丹号"和"地中海传奇号"国际游轮。除停靠中国港口的"歌诗达·赛琳娜号"和"歌诗达·威尼斯号"游轮因中国作为港口国得到及时救助和妥善处置之外，大多未能得到妥善解决。其中尤以日本横滨母港始发的"钻石公主号"号国际游轮产生的影响最大，该游轮在航行途中出现新冠感染病例，在返回日本母港后未能获得政府配合而导致该游轮疫情扩散。"威斯特丹号"和"地中海传奇号"游轮的情况有些类似，都是在航行中发现疑似新冠病例，但因被多国港口拒绝入境或拒绝停靠而只能在海上长期漂泊，游客得不到及时救助，其生命健康权没有得到应有的保障。造成这种情况的原因，不单是特定国家、港口或船主的自利，更主要是现行的港口国和船旗国对于入港游轮管辖权的制度分配存在缺陷，加上"国际人权法"在保障游轮旅客人权方面也着墨不多，更有就是直接针对国际公共卫生事件的国际卫生法、国际环境法及国家责任法等国际法规则也没有就跨境游轮发生全球性传染性疾病时的权利和义务进行有效分配，有些还与传统海洋法对于港口国和船旗国管理权限的分配有冲突。这些权利分配的缺失或冲突，一方面使得感染游轮的旅客得不到及时救助，广大游客的生命健康权受到侵害；另一方面也为港口国、船旗国或运营方逃避责任甚至无所作为提供了合法借口。但问题是这种"尴尬困境"危害的是人的生命安全与健康，而生命安全与健康又是人类最基本的权利，因此此次新冠疫情期间的"游轮困境"暴露了过往国际规则制定过程中片面重视国家管辖权的分配而忽视对于人身安全保护的缺陷，没有

在人类卫生健康共同体理念指导下分配和制定相关的权利义务，这就是"游轮困境"出现的深层次原因。深刻理解这一原因的启示是：要避免"游轮困境"的再度发生、避免人道主义灾难的历史重演，必须系统性地调整国际法规则，完善游客感染传染性疾病时跨国游轮的疫情防控规则，通过在国际法层面重新分配权利和义务，夯实人类卫生健康共同体日常运作的制度基础，防止相关国家逃避公共卫生财政责任。

（二）公共卫生国际规则的短板及其历史与现实原因

游轮防疫涉及《国际卫生条例》《国际海洋法》和国际海事组织成员国的具体执行，根据世界卫生组织缔约国和国际海事组织成员国应对游轮公共卫生安全发表的联合声明，当前卫生制度措施的指导思想是确保尽量减少对国际交通和贸易的不必要干扰，不建议任何旅行或贸易限制。这一联合声明导致了防疫与利益冲突时的劣势地位，是游轮新冠疫情防控出现问题的底层逻辑。由于游轮需要经常停靠港，需要在不同国家运载游客，这就会涉及船旗国、沿海国、停靠港及游轮公司所在国等多方面的利益，如果各利益相关方不愿或难以协调就会导致特定利益相关方的利益受损。在此次新冠疫情游轮事件中，处理圆满且没有对生命健康造成危害的仅中国一家，其他国家基本上都是以本国利益为主，以遵循其国内法为原则，在疫情防控的处理上明显不足，这意味着如果在国际法律与制度方面存在缺失和漏洞，如果没有国内法与国际法的明确协同，那么迟早还会出现类似的"游轮困境"，因此有必要就"游轮困境"事件相关利益主体间权利义务的配置问题作出详细分析，消除其中的模糊性、不合理性，以避免游轮困境这种伤害到人类最基本健康权的情况再次发生。

依据《联合国海洋法公约》第33条、第58条、第91条和第92条规定，可以确定公海船舶适用船旗国管辖，游轮的管辖权还是明确的，虽然第91条要求船舶的船旗国与注册国之间有"真正联系"，但是《联合国海洋法公约》并没有阐明"真正联系"是船旗国授予船旗的先决条件还是后续存在。这种法律上的模糊性导致很多游轮注册在费用低、税收少、监管能力弱的巴哈马、百慕大等人口基数小、经济承受能力小的国家，又由于注册费是这类国家国民收入的重要组成部分，因此这类国家也相对乐意给予船籍。但这种有利于"逆向选择"的默契，在涉及船旗国的管辖权，并需要其承担相关义务时就会出现弊端，如在游轮遭遇疫情需要船旗国承担救助责任时，船旗国无能为力的客观事实就会造成游轮管辖主体的职能缺位，防疫也就无从谈起。

此外，《联合国海洋法公约》对沿海国和船旗国之间的管辖权也作了相应规定，但是这种规定在实际操作中又会与海事海商规则之间形成矛盾，导致游轮管辖问题难以依据船舶管辖权规定的权利与义务明确处理，结果是大家对疫情防控责任相互推诿，危害游客生命安全的结果又难以避免。比如，"钻石公主号"游轮的注册地为百慕大，船旗国为英国，经营公司为美国嘉年华集团，始发港和目的港又都是日本的横滨港，这就形成了船旗国、经营国和停靠港分属不同国家的现状，当游轮在公海区域航行时，船旗国对船只有权管辖，游轮靠岸后，现行国际海事组织的海事公约制度对船旗国和港口国之间的权责划分是不明确的。尤其是涉及游轮的突发公共卫生事件问题时，这种权责划分的不明晰性更加突出，这可能与传染性疾病公共卫生问题具有突发性、变动性、持续性、不确定性等特征，以及难以明晰主体有关。但如果相关国家不能以"人类卫生健康共同体"理念指导其行动，公共卫生财政一味着眼于国内事务，那么出现船旗国、港口国、沿海国之间推诿责任的现象就很难避免。

从责、权、利角度来看，游轮公司作为疫情防控主体应该有一定的合理性，因此要求游轮公司与港口国之间签订商业合同时将疫情防控问题纳入条款就是一个合理要求，因为既然经济利益上要共赢，那么在疫情防控时共担相应的救助义务也就顺理成章。这一思想在 2005 年版的《国际卫生条例》附件 4 中得到了体现，该附件要求"交通工具运营者应为以下活动提供便利：①检查货物、集装箱及交通工具；②乘员的医学检查；③根据本条例采取其他卫生措施；④应缔约国要求提供相关的公共卫生信息。"一些国家也按照该规定对合约约定作出了相关要求，比如美国的船员雇用合同就有保障船员安全的规定，但是这里的安全主要考虑的是航海技术上的安全，有关传染性疾病防控的救助内容屈指可数。按照2018 年美国疾控中心发布的"船舶卫生计划"，明确规定了传染性疾病主要是指肠道性传染病，并未涉及肺炎等呼吸道传染性疾病的防控，可见将防疫责任赋予游轮运营公司也并不意味着能够解决"游轮困境"的难题。

最后是国内法与国际法适用的优先性存在模糊，以新冠疫情事件中的"钻石公主号"为例，笔者认为日本依据其国内法对停靠其港口国的游轮采取隔离措施并不合适。因为日本是《国际卫生条例》的缔约国，日本宪法第 98 条也规定日本需要切实遵守保护缔约国家游轮的规定，即日本在处理入港游轮时，应同时承担《国际卫生条例》规定的义务和国内法规定的相关义务，但是日本并未将国内法或国际法予以恰当的地位与遵守，这也是"钻石公主号"遭遇困境的一个主要原因。

（三）基于人类卫生健康共同体理念的"游轮困境"应对

新冠疫情在全球蔓延说明当今世界各国的相互依存度很深，一个国家的公共卫生事件很难限定在其地理边界之内，人类卫生健康共同体理念的推行是应对这种健康依存问题的有益尝试，也是国际法"普遍性义务"原则在公共卫生领域的具体体现。"普遍性义务"原则的含义是指各个国家有保护国际社会整体利益的义务。"普遍性义务"是一个开放的概念，其概念所包含的内容有随着国际时势变化而逐渐扩大的趋势，环保、人类共同财产、公共卫生等过去未曾涉及的领域，已经表现出纳入"普遍性义务"范畴的趋势。新冠疫情事件生动地说明了遵循"普遍性义务"法则的重要性，也凸显了"人类命运共同体"理念的针对性和积极意义：在游轮涉疫这样的公共卫生安全领域，倡导合作理念，制定合作公约或条约，将当事国的意思自治与国际合作相结合，从法律上建立起专门的、针对性的游轮公共卫生安全合作机制，是对"普遍性义务"和"人类命运共同体"的最好诠释。

以"钻石公主号"为例来看，基于"人类卫生健康共同体"理念的国际"普遍性义务"原则的权责界定应做到以下三个方面：一是应明确船旗国担负的游轮疫情防控主体责任。根据《联合国海洋法公约》第91条"每个国家应确定对船舶给予国籍，并明确船舶在其领土内登记及船舶悬挂该国旗帜权利的条件。船舶拥有其有权悬挂旗帜所属国家的国籍，且国家和船舶之间必须有真正联系"和第94条"一个国家如有明确理由相信对某一船舶未行使适当的管辖和管制，可将这项事实通知船旗国。船旗国接到通知后，应对这一事项进行调查，并适时采取任何必要行动，以补救这种情况"的相关规定，在此次游轮感染新冠事件中，船旗国英国对"钻石公主号"游轮有管辖义务，也负有救助责任，这其中就包括了游轮在公海上的海上救助，以及在游轮上发生的公共卫生安全事件。"钻石公主号"游轮在公海时就发现了新冠患者，且已发生了蔓延现象，游轮进入日本管辖的海域后，已形成大面积感染状况。英国与日本之间签订有游轮相关商业合同与双边海事条约，因此游轮即使进入日本管辖的海域，作为船旗国的英国对新冠疫情给予救助也是职责所在；二是要明确港口国的疫情防控责任。考虑到防疫工作的便利性，明确游轮靠港后适用港口国管辖优先权、船旗国有义务配合的权责配置模式是必要的。鉴于游轮具有国际性、密封性和流动性等特性，对传染性疾病的防控通常比岸上困难，因此港口国与船旗国之间必须协调配合。按照属人管辖优先的原则，船员与乘客的国籍国对该船上本国公民的健康安全负有责任，应进行积极救治，如条件允许可以及时派专机接走，这需要船旗国、港口国与相关国家的积极协调。同时，按照以人为本、及时救治的原则，通过国际合作的方式，在船旗国、港口国与沿海国家间明确协作防控的权责分配，由港口国负责对船员和乘客进行卫生救助、医疗救助、心理救助，以保障基本人权得到及时有效维护。长远来看，还应在港口国救助义务和机制中引入比例原则。在游轮公司、港口国、沿海国之间分配与其所获经济利益相当的救助责任与义务，特别是涉及保证船员及乘客安全的具体义务。同时，要梳理和完善相应的国际法与国内法具体条款，确保对游轮疫情防控采取更有效的措施；三是注重发挥相关国际组织的作用，尤其是世界卫生组织与国际海事组织，积极协调促进船旗国、港口国和相关管理机构、公司和船长通力合作，确保在必要时乘客可以上、下船，货物作业可以进行，同时世界卫生组织与国际海事组织应随时准备协助和支持成员国和航运界应对新型传染性疾病带来的挑战，体现作为国际组织应有的协同管控能力（吴蔚，2020）。基于上述原则的国际协同，本质上必然涉及国家间公共卫生财政权利与义务的重新分配，因此如果没有各国政府对人类卫生健康共同体理念的理解和接受，没有形成有约束力的国际规则，上述原则上的国际协同实际上是很难实现的，为此有必要探讨一下可能的实现路径。

二、构建人类卫生健康共同体的出路

"游轮困境"凸显了制度规则在构建人类卫生健康共同体中的作用，也凸显了世界各国必须齐心协力、通过加强国际合作，减少彼此分歧，在尊重科学规律的基础上，探讨构建人类卫生健康共同体制度框架的必要性。对此，可以从以下五个方面渐次论述。

第一，各国政府要有一个谦卑和客观的认识事物的心态。对自然规律要有一颗基本的敬畏之心，要尊重自然万物与生俱来的独立于人的内在自然价值和天赋权利，否则基于本国利益的无底线追求就有可能揭开形形色色的"潘多拉魔盒"。就造成此次疫情的新型冠状病毒而言，它只不过是未曾被人类发现的冠状病毒中的一种，而冠状病毒在庞大的病毒世界里又只不过是一个小小的族群，因此可以说人类对威胁自身生存的病毒的认识是非常有限的，一定程度上的限制和利用并不能代表人类对病毒认知的全部，不合理的利用和侵占往往会加速病毒变异，进而对人类生存造成严重危害。因此构建人类卫生健康共同体、建设和谐地球家园必须首先学会尊重自然、敬畏自然，依据自然规律办事，无视自然规律的行为不可能为国际公共卫生体系规则的构建注入积极因素。

第二，要坚持不同文明交流互鉴，通过包容性发展推进人类卫生健康共同体建设。文明是人类进化的成果，不同文明各有千秋，也各有不足，唯有平等相待才能交流互鉴、共同进步。当今世界正经历百年未有之大变局，国际秩序正处于一个相对动荡时期，世界权力正在国家间重新分配、政府与社会间的权力边界交错互动，全球多元化格局与单边主义剧烈碰撞，有利于国际社会团结合作的力量在不断积累，不利于国际社会团结合作的逆流也蠢蠢欲动。在这种背景下，坚持国家间文明交流、弥合分歧、加强团结协作对构建人类卫生健康共同体弥足珍贵，因为只有加强国际交流、凝聚合力、形成共识，才有可能顺利推进国际公共卫生规则体系建设，才能筑牢全世界人民健康的共同防线。

第三，要依靠国际协调建立联防联控的合作机制。国际规则下的合作往往需要国际组织的协调才能顺利执行，就公共卫生领域的合作而言，合作必须是在世界卫生组织指导和协调下的合作，是以各类国际平台为载体的合作，不能是利己的排他式合作；必须采取科学合理、协同联动的防控措施，科学调配医疗力量和重要物资，加强信息共享和经验交流，开展临床救治、检测方法、疫苗研发国际合作。在合作过程中，世界大国更要有责任担当、主动作为，通过国际合作帮助各国开展疫情防控和经验共享，增进世界人民健康福祉。为此，一方面要捍卫世界卫生组织的主导权，提升其危机应对能力，各主要大国也应以人类卫生健康共同体理念为指导，积极参加世界卫生组织疫苗分项研究和分发工作，增加其经费来源的多元化，吸引世界卫生组织成员国积极参与世卫组织的活动，大力支持世界卫生组织应对全球公共卫生事件的能力建设。另一方面也要重视金砖国家合作机制等区域性组织的作用，力争在这些机制下先行构建人类卫生健康共同体，金砖国家在传统医药利用及标准制定、医疗资源开发利用等方面有着广泛共同利益，具有优先形成"健康命运共同体"的现实基础，在金砖国家合作机制下构建人类公共卫生健康共同体对国际公共卫生合作机制的形成具有先导与促进作用。

第四，要健全全球公共卫生治理体系。新冠疫情的蔓延暴露了全球公共卫生治理存在的诸多短板，各个国家都是这个短板的受害者，因此世界各国必须要团结合作、共同健全和完善全球公共卫生治理体系。这其中最主要的是要建立起人类卫生健康共同体的长效融资机制，目前维持世界卫生组织运转的资金，主要来源于成员国会费和自愿捐款，世界卫生组织对成员国会费拥有支配权但是数额较少，自愿捐款部分数额较大，但是其用途受制于捐赠者指定，这会影响到世界卫生组织运转的独立性，因此有必要完善世界卫生组织公共卫生安全融资的长效机制，保证其资金来源的长期性、稳定性和多元性。在实现资金保障的基础上，要建立完善世界卫生组织的威胁监测预警与联合响应机制，目的是让国际社会能够及时发现公共卫生安全风险，核实和有效应对潜在的全球性传染病暴发，避免公共卫生事件对国际交通、贸易造成干扰，避免造成传染性疾病的国际传播。为应对已经传播的疫情，还需要建立健全资源储备和资源配置合作机制，从不同国家对外部医疗资源的依赖性来看，不仅是低收入国家严重依赖外部医疗资源，甚至一些高收入发达国家也存在资源储备不足，外部依赖性严重的问题，因此要增加全球医疗资源的储备，强化卫生应急储备物资动态管理，避免关键时刻出现顾此失彼窘境（杨鸿柳和杨守明，2020），这需要处理好各国公共卫生财政资源的国内外调配以及各类缴款的使用权让渡问题。

第五，要建立健全全球公共卫生法律保障体系。法律保障体系是推动构建人类卫生健康共同体的重要基础设施，是决定物质资源配置的规则框架。在过去很长一段时间内，全球化分工的不断深化和产业链的日渐拉长，降低了人们对物资储备重要性的认识，同时，长期的宁静生活也放松了人们对公共卫生和医疗物资储备的警惕性，涉及生命安全与健康的公共卫生物资储备与生产失去了应急响应能力，这种松弛状态是导致新冠疫情暴发后多数国家医疗卫生物资出现短缺的重要原因之一。因此，要有一套具备法律约束力的全球公共卫生物资保障体系、合作责任体系和法律支撑体系，以保证在全球合理配置医疗卫生物资、促成各个国家执行基于规则的公共卫生财政合作，构筑起促进全人类健康的基础设施，确保世界卫生组织在应对全球重大突发公共卫生事件时，做到针对性预防、针对性控制和针对性消除，确保世界各国人民平等、稳定、充足地享有生命安全和身体健康权利（秦立建等，2020）。

综上所述，人类卫生健康共同体的实现路径既包括认知层面的协同和趋同，也包括公共卫生财政行动层面的责任、奉献与合作，还包括有约束力的国际组织的形成与国际法律体系的保障，这是一个不断认识、不断实践和不断巩固的过程，也是一条不断改革与探索的发展之路。路虽漫长，但人类卫生健康共同体并非遥不可及，在中国政府与人民的大力倡导与支持下，人类卫生健康共同体建设正在稳步前行，取得了一些成果，也积累了一些经验，其中以"中国－非洲卫生健康共同体"和"中国、日本、韩国卫生健康共同体"为代表的建设成果，正在惠及相关国家、示范整个世界。

第四节　公共卫生财政协同的枢纽价值

一、公共卫生财政拄撑健康中国建设的决定性作用

概括我们对公共卫生财政拄撑健康中国建设的分析，可以将其发挥的决定性作用简述为以下几点：第一，健康权是公民的基本权利，具有公共品和/或外部性特征，难以通过市场途径得到有效保障，充足的公共卫生财政投入是居民获取身心健康的物质基础；公共卫生事业具有投资数额大、时间周期长、经济回报不明显的特征，因此市场主体没有投资公共卫生事业的内在动力；保障公民基本权利是现代政府的基本职责，而公民健康权正是公民基本权利的核心，现代政府大都把建立健全公共卫生体系作为自身的工作重心，而公共卫生体系的资金需求特征为公共卫生财政的形成提供了现实需求，也奠定了公共卫生财政对公共卫生体系建设的决定性作用。第二，税收是现代政府的主要收入来源，而公民健康权又具有商品平均主义特征，这就产生了公共卫生财政资金使用的效率与公平问题。从效率角度看，国家税收最终一定是该国国民创造的，是一国国民辛勤付出的结果，如果公共卫生财政资金的使用缺乏效率，最终就一定会转化为对本国国民付出资源的浪费甚至情感伤害，这显然不是现代政府应该有的行为特征，这说明注

重提升公共卫生财政资金使用绩效是政府必备的职责所在。从公平角度看，各个国家事实上的分税制财政体制必然伴随地方政府财力差异，而这种差异的直接结果就是各地公共卫生服务质量，甚至数量上的差异，相对于健康权的商品平均主义特征而言，这就意味着各地公民享受的公共卫生服务存在不公平问题。第三，由于政府在提供公共卫生服务中居于主导地位，因此解决公共卫生服务的不公平性问题就必然牵涉到公共卫生财政的协同。显然，绝对的公共卫生服务均等化不仅技术上不可行，甚至也不能忽略追求绝对均等化造成的效率损失，同时财政资金丰盈地区的转移支出也会受到当地民意的约束，因此公共卫生财政协同本质上也是在效率与公平之间寻求均衡的过程。

结合公共卫生财政资金的形成逻辑及相应的公平与效率权衡，不难发现政府公共卫生财政的不可或缺及其所承担的枢纽职责。考虑到世界卫生组织推荐的居民健康自付负担比重不高于20%的建议和我国居民健康自付负担比重仍高于20%的事实，考虑到我国新时代发展理念更加注重民生健康的事实，就不难理解中国公共卫生财政将在中国公共卫生事业中发挥更重要作用的基本判断。对于健康中国建设而言，从其提出背景、指导理念、新增内涵、推进逻辑等各个方面都能够体会到进一步强化公共卫生财政作用的意义，因此可以将适应健康中国建设需要的公共卫生财政理解为我国公共卫生财政体系在新时代的升级版，于是认为公共卫生财政在拄撑健康中国建设中起着决定性作用也就不足为奇。

二、公共卫生财政拄撑构建人类卫生健康共同体的基础性作用

人类卫生健康共同体是经济全球化发展的内在要求，经济全球化带来了人员与物资全球性流动的爆发式增长，同时也将国际公共卫生问题推进到一个世人必须面对的境地，这或许是提出构建人类卫生健康共同体的最坚实基础。中国庞大的经济体量、巨大的人口规模、广泛的国际贸易为中国首先提出构建人类卫生健康共同体理念提供了现实需求。中国进入新时代的新发展理念及当前百年未有之大变局的国际形势也为中国提出构建人类卫生健康共同体提供了最佳机会。

从本章对构建人类卫生健康共同体理念形成、发展路径和实践推进的分析与介绍中可以看到，公共卫生财政及公共卫生财政国际协同对于构建人类卫生健康共同体起着非常重要的作用，这主要体现在以下三个方面：首先，构建人类卫生健康共同体不仅是应对传染性疾病这类容易造成全球性、突发性公共卫生事件的需要，实际上即使是局限于特定国家的公共卫生事件也终究会影响其他国家的经济社会发展，因为健康是人类创造财富、发展需求的基础，特定国家的公共卫生事件如果得不到及时处置，当地人民的健康就会受到影响，国家的经济发展就无

从谈起，参与国际经济活动的能力就会减弱，这就会影响到国际上其他国家的经济活动，因此即使排除基于新冠疫情论述构建人类卫生健康共同体必要性的逻辑，构建人类卫生健康共同体仍然具有经济上的合理性，何况健康作为全人类的基本权利，各国为了全人类事业、从道德层面上参与构建人类卫生健康共同体也是义不容辞的。其次，参与构建人类卫生健康共同体意味着一个国家能够得到其他国家在公共卫生领域的帮助或协助，那么按照权利与义务对等原则，自然也需要为其他国家公共卫生事业提供帮助或协助，而当国家间在公共卫生领域开展这种互帮互助活动时，就不可能脱离公共卫生财政的支持，这种支持从两个方面体现出来：一是当国家间通过世界卫生组织之类的国际组织进行公共卫生互助活动时，通常需要为特定组织支付费用，这种费用显然可以看作是公共卫生财政对国际公共卫生事业的支付；二是当国家间通过双边或多边协商开展公共卫生互助活动时同样需要为协商过程和结果进行支付，这种费用同样也是一种公共卫生财政对国际公共卫生活动的支付。因此，以促进国际公共卫生合作为主要特征的构建人类卫生健康共同体不可能离开公共卫生财政而独立存在，公共卫生财政必然是构建人类卫生健康共同体的基础。最后，人类卫生健康共同体情景中的公共卫生财政国际协作同样牵涉对财政支付值的判断，一些国家公共卫生财政的净支付值为负，作为净受益方参与的动力就强；另一些国家公共卫生财政的净支付值为正，作为净支付者参与的动力就弱，因此要最大限度地扩大参与构建人类卫生健康共同体的国家数量，就必须做好公共卫生财政协同，使支付双方能够在公共卫生事业的动态演进中找到双赢的妥协点。为此，一方面可以强化世界卫生组织在国际公共卫生事业中的主导地位，另一方面也需要大力弘扬人类卫生健康共同体思想理念，并在这一理念下形成有约束力的公共卫生国际规则，使所有国家都能够从长远角度看到参与人类卫生健康共同体带来的收益。

事实上，从游轮困境形成与应对的解析看，人类卫生健康共同体稳步推进的根本原因正是公共卫生财政的参与和公共卫生财政协同的结果，可以毫不夸张地说，公共卫生财政是构建人类卫生健康共同体的基础，且发挥着基础性作用。

三、公共卫生财政拄撑两个"健康"建设的枢纽性价值

(一) 两个"健康"建设的联动性

人类卫生健康共同体不是健康中国建设的"海外版"，也不是与健康中国建设无关的"独立版"，而是相辅相成，相互促进，相互依存的联动关系。因此，健康中国建设不能独立于构建人类卫生健康共同体，也不可能脱离人类卫生健康共同体而取得成功，而人类卫生健康共同体离开了健康中国建设也可能沦为无根

之木、无源之水，不可能取得良好成效。

中国经济已深度融入世界经济，没有世界经济的繁荣就没有中国经济的稳健发展，没有中国经济的平稳增长世界经济也会失速，在当今世界，这已经是一个不争的事实。从经济与健康的关系看，经济发展能够提高居民的物质生活水平，有利于增加公共卫生服务的供给与消费，也能够提高人们的健康认知水平，促进个体健康与健康事业的发展；而健康水平的提高又通过增加劳动力供给、提高劳动生产率、减少疾病损失等影响而有利于经济发展，因此经济与健康之间存在相互促进的正向逻辑。当然，经济增长也可能带来环境污染，生活压力增加，心理健康问题等现代社会病的产生，这就会反向拖累经济的增长，此时经济与健康之间的关系又是负向的。没有事实与理论能够断定孰强孰弱，在一个动态发展的经济社会中也不可能存在永恒的孰强孰弱，而健康中国建设与构建人类卫生健康共同体正是弱化经济与健康之间负向抑制、促进正向共进的政策举措，只有同时推动健康中国建设与人类卫生健康共同体建设，健康与经济、中国经济与世界经济之间的双"正相关"关系才能持续维持，从这个意义上讲，即使不考虑传染性疾病的全球性影响，健康中国建设与构建人类卫生健康共同体也必须是联动推进的。

中国作为大国的责任担当是要求在推进健康中国建设的同时不能忽略构建人类卫生健康共同体的价值。各人自扫门前雪不是大国责任担当的体现，中国作为负责的大国，自然需要在推进健康中国建设的同时，积极倡导构建人类卫生健康共同体，这就对如何处理好健康中国建设与构建人类卫生健康共同体的关系提出了挑战，因为健康权作为全人类的基本权利，公共卫生服务作为全人类都需要的基本公共产品，仅凭中国一己之力绝对难以为之。为此，尽力而为、量力而行、动员世界各国参与构建人类卫生健康共同体应是唯一的可行之途。首先，要尽最大努力做好健康中国建设，国民健康是民族昌盛和国家富强的重要标志，做好健康中国建设不仅是建立社会主义现代化强国的需要，也能够为构建人类卫生健康共同体起到示范作用、提供经验借鉴。其次，要量力而行最大限度地推动构建人类卫生健康共同体，这是重构新型国际秩序的重要举措，不仅有利于维护联合国宪章的宗旨和原则、促进世界和平发展，还可能为中国建设社会主义现代化强国创造宽松的外部环境，为健康中国建设提供有利的国际空间。因此，即使从责任担当的角度来看，构建人类卫生健康共同体与健康中国建设并不是互斥的对立事件，而更可能是相互促进的联动事业。

（二）公共卫生财政的国内外协同

两个"健康"的联动性虽然为两者的共建共享提供了理论支撑，但是两者都离不开公共卫生财政拉撑的事实，也为推动两个"健康"共建共享带来了挑战。

主要的困境在于中国公共卫生财政不足以、也没理由承担起全球所有公共卫生服务供给的财政责任，在财政资源有限的情况下，就必然要面临一个国内外公共卫生财政资金的分配问题。根据上述对健康中国建设与构建人类卫生健康共同体联动关系的阐述，我们认为在公共卫生财政拄撑健康中国建设与构建人类卫生健康共同体事业中，应注意把握以下三点：一是始终要将拄撑健康中国建设作为中国公共卫生财政的优先选项，这包括提高公共卫生财政资金的使用效率，均等化国内各区域间公共卫生服务的供给能力，并为此制定公共卫生财政协同规则；二是要紧盯构建人类卫生健康共同体的重点领域，尤其是要加强对传染性疾病和第三世界友好国家公共卫生事业的公共卫生财政支持力度；三是要积极推动国际公共卫生治理体系的改革完善，通过加强世界卫生组织的主导作用，协同世界各国公共卫生财政形成运转有效的全球性公共卫生财政制度协同规则。

　　总之，健康中国建设不是封闭的事业，需要在兼顾构建人类卫生健康共同体的前提下，从全人类健康福祉的高度出发，处理好国际与国内公共卫生财政工作的不同重点，最大限度地发挥公共卫生财政拄撑健康中国建设的效能，形成能够平衡国内外利益冲突、实现国家利益整体最优的健康中国建设。在这一思想指导下，接下来将从公共卫生财政支出、收入和协同三个视角研究公共卫生财政拄撑健康中国建设的应对策略。

第八章

公共卫生财政拄撑健康
中国建设的策略研究

本章从支出重点、收入形成和财政协同三个维度提出公共卫生财政拄撑健康中国建设的策略。第一节论述公共卫生财政支出策略。认为应关注疾病控制、公共卫生科技、公共卫生应急储备和公共卫生国际合作四个重点。第二节提出公共卫生财政收入形成策略。即将房地产税作为公共卫生服务的受益税予以推广，这一观点源于课题组调研启发而提出。理由是公共卫生财政支出刚性与预算弹性会造成公共卫生财政资金保障困难，而房地产税的受益性特征有助于缓解这种困难，因此从现实需求与理论支撑两个方面都说明将房地产税作为公共卫生服务的受益税是可行的和必要的。本节也用数据验证了这一策略在中国推广的可行性与约束条件，还对可能由此带来公平性问题进行了探讨。第三节考察公共卫生财政协同策略，最可靠的协同是制度规则基础上的协同，故本节以浙江省为例分析了省以下公共卫生财政事权与支出责任的划分问题。考虑到国务院办公厅印发的《医疗卫生领域中央与地方财政事权和支出责任划分改革方案的通知》已明确了中央与地方公共卫生财政事权与支出责任的划分，因此融合本节结论与国务院文件规定将有助于为公共卫生财政协同提供多层级、全方位的制度规则保障，基于这些制度规则体系，本节最后从四个方面指出了协同策略的重点。

第一节　健康中国建设的公共卫生财政支出策略

一、建立充足稳定的疾控投入机制

2003 年的 SARS 疫情促使中国建立了相对完整且独立的疾控体系，但新冠疫情的暴发说明这套体系仍然存在一些缺陷，其中疫情预警能力难以适应健康中国建设的需要值得关注。医学发展的基本规律告诉我们，预防是最经济有效的健康策略，因此补齐当前疾病预防控制体系的短板，建立更加科学有效的疾病预防控制体系是今后一段时间公共卫生财政投入的重点领域。对此，习近平总书记强调要正视存在的问题，加大改革力度，抓紧补短板、堵漏洞、强弱项。重点关注八个方面的短板建设，即要创新医防协同机制；健全疾控机构与城乡社区联动工作机制；改进不明原因疾病和异常健康事件监测机制；建立智慧化预警多点触发机制；健全多渠道监测预警机制；建立适应现代化疾控体系的人才培养使用机制；建立健全分级、分层、分流的重大疫情救治机制；健全权责明确、程序规范、执行有力的疫情防控执法机制。对此，尽管财政不可能独立完成所有短板建设，甚至不可能承担所有短板建设的费用，但是在一些公共特征明显，对整个疾病预防影响较大的短板建设方面，公共卫生财政的主力军地位仍责无旁贷。

首先，早发现、早报告、早诊断、早隔离、早治疗的"五早"策略在防控疫情蔓延中的作用至关重要。我们知道，传染病的传播必须具备传染源、传播途径和易感人群三个基本环节，缺少其中任何一环都不会形成新的感染和流行，而这三个环节是依次循环和交错推进的，如果能控制传染源，也就无所谓传播途径和易感人群，如果不能控制传染源，切断传播途径，感染同样不会流行，如果前两条都做得不好，那么消除易感人群也是一个不错的选择，从传染病防控的历史经验看，这一步的最好措施是疫苗，但是实际情况是疫苗在传染病初期往往是远水难解近渴的状态，所以防控疫情最好的效果一定是能够及时控制传染源并切断传播途径。"五早"原则体现了明显的针对传染源管理的特征，做到"五早"是防范传染性疾病的最经济有效的举措，对降低疫情传播和扩散、保护广大人群的健康、服务健康中国建设具有重要价值。

要做到"五早"就必须要有强大的公共卫生监测预警能力，这种能力体现在具有成熟的突发公共卫生事件监测系统，可以借助完善监测机制，加密监测频率，提高监测评估的敏感性，尤其是重视大数据、智慧化的监测预警技术的应用，来提高监测预警的实时分析能力和研判响应能力。这就需要加强公共卫生网络基础设施建设，前移公共卫生监测端口，协调基层监测互动，发挥基层哨点作用，也需要健全突发公共卫生事件应对预案体系，分级分类组建公共卫生应急队伍，以便在疫情初期就能够形成覆盖形势研判、流行病学调查、医疗救治、实验室检测、社区指导的社会合力。这种预防性、基础性、社会性的防控能力建设古今中外都是公共卫生财政的基本职能。

其次，传染性疾病防控的社会性要求通过区域联动和人员协同来提高防控效率，这就要求建立一套纵向分级、横向分层、人员分类的公共卫生协同运作体系，公共卫生财政则依据运作体系中各组织部分的职能定位予以有区别的支持。从中国的实际情况看，公共卫生财政可通过支持公立医院的传染病救治能力建设，形成高标准、重社会效益的传染病防治主力军，提升传染病应急救治能力。支出的重点应该是县乡基层机构、边境口岸城市等，目的是要形成城乡三级卫生服务网络，当然也要加强国家医学中心等重点机构的医疗救治攻关能力。或者说，公共卫生财政支撑的重点最先是城乡三级医疗服务网络，农村、社区等基层防控的第一道防线，然后是要建设具备"平战结合"的三甲医院，提高突发公共卫生事件的应急处置能力。

最后，公共卫生事件尤其是突发公共卫生事件大多难以预购针对性的商业医疗保险，这对于突发事件中的感染者而言无疑是巨大的经济负担和难以承受之重，因此公共卫生财政也需要将医疗救助纳入支出重点。从中国新冠疫情防控实践看，在基本医保、大病保险、医疗救助的基础上，对医药费个人负担部分由中央和地方财政给予补助，执行先收治、后结算、财政兜底的做法，保证了患者不因费用问题而延误救治，取得了良好的防控效果。

公共卫生财政支出的增长总是会面临财政收入的约束，因此要实现公共卫生财政的稳定投入，首先必须要甄别公共卫生财政的投入重点，其次要形成制度性财政政策措施，健全应急医疗救助机制，统筹基本医疗保险基金和公共卫生服务资金使用，实现公共卫生服务和医疗服务的有效衔接。

二、公共卫生科技攻关财政保障机制

医疗科学是人类能够战胜疾病的锐利武器，人类战胜重大疾病威胁离不开医疗技术的创新与进步，且无论是健康中国建设还是构建人类卫生健康共同体，都离不开医疗科学的护航。因此，公共卫生财政科技投入必须是一个重点，而科技创新的关键是人才，要深化医疗科研人才体制机制改革，形成人才发现、培养、激励的有效机制，吸引优秀人才从事医疗科技攻关。

重大传染病和生物安全风险是事关国家安全发展、事关社会大局稳定的重大风险挑战，加强疫病防控和公共卫生科研攻关能力建设是预防重大传染性疾病和实现国家安全的重要举措。为此，要统筹科研人才资源，提高体系化医疗能力和卫生水平，做好科研积累和技术储备等基础性工作；要加强战略谋划和前瞻布局，完善疫情防控预警预测机制，及时有效捕获信息，采取应对举措；要研究建立疫情蔓延进入紧急状态后的科研攻关机制，明确指挥、行动、保障体系，平时准备好应急行动指南，紧急情况下迅速启动；要完善关键核心技术攻关的新型举国体制，加快推进人口健康、生物安全等领域科研力量布局，整合生命科学、生物技术、医药卫生、医疗设备等领域的国家重点科研体系，布局一批国家临床医学研究中心，加大卫生健康领域科技投入，加强生命科学领域的基础研究和医疗健康关键核心技术突破，尤其是针对新冠疫情这种影响巨大的健康事件，要具备及时高效的专项研究能力，加快提高疫病防控和公共卫生领域战略科技力量和战略储备能力；要攻关"卡脖子"高端医疗装备的关键核心技术，突破制造这些装备的技术瓶颈，实现高端医疗装备自主可控。

从公共卫生财政科技的投入方式看，具有广阔市场应用前景的公共卫生产品科技投入要发挥财政"四两拨千斤"的作用，激励市场主体成为此类科研事业的主体，比如非应急性甚至应急性的疫苗研发等。对于基础性的生物安全研究，要发挥政府的主导作用，通过动员社会力量，形成雄厚的生物科技研究队伍，这可以通过财政支持高校公共卫生学院的建立，支持生物医药研究机构承担国家科研项目的方式予以加强，如支持研究型大学开展生物医学领域的研究。另一个需要注意但是却经常忽略的财政投入领域是疾病预防的基础设施建设，比如社区人工智能防控系统的建设等。从各国新冠抗疫的实践看，靠人工测温、手工填表、物理隔离，显然不能适应高效抗疫的需要，而大型、超大型智慧社区防控平台的建设则会更加精准高效。例如，广东省一个 7 万人的超大型社区建立了智慧社区防护平台，前端应用智能摄像机、智能通道等，通过远距离测温、人脸识别等方式进行数据采集，后台则通过 AI 大数据管理小区人员，将管理人力减少了一半，疫情期间没有一例确诊病例。因此，公共卫生财政有必要在这一方面明确主体，加强投入，从技术上夯实防控措施前移的基础设施。

三、应急物资储备的财政保障机制

突发公共卫生事件的一个典型特征就是对特定医疗物资短期内的膨胀性需求，按照正常的生产生活秩序，这种突发的膨胀性需求不可能依靠瞬时的增产获得满足，于是就会形成应急物资供应短缺、物价暴涨的情形，这既不利于突发公共卫生事件的处理，也会干扰正常的生产生活秩序，如新冠疫情暴发初期口罩市场的严重供不应求就是这种情况的典型表现，国内国外莫不如此。因此，一定要认识到储备应急物资的必要性，认识到应急物资是有效应对突发公共事件物资保障的关键所在。

开展应急物资储备必然会遇到的问题就是储备什么、储备多少、谁来储备、怎样储备和费用承担等问题。就突发公共卫生事件而言，物资储备所遇到的这一系列问题的核心是费用承担，关键是负担能力要与储备需求相适应。由于物资储备在经济上具有投入产出不对称特征，难以激励市场主体参与，而公共财政作为应急物资储备主体，居于储备体系基础地位具备理论上的合理性和实际中的可行性，因为大多数突发公共事件本质上都具有负外部性特征，所以应对突发公共事件从理论上讲不能指望通过市场规律来调节，不能指望由居民或企业这类市场主体来承担费用，相反，公共卫生财政支出的公益性和财政资金的巨大体量为政府承担应急物资储备费用提供了理由。另外，在分级财政体制下，突发公共卫生事件影响范围的不同也要求不同级次的财政承担不同的应急物资储备责任，并能够在实际突发公共卫生事件处置中做到互助合作，协调共赢。不过，从中国目前应急物资储备的现状来看，还不能适应抗大灾大难的需要，这主要体现在财政救灾物资储备支出规模偏小，占民政事业费用支出的比重偏低，应急物资储备品类单一、数量不足等方面。

基于这一判断，做好应急物资储备调拨工作的首要问题是要加大物资储备的财力保障。一要足额提取预算预备费，并将其年末结余资金和一定比例的超收收入转入应急物资储备基金，实行专款专用；二要引入以奖代补机制，提高地方政府投入财政资金进行应急物资储备的积极性，建立计划与预算安排的协调机制，提高应急物资储备预算管理的精细化水平；三要利用财政调控能力，吸引社会参与到应急物资储备工作中来，充实企业储备、居民储备与生产能力储备等后备储备体系。

在做好费用承担基础工作的同时，还应该配套完善的机制包括：一是要规范政府对救灾物资的采购流程，提高财政提取的预算预备费比重，满足常规性物资采购资金保障，避免面对重大突发公共卫生事件中紧急采购数量过多的被动局面，要对采购时限和内容进行细化管理，对供应商的选择和采购价格形成平战预案，避免紧急采购时的操作不规范问题；二是要改革物资储备的财政核算机制，规范储备单位与政府之间的财政关系，改革调拨救灾物资时的成本补偿机制，储备物资回收归属的权利形成机制，使用救灾物资时的成本负担机制等；三是探索公私合作伙伴关系，通过完善制度设计和激励约束机制，调动社会力量参与，并在政府与社会的互动中提高中国应急物资储备财政管理的精细化水平，促进应急物资储备财政管理的规范化。

四、公共卫生应急国际合作的财政保障

1803 年通过的《国会法》是美国应急管理最早的一部法律，此后，联邦与各州都陆续出台了相应的制度规定，并基于这些制度形成了以联邦应急管理局（FEMA）为核心的纵向三级管理系统（联邦疾病控制预防系统 CDC，各州医院应急准备系统 HRSA，地方性医疗应急系统 MMRS）模式，形成了以联邦法律、政策指南和总统命令为主体的应急处置体系。在这套应急体系里，各管理主体、对象、范围等的职责与权限都有了明确规定，应急管理工作实现了有规可循，有法可依。同时，财政还构建了全国公共卫生信息联络系统、全国公共卫生实验室诊断系统、现场流行病学调查系统和应急救援物品反应系统四个执行层面的操作系统，具备了将突发公共卫生事件遏制在早期的能力。与美国的执行机制虽有不

同，但是英国和日本也都建成了完备的公共卫生信息系统，建立了规范的流行病疾病监测和报告制度、公众健康警报网络、公共卫生危机沟通与信息传递机制，这为减少突发公共卫生事件的发生起到了积极作用，加之政府经常免费发放应急手册、媒体宣传和模拟演练，使社会公众具备了一定的危机意识和应急处置能力，避免了重大公共卫生危机到来时的恐慌情绪，这些都是有利于疫情防控和维护社会经济运行秩序的。

中国 2018 年才成立了应急管理部，各省区政府也相应成立了对口的应急管理机构，分别或协同负责自然灾害、生产安全、公共卫生事件等方面的应急救援工作，编制国家和各省区应急预案和规划。对于严重的突发公共卫生事件，成立了国家或地方政府突发公共卫生事件应急指挥部工作机制，这一联防联控机制是临时应急工作的最高指挥机构。中国在新冠疫情防控中的优异表现也许正是这一机制作用的直接结果，从长远看，为应急性工作建立必要的制度保障与财政支持仍然是有必要的，这可以从国内各地联防联控中不断出现的失职失责个案中找到答案，一些地方发现的失职失责行为尽管有个人素质方面的原因，但是与规章制度的缺失，预警监测信息系统建设与应用滞后的关系更强，而这些信息系统不可能通过市场的方式得以构建。因此，通过国际合作，汲取发达国家应急管理体系的合理内核，发挥中国联防联控集中力量办大事的制度优势，建立垂直有效、横向通达的应急管理系统仍有必要。

国际合作除了可以提供可资借鉴的国际经验外，在具体行动上合作本身的必要性也非常明显，因为公共卫生突发事件是人类历史演进的一个常态，这从 14 世纪有记录以来各种流行传染病的层出不穷与广泛影响中可窥得一斑。传染性疾病构成公共卫生事件是因为它具有人际传播、无需介体、不存在地理亲缘等特征，这意味着很难依靠一个国家的力量来单独预防、发现和处置所有的突发公共卫生事件。在全球公共卫生问题上，国际社会必须紧密合作，协同应对，才能抵御疾病威胁，且紧密合作不能局限于企业与居民的被动性合作，而应该是政府间的主动性合作，政府间的合作必然涉及各国财政的积极介入，如对于预防疾病的国际合作，世界卫生组织实际上有一个经各国政府漫长谈判形成的、规定了各国财政或政府职责的指导性文件《国际卫生条例》，各国据此行事就是最基本的公共卫生国际合作。这意味着在进行公共卫生国际合作时，一是要以世界卫生组织为主导，尊重世界卫生组织在国际卫生安全中发挥的主导作用，协助世界卫生组织搜集和评估突发公共卫生事件，配合世界卫生组织对突发公共卫生事件作出响应的责任和权力，足额缴纳成员国会费；二是要以《国际卫生条例》作为参与国际合作的指导原则，这一原则是全球公共卫生安全领域一个至关重要的立法工具，为发现、防范和评估突发公共卫生事件提供了一个必要的全球框架，各国政府有必要履行该框架内的财政责任；三是要为除世界卫生组织以外的多国技术伙伴网络提供财政支持，世界各国在突发公共卫生事件上具有共同利益，因此各国在提高自身卫生系统应对能力、确保预防和控制流行病效果的同时，还应该加强在预防和控制大规模流行病暴发方面的合作，向世界卫生组织和利益相关方报告突发公共卫生事件的相关信息，力所能及地提供迅速的、专业的国际疾病监测控制、预防治疗方面的知识、资金和技术。

技术进步并没有明显减少人类面临各种突发公共卫生安全事件的数量，发达国家 200 多年的应急管理体系建设也并没有确保在新冠疫情防控中让中国成为"优等生"，其中的原因与各国应对疫情时的合作态度不无关系。只有加强国际合作，共同应对，形成各国公共卫生财政的聚力定向才能有效地预防和控制突发公共卫生事件的重大危害。

除确保以上四条公共卫生财政拄撑健康中国建设的支出重点外，还应注意协调好重点支出与一般支出、长期支出与短期支出、国内支出与国际支出之间的关系，因为重点优并不代表整体优。为此，一是要保障公共卫生财政的法定支出顺序上优于政策法规性支出，因为法定支出更能代表广大人民群众的心声，自然更有利于健康中国建设；二是要改进公共卫生财政支出方式，用因素法替代基数法来决定支出规模，以提高公共卫生财政资金的使用绩效，同时，要充分利用数字技术全过程掌握公共卫生财政资金的使用进度和合规程度，以确保财政资金使用绩效落到实处；三是要优化公共卫生财政支出结构，按照党的二十大报告提出的推进健康中国建设的要求，把保障人民健康放在优先支持的战略位置，完善人民健康促进政策。

第二节　健康中国建设的公共卫生财政收入策略

要实现健康中国建设需要的公共卫生财政支出策略，必须要有坚实的公共卫生财政收入作为支撑，考虑到我国基本公共卫生服务大部分由地方政府提供的客观事实和地方政府财政事权与支出责任不对称的客观事实，结合课题组对浙江省多个县市关于公共卫生财政事权与支出责任调研咨询的启发，此处建议将未来可能会推行的房地产税定性为地方政府提供公共卫生服务的受益税。这一策略建议虽然近期实现的可行性较小，但是因具有相对严谨的理论逻辑上的合理性，又具备为健康中国建设提供相对稳定收入来源的功能，因此也得到了课题组调研的基层政府的认可。出于内容不相关性和不确定性方面的考虑，这里暂不讨论收入策略落实后地方财政收入结构如何调整这一假设性问题。下面就对提出这一收入策略的动机、理由、可行性、公平性等问题逐层展开论述。

一、支出刚性与预算弹性

从瓦格纳的政府增长理论看，对于具有刚性需求特征的健康而言，政府健康卫生支出必然会因其价格弹性小而收入弹性大呈现长期增长态势，而中国以流转税为主体税种的财政体制并不能适应健康卫生支出长期稳定增长的需要，这是因为经济波动的繁荣与衰退都有逆向调节健康卫生支出收支匹配的能力，在经济繁荣时期，瓦格纳法则的结果是健康卫生支出的更快增长，在经济衰退时，政府面临减税降费与维持支出的双重压力。从中国近年来的财政收支数据看，教科文卫支出大体占到地方财政支出的1/3，而基层政府的这一占比则更高，从笔者掌握的情况来看，县级政府用于教育和医疗卫生的支出大多高达一般公共预算的70%以上。显然，在基层政府没有稳定收入来源的情况下，解决地方政府健康卫生支出的困境是不可能的。

尽管现行以流转税为主体税种的财政体制难以适应公共卫生财政支出需求的增长问题，但是中国财富存量的不断增长，为借助推行房地产税解决地方公共卫生支出提供了思路。提出这一思路大体基于以下几个方面的考虑：一是中国的财富总量巨大，根据美国麦肯锡咨询公司2021年发布的咨询报告，中国的财富总量已超越美国跃居世界第一，其中房地产项目占据财富总量约70%，假定这类资产是集中在相对富有者的手中，那么从提供稳定财政税源和共同富裕两个角度都说明中国具备了推行房地产税的经济条件；二是财富存量表现出的属地特征决定了房地产税作为地方税是合适的，这一方面匹配了教科文卫支出以地方财政为主的财政体制，另一方面住房价格资本化特征也保证了房地产税的受益税属性，保证了受益原则上的公平性；三是中国自2003年开始房地产税试点以来已经积累了一定的征管经验，可以为房地产税的推行提供借鉴。当然，这些原因并不足以形成推行房地产税的充分条件，如果为匹配地方教科文卫支出而推行房地产税，并使其成为地方主体税种也面临一些约束，如推行时机？地方居民总体负担水平？收入如何在教科文卫间分割？区域间结果不公平的处置等都是值得进一步思考的问题，但是在没有更好的选择之前，探讨这一思路的可行仍然是有实际价值的，因为它毕竟为解决中国教科文卫支出刚性和财政收入弹性的困境提供了可能。

基于此，将两者联系起来并从地方政府收入形成角度研究房地产税何时、何以才能成为地方真正的主要收入来源作为一个收入策略研究是合适的。这需要从税收交换说的理论逻辑为起点开始探讨，需要从实证层面分析推行房地产的现实约束、制度设计、投机性约束和经验数据等多个方面进行前置性分析。

二、税收交换说与地方税①

从 2003 年提出开征物业税算起，中国提出房地产税改革已近 20 年之久，试点时间也 10 余年，虽然李克强总理在 2018 年与 2019 年的《政府工作报告》中连续提出要"推进房地产税立法"的工作任务，但是在财政部公布的年度立法工作安排中始终没有关于房地产税立法的身影。房地产税改革这种"只闻楼梯响"的局面对中国房地产市场的发展注入了不确定性，不仅引发了人们对房地产税改革推行的广泛疑虑，也与 2019 年 10 月 31 日党的十九届四中全会通过的《中共中央关于坚持和完善中国特色社会主义制度、推进国家治理体系和治理能力现代化若干重大问题的决定》要求"特别是要完善直接税制度并逐步提高其比重"的改革思路不相适应。因此，有必要对制约房地产税改革的主要原因进行探讨，因为这不仅有利于形成房地产税改革的推行逻辑，也可以为住房市场的健康发展提供稳定预期，还可以为地方政府教科文卫支出探索一个可能的资金渠道。

虽然评价中国房地产税改革存在迟滞具有一定的主观性，但是如果从改革开放以来国内各项改革措施雷厉风行的推进来看，认为房地产税改革存在迟滞应该是一个相对客观的判断。那么是什么原因导致了房地产税改革的步履维艰呢？虽然没有直接的文献和官方定论回应这一问题，但是仍然可以从现有文献中梳理出一些有关推进房地产税改革的制约因素，并借此理解中国房地产税改革何以如此牵丝攀藤的根由，探寻可以将其作为地方税种的蛛丝印记。

通过整理现有文献，可以发现有关房地产税改革的制约因素大体可以归纳为四个方面：一是制度衔接约束。房地产税改革最早出现于党的十六届三中全会公报（2003 年），当时的具体提法是"研究开征物业税"，由于中国房地产市场实际执行的是土地出让制度，因此开征物业税的提法立即触动了学界的敏感神经，并展开了一场关于租税并举是否合理的讨论，即土地出让金制度与物业税制度同时并存是否合适，这主要有两类观点：一类观点主张用物业税取代土地让出制度，将当前一次性实现的土地出让金分摊到逐年支付的物业税中；另一类观点主张在保留土地出让制度的前提下，同时开征物业税（胡怡建，2004；钟晓敏，2005；白彦锋，2007；胡洪曙与杨君茹，2008；郭云钊等，2012）。二是目标争议约束。关于推行房地产税的改革目标是始终存在争议的一个问题。郭宏宝（2011）归纳了相关的研究文献，认为学界对房地产税改革目标的认识可以归纳为三类"主流"观点，也有学者分别从其他角度阐述了各自对房地产税改革目标

---

①　本章二、三、四部分内容主要来源于《中国房地产税改革的市场约束、时机抉择与策略设计》（作者郭宏宝，原载于《浙江社会科学》2021 年第 4 期，第 31～40 页）。

的看法（冯海波和刘勇政，2011；杨志勇，2012；田芳，2015）。三是征管技术约束。推行房地产税是否存在征管方面的技术困难也是学界比较关注的重要课题，这既包括与房地产税相关的税制要素的合理确定问题（李永刚，2015），也包括房地产税征管立法的法律制约与协调问题等（杨小强，2015）。四是收入激励约束。在中国地方政府对土地出让金收入存在依赖性的现实环境中，推行房地产税改革是否会影响到地方政府的财政收入？即房地产税收入与土地出让收入之间是否存在"租税替代"关系？显然，如果两者存在"租税替代"关系并最终导致了地方财政的增收，则地方政府在收入激励的意义上就有推行房地产税的动机，反之则会对推行房地产税改革采取消极态度。刘会洪和范定祥（2016）注意到了两者的替代关系，但是没有考察这种替代关系需要的条件，陈平等（2018）虽然论证了房地产税收入的稳定性特征，但是却没有回答两者的相互替代问题。

如果把有关房地产税改革的制约因素看作是导致房地产税改革迟滞的原因，那么随着时间的推移，其中前三个原因已经不再是重要影响因素。首先，关于租税并举的可行性问题，始于2011年的沪渝房产税试点已经用事实给出了答案，因为两地的试点实际上都是在原有制度基础上的一个增量改革；其次，关于房地产税改革的目标问题，我们不难发现世界各国房地产税的征收目标都不是单一的和静态的，而是多样的和动态的（Carlson，2005），尽管有关房地产税改革目标的争议对房地产税的改革推行具有一定的抑制性影响，但是这种影响一定不是决定性的；再次，在征管技术问题上，所谓的难点大体集中在住房产权多样性的处理、个人住房数量的可识别度等方面，然而随着2007年10月《物权法》的生效与逐步实施到位，以及国际上现存的先进成熟的征管方法可供借鉴，因此从征管技术的角度认为中国不具备推广房地产税的条件经不起推敲；最后，考虑推行房地产税对地方政府财政收入的影响，作为地方税的房地产税改革会影响到地方政府的收入是不言而喻的，如果这种改革导致了地方政府的减收，就会产生地方公共品供给资金不足或者中央转移支付压力增加的困境，这又会涉及财政体制的调整问题；如果这一改革为地方政府增加了财政收入，则有可能产生居民负担加重的难题，这不仅是地方政府难以面对的事实，也与中国当前减税降费的大环境不相协调，因此，基于地方政府收入激励视角去考察房地产税改革必然要面对选择悖论的权衡问题。幸运的是，国内一些学者已经注意到了这个问题，如田发和周琛影（2007）与刘亮亮等（2018）考察了推行房地产税减收效应对地方福利与中国财政体制的影响，刘甲炎和范子英（2011）与黄少安等（2012）则并不认同推行房地产税存在减收效应，但是刘甲炎和范子英（2011）的研究只是基于中国房产税试点城市的估算，黄少安等（2012）提出的"租税替代"关系的实质是指来源于房地产行业的税费与来源于其他行业的税收收入间的替代关系，考虑到中国居住用地与工业用地的二元状态，认为这种"租税替代"关系能够从政府收入激励的角度为房地产税改革提供启发并不合适，因此要将"租税替代"关系严格限缩在房地产领域，并在进一步引入居民税负诉求的基础上，考察房地产税收入与土地出让收入之间的"租税替代"关系及其成立条件。

文献梳理与原因辨析确立了研究方向并提供了研究启发，但是还有两个问题需要明确。一是需要明确对政府的认知以确定研究基准。如果按照地方政府只是地方公共产品提供者的传统财政理念（Samuelson，1954，1955；Musgrave，1959），房地产税改革的影响就可能弱化为只是地方政府筹资方式的改变，地方政府也就不存在基于收入激励与居民约束视角的改革动机。因此，选择将政府定义为"利维坦"式机构（Brennan and Buchanan，1980），需要说明的是，这一研究定位不会扭曲地方政府为辖区提供公共产品的基本职能，这在钱（Qian，1997）、乔仁（Joren，2010）和萨斯（Sas，2017）的研究文献中都有系统性论述。二是需要发现新的观点以实现研究价值。对于前述影响房地产税推进的制度衔接、目标争议和征管技术原因，本文已经给出了明确的评判结论，而在拓展分析收入激励原因时，在"租税替代"研究基础上，重点转向探讨其背后的现实经济约束，即中国房地产市场的现状是否存在制约统一开征房地产税的客观事实，对于将房地产作为教科文卫受益税的策略具有一定价值。

在明确了研究目标和研究起点的基础上，将收入保障研究框架设定如下：首先通过理论模型分析房地产税收入与土地出让收入之间的替代关系与成立条件，借以判断地方政府对推行房地产税的态度；然后考察税率调整、税基评估及投机（或投资）性因素对地方政府推行房地产税态度的影响；在此基础上，利用全国35个重点城市房地产市场的数据来验证上述理论模型的结论，并就不同类型城市的具体情况进行分类检验；在通过理论与经验分析佐证房地产税改革存在市场约束的基础上，最后总结出相应的研究结论与政策启发。

三、受益税意义上的房地产税与公共卫生支出

（一）基本模型

理论模型包括居民与政府两个行为主体。在一定的收入约束下，居民根据特定位置住房能够享受的公共服务和需要支付的居住成本来选择住房，其行为目标是最大化个体效用水平；地方政府是追求自身预算最大化的利维坦式机构，它虽拥有开征房地产税的权利，但是又必须遵守居民纳税人经由立法机构制定的税收法规。这样，当他们按照既定目标调整各自的行为时，税制的均衡就体现为政府在规则约束下最大化收入行为、与居民运用规则优化其成本/收益共同作用的结果。

为模型化这一思想，本章首先将居民的住房选择行为刻画为如式（8-1）所示：

$$\Delta U_{ij} = U_{ij} - \underline{U}_{ij} \geq 0 \quad (i=1, \cdots, n; j=1, \cdots, k) \qquad (8-1)$$

式（8-1）中，i 表示某辖区居民个体的数量，j 表示居民 i 可选的位置（或住房）的个数。U_{ij} 表示居民 i 选择 j 位置时能够实现的效用，$\underline{U}_{ij}$ 为居民 i 选择 j 位置必需的保留效用。这里有两点需要说明：首先，由于当 $\Delta U_{ij} > 0$ 时意味着地方政府为该居民免费提供了额外的公共服务，如果政府是一个追求预算最大化的机构，出现这种情况有悖逻辑，因此在均衡状态时居民个体的效用水平必然等于其保留效用，同时政府也实现了最大化收入目标；其次，由于居民个体是用脚投票的，因此在蒂布特（Tiebout，1956）模型条件下的均衡状态必然具有对称性特征，这就意味着任何居民个体与其所选住房都是一个代表性组合，因此也就没必要设置模型变量的限定性下标。为使模型进一步简化，本章假定效用函数可分离且私人消费满足线性约束，此时，由于私人消费等价地增加了个体效用水平，因此不需要考察其对净效用的影响，于是模型的均衡状态就可以描述为式（8-2a）和式（8-2b）所示：

$$\begin{cases} I - T + [f(H(P)) - P(1+t)H(P)] + g(G) = \underline{U} & (8-2a) \\ P(G)t + N(G)T - G = \bar{R} & (8-2b) \end{cases}$$

其中 $\underline{U}$ 和 $\bar{R}$ 分别表示均衡状态时的居民效用水平与政府税收收入；I 和 T 分别为居民收入水平和支付的土地出让金（静态模型中类似于一次总付税）；G、P 与 t 分别代表政府提供的公共服务水平，住房价格与房地产税税率；$H(P)$ 为住房价格为 P 时居民消费的住房面积，$N(G)$ 为政府提供数量为 G 的公共服务时能够吸引到的居民数量；$f(\cdot)$ 和 $g(\cdot)$ 是效用函数，具备凹函数特征。

由于在均衡状态时每个居民消费的住房面积是确定的，不同个体之间对住房消费的差异主要体现为相对面积的不同，因此可以将要考察的居民住房消费 H 标准化为1，同理，由于各个居住辖区的面积相对固定，辖区的大小也总是体现为相对值，因此也可以把所考察辖区的面积设定为1，然后利用住房消费的一阶条件 $P(1+t) = f'(H)$ 和反函数求导法则，求得均衡状态时住房价格、辖区人口及住房需求弹性的决定方程，如式（8-3a）、式（8-3b）和式（8-3c）所示：

$$P'(G) = \frac{g'(G)}{(1+t)H(P)} \qquad (8-3a)$$

$$N'(G) = -\frac{g'(G)N(G)}{f''(H)H^2(P)} \qquad (8-3b)$$

$$\varepsilon_D = -\frac{P(1+t)H'(P)}{H} = -\frac{P(1+t)}{f''(H)H} = -\frac{P(1+t)}{f''(1)} \qquad (8-3c)$$

式（8-3a）反映了公共服务水平与住房价格之间的正相关特征，这与佐德罗和米耶史考斯基（Zodrow and Mieszkowski，1986）阐释的房地产税受益论观点是一致的。式（8-3b）反映的是公共服务水平与居民数量之间的正相关关系，这一结论也符合我们的直觉。式（8-3c）正确地反映了价格与数量对弹性的影响，为后续结论的推导提供了技术支撑。

为求得均衡状态时不同收入形式对政府支出的影响，先将式（8-3a）代入式（8-2b），然后对政府公共支出求导。为使技术上更为简洁，推导过程做如下假定：一是政府公共产品供给函数 $g(G)$ 是规模报酬不变的；二是在设定所考察辖区面积为1的情况下，进一步将辖区公共服务的成本及辖区总人口也常数化为1，这样辖区各位置公共服务的差异就可以通过各自的成本占比来反映，辖区的人口密度也因为居民数与位置数的相同而简化为1。最终的计算结果如式（8-4）所示：

$$G = g'^{-1}\left[\frac{(1+t)f''(H)H^2(P)}{tH(P)f''(H) - (1+t)TN(G)}\right] \quad (8-4)$$

将式（8-4）分别对 t 和 T 求导，可以得到公共服务供给对不同收入形式的响应，得到式（8-5）和式（8-6）。

$$\frac{\partial G}{\partial t} = -\frac{f''(1)^2}{g''(G)[tf''(1) - (1+t)T]^2} > 0 \quad (8-5)$$

$$\frac{\partial G}{\partial T} = \frac{(1+t)^2 f''(1)}{g''(G)[tf''(1) - (1+t)T]^2} > 0 \quad (8-6)$$

当要求租税之间刚好替代，或者说收入中性地在租税之间进行转换时，必有式（8-7）成立。

$$dT = -\frac{Pdt}{1+t} \quad (8-7)$$

若要求推行房地产税能够给地方政府带来更多的税收收入，或者说推行房地产税对地方政府存在收入激励，则必须有式（8-8）成立。

$$dT\left(\frac{\partial G}{\partial T}\right) + dt\left(\frac{\partial G}{\partial t}\right) > 0 \ or \ dT\left[\left(\frac{\partial G}{\partial T}\right) - \left(\frac{\partial G}{\partial t}\right)\left(\frac{1+t}{P}\right)\right] > 0 \quad (8-8)$$

将式（8-5）、式（8-6）、式（8-7）代入式（8-8），并利用住房需求弹性公式（8-3c）和 $dT<0$ 的限制，即可得到推行房地产税对地方政府产生收入激励的条件，如式（8-9）所示：

$$\varepsilon_D < 1 \quad (8-9)$$

这说明对土地出让收入的依赖并不一定是地方政府推行房地产税的负向激励，真正的约束可能来自于房地产市场本身。当住房市场的需求价格弹性小于1时，尽管推行房地产税会引致土地出让收入的减少，但是也能带来更多的房地产税收入，因此总的激励作用是正向的。这其中的现实逻辑是房地产税收入的增加更能促使政府提供合意的公共服务，在住房需求价格弹性小于1的情况下，这会形成对居民迁入的虹吸效应，而居民的迁入又可以通过住房升值而增加房地产税收入，从而形成地方收入增长的良性循环。

(二) 地方政府的税率调整权问题

基本模型中的税率是外生给定的,这与实践中地方政府在一定程度上可以调整税率的客观情况存在偏差,如果允许地方政府调整税率,就需要考虑地方政府借助提高税率来增加税收收入的可能性,然而这种可能性未必会转化为现实,因为提高税率能够带来增收效应的同时也可能引发减收效应,这是因为提高税率一方面会导致居民流出、缩减税基,进而减少税收,另一方面也可能出现黄少安等(2012)提出的非房地产类税收减少的情况。此外,提高税率还可能导致居民不满情绪的上升,进而带来连带成本,所以提高税率产生的负面成本 $C(\cdot)$ 并不是政府所能够控制的。因此,政府是否提高税率通常会在增收效应与减收效应之间进行权衡,或者在增收效应与居民满意度之间进行权衡。为规范化地考察政府的这种权衡行为,我们把增收效应与减收效应分别看作政府提高税率的收益与成本,于是政府提高税率的决定方程就可以表示为式(8-10)所示:

$$tP(t, T) + TN(T) - C(t, T) \geq 0 \qquad (8-10)$$

利用式(8-10)的临界值分别对 T 和 t 求一阶导数得到式(8-11)和式(8-12):

$$\frac{\partial C}{\partial t} = \frac{P}{1+t} \qquad (8-11)$$

$$\frac{\partial C}{\partial T} = \frac{1}{1+t} + \frac{T}{f''(1)} \qquad (8-12)$$

上述一阶条件并没有给出成本函数不确定情况下政府收入最大化的确定税率,但可以确定的是房地产税税率越高,土地出让的边际回报就越低,房地产税的成本优势就越明显。在极端的情况下,政府从房地产税中获得所有收入,而土地出让金收入会缩减到零。然而,这种纯粹的经济分析,忽略了提高税率对居民承受力或满意度的影响,如果考虑到这种连带成本,就必须对政府提高税率的决定施加约束。为此,我们假设政府优先考虑收入方式的选择,而居民更着眼于综合税负的变化,于是在居民满意度约束下,政府调税行为还须满足式(8-13)的条件:

$$\frac{\partial[tP(t, T(t)) + T(t)]}{\partial t} < 0 \quad \text{或} \quad P + t\frac{\partial P}{\partial t} + \frac{\partial T}{\partial t}\left(t\frac{\partial P}{\partial T} + 1\right) < 0 \quad (8-13)$$

当成本中性地调整时$\left(\text{即} \frac{\partial^2 C}{\partial T\partial t} = 0\right)$,上述施政约束条件可以简化为式(8-14)所示:

$$\varepsilon_D < \frac{1}{1+t} \qquad (8-14)$$

即如果住房市场需求的价格弹性更小,赋予地方税率调整权就更容易实现房地产税的正向激励效应,此时推行房地产税不仅有利于增加政府收入,而且不会降低居民对政府施政的满意度，这意味着赋予地方政府必要的税率调整权有利于房地产税的改革推行。

（三）地方政府的税基确定权问题

基本模型使用住房的市场价值作为房地产税的计税依据，但是住房交易的低频性无法保证税务机关每年准确获得住房的市场价值，这就与房地产税逐年征收的实践产生了矛盾，世界各国解决这一难题的方法是使用住房的评估价值作为计税依据，而从中国沪渝房产税试点的实践看，采用评估税基的做法大概率是中国未来房地产税实施的选择。然而，使用评估价值也会产生新的问题：一是评估的不连续性会导致实际价值与评估价值不同步，二是评估的准确性也会导致评估价值与实际价值之间的差异。考虑到这两个普遍性问题的存在及其影响，本章引入法定税率 t_s 与有效税率 t 来进行分析。现假定二者的关系如式（8–15）所示：

$$t = \frac{t_s\left[(1-\sigma)P_0 + \sigma P\right]}{P} \qquad (8-15)$$

式（8–15）中 P_0 代表上期估值，σ 代表评估率。将其代入式（8–2b）并对公共服务水平求导后得到式（8–16）。

$$P'(G)\sigma t_s + N'(G)T - 1 = 0 \qquad (8-16)$$

很明显，评估价税基会对房地产税的收入激励效应产生影响，当评估间隔过长且不规范时，房地产税的收入激励效应就会减弱。这就要求在依据评估价征税的制度设计中，必须重视评估频率与评估效率的合理性与有效性，因为评估工作直接影响着政府两种收入方式的相对优势。

（四）住房市场的投机需求性问题

住房本身兼具消费品与投资品特征，因此，住房市场存在投机性（或投资性）需求并不意外，只不过在中国房地产市场上，这种出于投机性的住房需求尤为明显而已（王艺明，2008；吕炜等，2014；高波等，2014）。对于投机性需求而言，住房购买者不仅会考虑资本化到住房价格里的公共服务，更多的是看重住房的升值潜力，这会弱化基本模型中房地产税与公共服务间的宏观对称性假设。为此，本章将住房的投机性购买看作是对房地产税与公共服务宏观对称性的一种冲击，我们用 β 来表示这种冲击，用 α 来表示这种冲击的强度，如果把住房价格对这种冲击的响应函数表示为 $P(\alpha G + (1-\alpha)\beta)$，那么政府收入最大化的一阶条件就转化为式（8–17）：

$$P'((1-\alpha)G + \alpha\beta)\alpha t + N'(G)T - 1 = 0 \qquad (8-17)$$

不难发现，投机性冲击的强度越大，公共服务对房价的影响就越弱，房地产税的收入激励效应也就越小。因此，如果住房价格更多地反映了当地公共服务之外的因素，地方政府就会缺乏推行房地产税的收入激励。

理论分析表明，在受益税意义上推行房地产税是合理的，所以关键的问题就转化为判断公共卫生支出是否也具有地方受益性特征？这个似乎可以作为一个公理来应用，因为人们的卫生习惯总是和周边环境密切相关，医疗需求也遵循就近原则，因此理论上将房地产税作为地方教科文卫支出的税源是合理的。这在中国是否已经具备了现实的可行性？下面以中国城市数据进行经验分析。

四、在中国的可行性

理论分析的两个基本结论是：一是从住房的消费需求特征来看，如果住房市场的需求价格弹性小于1，一个设计良好的房地产税制度就有可能实现地方政府收入激励和居民福利诉求的均衡；二是如果投机性住房需求广泛存在，就可能导致住房需求的市场价格弹性大于1，此时房地产税对地方政府的正向收入激励效应就会减弱，或者说开征房地产税存在市场约束。验证模型结论对中国房地产市场的解释能力，对于通过推行房地产税作为地方公共卫生支出税源的观点具有支撑作用，考虑到中国房地产市场仅存在于城镇的客观实际，选择国内房地产市场相对成熟的35个重点城市的面板数据进行实证检验是合适的。

（一）对住房需求弹性文献的整理与比较

从衣食住行生活必需品的角度看，一般认为住房需求是缺乏价格弹性的，然而这种朴素认知却忽略了住房兼具的资本品属性，因此现实中的住房价格弹性未必总是现实地呈现小于1的特征，这可以从表8－1有关住房弹性文献的整理中看出来。

表8－1　中国住房需求弹性相关文献整理

<table>
<tr><th>作者</th><th>数据构成</th><th>数据区间</th><th colspan="5">需求价格弹性</th></tr>
<tr><td>杨东、赵树宽（2013）</td><td>全国季度数据</td><td>2004～2012年</td><td>方法</td><td colspan="2">状态空间模型</td><td>结果</td><td>0～1.4</td></tr>
<tr><td rowspan="2">丛颖（2014）</td><td rowspan="2">省际面板数据</td><td rowspan="2">1999～2012年</td><td>全国</td><td colspan="2">东部地区</td><td>中部地区</td><td>西部地区</td></tr>
<tr><td>－0.484</td><td colspan="2">－0.428</td><td>－0.642</td><td>0.033</td></tr>
<tr><td rowspan="4">Mengfei Huang、Botao Lu（2016）</td><td rowspan="4">省际面板数据</td><td rowspan="4">1998～2012年</td><td rowspan="2">消费</td><td>全国</td><td>东部地区</td><td>中部地区</td><td>西部地区</td></tr>
<tr><td>－0.594</td><td>－0.706</td><td>－0.066</td><td>－0.708</td></tr>
<tr><td rowspan="2">投资</td><td>全国</td><td>东部地区</td><td>中部地区</td><td>西部地区</td></tr>
<tr><td>0.326</td><td>0.511</td><td>0.222</td><td>0.321</td></tr>
</table>

作者	数据构成	数据区间	需求价格弹性				
Yong Chen、John M. Clapp、Dogan Tirtiroglu（2011）	深圳福田、龙岗调研数据	2004～2006 年	方法：特征模型。结果：福田/龙岗				
			一居	二居	三居	四居	高档
			1/1	0.83/0.96	1.08/0.82	0.40/0.80	0.46/0.80

资料来源：笔者整理。

表 8-1 的数据基本印证了住房需求价格弹性小于 1 的直觉，但是也展示了投资性需求与结构性需求对实际价格弹性的影响，由于两者作用方向的差异，因此住房需求的总体价格弹性并不确定。此外，不同文献研究结论的差异也可能来源于数据的差异，在考察住房弹性的时候，表 8-1 中的文献分别使用了全国性、区域性和地方调研性三种不同类型的数据，尽管各类数据的使用从各自文献的研究目标上看具有一定的合理性，但是从推广房地产税的角度来看，表 8-1 文献使用的数据并不具有很强的说服力，这是因为中国的住房市场是随着不同城市的经济发展程度而呈现不同特征的，城市发展水平越高的地方，住房发展的市场化程度就越高，同时城市发展前景看好的预期也意味着投机性购房行为也可能越活跃，如果进一步考虑房地产税基本集中在城市甚至发达城市的客观事实（Marco_Salm，2017），采用全国 35 个重点城市的面板数据对住房需求弹性进行估算是合适的。

（二）基于中国 35 个重点城市数据的经验实证

综合理论研究并参考表 8-1 文献的估算方法，确定式（8-18）的回归方程。

$$\ln salarea = cons + \varepsilon_p^D \cdot \ln salprice + \varepsilon_i^D \ln income$$
$$+ \alpha \cdot basei + \beta \cdot \ln pop + \gamma \cdot \ln gdp + u_i + \varepsilon_{it} \qquad (8-18)$$

其中，$salarea$ 为样本城市住宅商品房成交量，为反映成交量变化并增加数据的平稳性，以对数形式 $\ln salarea$ 作为本章的被解释变量。

核心解释变量 $\ln salprice$ 为商品住宅成交均价的对数，用于反映价格变化对需求量变化的影响，此时，其系数 ε_P^D 就表现为住房需求的价格弹性。

解释变量 $\ln income$ 为样本城市居民可支配收入的对数，系数 ε_i^D 为住房需求的收入弹性。

解释变量 $basei$ 表示住房贷款基准利率，由于利率的高低对投机性需求起着关键的决定性作用，因此用它来反映市场需求与投机活动的强弱。

控制变量 $\ln pop$、$\ln gdp$ 分别表示城市人口增长率和城市 GDP 增长率，用于控制价格、收入与投资之外的住房需求的影响因素。

u_i 表示城市个体差异项，ε_{it} 表示随机误差项。

数据的选取范围是国家统计局确定的全国 35 个重点城市。时间区间是 2006 年至 2019 年，选择这一时间区间的原因是中国 2004 年开始实行土地招拍挂制度，按照 2 年的建筑周期算，则滞后 2 年的住房更能体现市场要素的作用。具体的数据来源包括了 2007 年至 2020 年间的《中国城市统计年鉴》《中国区域经济统计年鉴》《中国财政统计年鉴》和《中国房地产统计年鉴》。数据的描述性统计如表 8 – 2 所示。

表 8 – 2 数据的描述性统计

变量	样本数	均值	标准差	最小值	最大值
ln$salarea$	490	15. 8273	0. 7524	13. 7998	17. 7484
ln$salprice$	490	8. 7095	0. 5475	7. 5704	10. 7254
ln$income$	490	10. 0649	0. 4059	9. 1415	10. 9629
$basei$	490	6. 3706	0. 6637	4. 9000	7. 4850
lnpop	490	5. 8292	0. 6756	4. 4553	7. 8034
lngdp	490	17. 1440	0. 9755	14. 4492	19. 4567

考虑到数据平稳性对回归真实性的影响，先对各变量数据进行了平稳性检验，结果验证了所选变量的水平平稳性特征；在检验确定样本存在组内自相关与组间同期相关的基础上，选择修正的面板 FGLS 来克服这一影响；由于市场化的住房价格总是表现为需求与供给共同作用的结果，因此模型将难以避免地存在内生性问题，参照杨继军等（2019）以价格变量的一阶滞后作为工具变量的方法，利用面板 GMM 来处理内生性等的影响，全样本的回归结果如表 8 – 3 所示。

表 8 – 3 全样本回归结果

变量	混合 OLS 模型 （olscity）	双向固定效应模型 （xt_ols）	FGLS 模型 （xt_fgls）	GMM 模型 （xt_gmm）
ln$salprice$	– 0. 7958 *** （ – 3. 9851）	– 0. 2711 * （ – 1. 7548）	– 0. 3427 *** （ – 3. 5740）	– 0. 9165 *** （ – 3. 9572）
ln$income$	0. 5198 ** （2. 6437）	0. 2282 （0. 6869）	0. 2768 ** （2. 1472）	0. 5090 ** （2. 0964）

续表

变量	混合 OLS 模型 （olscity）	双向固定效应模型 （xt_ols）	FGLS 模型 （xt_fgls）	GMM 模型 （xt_gmm）
basei	−0.0641 * （−1.9660）	−0.1756 *** （−2.9116）	−0.0587 ** （−2.4839）	−0.0834 ** （−2.0997）
ln*pop*	0.4549 *** （2.7621）	−0.2679 （−1.3610）	0.5350 *** （5.8849）	0.4262 ** （2.5358）
ln*gdp*	0.4716 *** （2.8677）	0.7625 *** （3.0327）	0.3252 *** （3.5725）	0.5141 *** （3.0334）
_cons	7.1982 *** （5.2220）	5.2045 （0.8207）	7.6970 *** （10.8431）	7.9359 *** （4.5038）
个体固定效应	Yes	Yes		Yes
时间固定效应	No	Yes		
固定效应模型	No	Yes		
AR			AR(1)	
N	490	490	490	445
Adjusted R²	0.6950	0.5343		0.6911

注：括号中为 t 值，*、** 和 *** 分别对应的显著性水平为 $p<0.1$、$p<0.05$ 和 $p<0.01$。

在控制 GDP 增长与人口增长率的情况下，不同回归方法的 ln*salprice* 系数都在 1% 的水平上显著，说明住房需求的价格弹性为负且小于 1，根据理论模型的结论可知，这预示着从收入激励的角度讲，中国总体上已经具备了开征房地产税的现实条件；此外，收入弹性为正且小于 1 的结果也与住房消费的直觉相符。住房贷款基准利率的高低直接决定了购房成本的高低，因此其系数显著为负的结果也符合经济逻辑。

考虑到中国疆域辽阔且城市间房地产市场发展差距相对较大的实际，需进一步验证不同类型城市是否全部具备开征房地产税的条件。为此，根据《2017 中国城市商业魅力排行榜》的研究结论，将所有样本城市分为经济发达城市与经济欠发达城市两大类，其中经济发达城市大体上包括一线城市与新一线城市，具体是北京市、上海市、广州市、深圳市、成都市、杭州市、重庆市、武汉市、西安市、天津市、南京市、郑州市、长沙市、沈阳市、青岛市、宁波市 16 个城市，其余的 19 个城市则归入经济欠发达城市，同样利用上述方法得到的回归结果如表 8−4 所示。

表 8 – 4   分样本回归结果

变量	经济发达城市			经济欠发达城市		
	混合 OLS 模型	FGLS 模型	GMM 模型	混合 OLS 模型	FGLS 模型	GMM 模型
ln$salprice$	− 0.9242 *** (− 8.3880)	− 0.7399 *** (− 7.1137)	− 1.0708 *** (− 11.1557)	− 0.4076 (− 1.2594)	− 0.2524 * (− 1.6882)	− 0.4654 *** (− 3.2998)
ln$income$	0.3867 ** (2.7290)	0.4591 *** (3.5422)	0.2769 ** (2.0588)	0.1977 (0.4235)	0.1898 (0.7686)	0.2128 (0.8754)
$basei$	− 0.1669 *** (− 3.4886)	− 0.1538 *** (− 4.4801)	− 0.2047 *** (− 4.6366)	− 0.0375 (− 0.8757)	− 0.0362 (− 1.0603)	− 0.0492 (− 0.8571)
lnpop	0.4098 *** (4.9036)	0.5021 *** (6.3780)	0.3347 *** (5.3177)	0.0867 (0.2173)	0.1460 (0.7617)	0.1096 (0.6935)
lngdp	0.3784 ** (2.8582)	0.2217 ** (2.2051)	0.4705 *** (5.2629)	0.6297 * (1.7939)	0.5425 *** (3.0731)	0.6186 *** (4.3720)
_cons	12.3836 *** (9.1828)	12.0933 *** (12.5094)	13.9141 *** (11.8289)	6.2408 *** (3.7949)	6.1024 *** (5.0268)	6.7279 *** (4.6609)
个体固定效应	Yes		Yes	Yes		Yes
AR		AR(1)			AR(1)	
N	224	224	204	266	266	242
Adjusted R^2	0.7091		0.7187	0.4612		0.4465

注：括号中为 t 值，* 、** 和 *** 分别对应的显著性水平为 $p < 0.1$、$p < 0.05$ 和 $p < 0.01$，文件名末尾为 0 表示经济发达城市。

表 8 – 4 的分样本回归表明住房需求价格弹性仍然为负值，这符合经济预期，但是也存在两个明显的不同之处：一是新一线以上城市住房价格弹性的 GMM 回归结果大于 1 且统计上显著，二是其他欠发达城市住房价格弹性的混合回归结果不具有统计上的显著性，其他解释变量也不具有统计上的显著性。这说明发达城市房地产市场的差异性相对显著，且对价格的敏感程度较高，出现这种情况的原因可以从住房贷款基准利率在两类城市间的回归结果中窥得一斑，新一线以上城市对利率的敏感程度普遍较高且统计上显著，其他欠发达城市的情况则刚好相反。由于投机性需求的利率敏感程度直觉上要高于消费性需求的敏感程度，因此分样本回归的结论直接展示了新一线以上城市投资性需求占比较高的可能，这也预示着欠发达城市开征房地产税相对于发达城市更具有收入激励方面的现实基础，而发达城市的政府则更倾向于当前的土地出让制度。此外，表 8 – 4 还可以传递的其他信息包括，一是经济增长对住房需求存在显著正向影响，二是住房需求的收入弹性在发达城市比欠发达城市要强，这同样与发达城市存在较高水平的投资性需求有直接联系，三是人口增长对发达城市的影响要大于对欠发达城市的

影响，这与中国人才或人口流动的客观现实是一致的。

综合表8-3与表8-4的回归结果可以发现，从地方政府收入激励的角度来讲，尽管中国总体上具备了开征房地产税的经济条件，但是不同经济发展程度的城市对开征房地产税的态度存在差异，因此在全国范围内推行房地产税必须注意顶层设计与因地施策的有机结合。

（三）对回归结果的稳健性检验

为确保上述研究结论的稳健可靠，提高研究结论的确定性，此处采用不同解释变量替代的方法考察表8-3中回归结果的稳健性。通常而言，居民购买住房时大多会涉及到按揭贷款问题，购房决策往往是综合当前收入水平和未来收入稳定性的结果，考虑到工作在城市居民中的基础性地位，将居民工资性收入作为未来稳定性收入对购房行为的影响是具有一定合理性的，因此可以用工资性收入的对数来替换上述模型中的收入对数来进行检验。变量替换后的具体回归结果如表8-5所示。

表8-5 稳健性检验结果

变量	混合 OLS 模型 （olscity）	双向固定效应模型 （xt_ols）	FGLS 模型 （xt_fgls）	GMM 模型 （xt_gmm）
ln$salprice$	-0.7261 *** （-3.9211）	-0.2320 （-1.5559）	-0.2913 *** （-3.0945）	-0.8132 *** （-4.0460）
ln$salary$	0.2741 （1.6775）	0.7061 *** （3.4088）	0.2826 *** （2.6920）	0.1570 （0.8771）
$basei$	-0.0811 ** （-2.2805）	-0.1240 *** （-2.8597）	-0.0487 ** （-2.0995）	-0.1217 *** （-3.0357）
lnpop	0.3477 * （1.9992）	0.2539 （1.3756）	0.5340 *** （6.2450）	0.3153 * （1.7530）
lngdp	0.5798 *** （3.2075）	0.6669 ** （2.5477）	0.3114 *** （3.6584）	0.6318 *** （3.3378）
_cons	7.7624 *** （5.8790）	0.6904 （0.1546）	7.1842 *** （9.6046）	9.3527 *** （6.0626）
个体固定效应	Yes	Yes		Yes
时间固定效应	No	Yes		
固定效应模型	No	Yes		
AR			AR(1)	
N	490	490	490	445
Adjusted R^2	0.6883	0.5529		0.6848

注：括号中为 t 值，*、** 和 *** 分别对应的显著性水平为 $p < 0.1$、$p < 0.05$ 和 $p < 0.01$。

从表 8 - 5 不难发现，各模型主要变量系数的估计值与显著性均无较大变化，说明经验研究结论基本稳健，可以借助模型显示结果来分析中国房地产税的推广问题，也可以结合地方健康中国建设支出需求与房地产税的匹配性探讨房地产税的推广时机与力度（郭宏宝，2021）。

五、是否产生新的公平问题[①]

将房地产税收入作为健康中国建设地方财政资金的来源满足了受益性原则，但是会引发公平性问题的关注，这包括两个方面的含义：一是区域间的公平问题，一般可以通过转移支付来解决，具体在第五章和第六章中已有叙及；二是区域内的公平问题，即如果支撑健康中国建设的房地产税收入更多地来源于当地的中低收入者，那么以房地产税作为健康中国建设的资金，就需要考虑道义上的可行性问题。为此，先回顾一下有关房地产税公平问题的文献观点。

（一）文献简评

从经济学视角考察房地产税公平的实质是考察其税负归宿，也即考察税负变动对经济均衡影响的特征，主要是分析税负变化前后各市场参与者的效用变动情况，目的是给"税负在市场参与者之间是如何分摊的"这个看似简单的问题一个满意的答案，其中价格变动是该理论的目标变量。就房地产税而言，尽管在房地产税如何影响住房价格问题上观点各异，但是大多数经济学家认为房地产税会影响到住房价格的变动。汉密尔顿（Hamilton，1975；1976）与菲舍尔（Fischel，1978）等认为房地产税是一种"受益税"，这意味着房地产税是地方政府提供的公共服务的成本，当地居民承担了房地产税负，又由于居民的居住选择是蒂布特（Tiebout，1956）式"用脚投票"的结果，因此从平衡预算归宿的角度来看，房地产税不会影响到收入分配状况的变化。基于哈伯格（Harberger，1962）税负归宿一般均衡模型，米耶史考斯基（Mieszkowski，1972）与佐德罗和米耶史考斯基（Zodrow and Mieszkowski，1986）等提出了"资本税"观点，认为房地产税在"一般税效应"意义上是一种有利于资本拥有者承担更多税负的累进税，尽管房地产税税率在不同辖区存在差异的"货物税效应"会对冲这种累进性，但是并没有明确数据说明这会抵消其一般税效应，因此房地产税总体来讲是有利于改善收入分配的。考虑到房地产税大多作为地方公共服务的重要资金来源，而地方性公共服务大多在商品平均主义意义上才被认为是更加公平的，因此房地产税即使是

---

① 本节内容源于《深化房地产税改革的公平效应：终生视角与年度视角模拟》（作者：郭宏宝和刘学思，原载于《地方财政研究》2016 年第 2 期，第 56 ~ 64 页），人大复印资料《财政与税务》2016 年第5 期全文转载，第 59 ~ 67 页。

"受益税"也可能导致不公平（Hoxby, 2001）。房地产税税基（住房价值）与税源（所得）的不一致同样会影响房地产税的公平征收，菲戈利奥和奥沙利文（Figlio and O'Sullivan, 2001）等学者在回顾了美国房地产税优惠措施的历史演变后，从支付能力的角度研究了公平房地产税负担应该采取的政策措施。

国内有关房地产税改革的研究文献虽然很多，但是只有为数不多的学者注意到了房地产税改革的公平效应，切入点多是房地产税对住房投机的抑制效应，逻辑是房地产税可以通过使住房投机者承担较多的税负，释放市场供给，进而改善了低收入者的状况（傅樵, 2010；于明娥, 2011）。从中国房地产市场的发展历程看，这一逻辑观点是值得怀疑的。因为到底是"居住权"还是"住房产权"在商品平均主义意义上更为合理在经济学中已有明论，因此从是否有能力购买住房的视角考察公平性并没有什么经济学意义。而税负归宿理论从居民效用变化角度对公平性的考察体现了发展经济学的基本理念，故基于经济归宿对房地产税公平性的考察更为合理。

（二）推行房地产税：不可或缺的公平理念

管理大量公共住房对于政府而言是困难的、无效率的，自 1978 年改革开放起，以低租金、政府独有、行政调配为特征的住房制度开始了市场化改革进程（李雄和袁道平, 2012）。但是直到 1998 年住房货币化补贴制度才真正开始了中国住房的市场化运作，2003 年后，市场化资源配置成为中国的住房市场运作的主导力量。之后，中国住房市场化改革快速推进，目前房地产业已经成为中国经济的重要性行业，2020 年房地产加建筑业对国民经济的贡献度高达 14.5%，然而住房行业的快速发展并没有公平地惠及所有国民，源于家庭居民收入的不平衡增长，一些困难家庭越来越难以实现自身的住房梦，这可以从中国城镇居民"五等分"收入法中不同收入层次居民的住房购买力的变化中得到印证。2007~2019 年，中国城镇居民家庭可支配收入与 90 平方米以下住宅销售价格的年均增长分别为 9.93% 和 9.76%，按家庭可支配收入计算的居民购买住房所需要的年数由大约 20.96 年下降到 20.58 年。然而从不同层次收入家庭上看，购买住房对不同收入层次家庭差异仍在拉大，最高 20% 的家庭购房/收入比由 2013 年的约 18.28 年下降到 2020 年的约 9.08 年，最低 20% 的家庭购房/收入同期由 28.81 年下降到 15.04 年，富裕家庭下降幅度明显占优，说明中国住房行业的发展与居民收入差距的扩大存在负相关性。进一步，考虑中国城市住房位置上的差异，那么这种负相关性就可能比平均意义上的数据更为严重：由于诸如医院、学校等优质城市公共资源大都位于中心城区，因此中心城区的住房价格通常要远高于城郊，这意味着只有有钱人才能更便利地享受到优质公共服务，显然，如果教育等公共品是商品平均主义意义上的商品，那么中心城区畸高的住房价格就进一步加剧了这种负相关性。

　　针对住房价格与收入分配间的这种负相关性，一些学者的研究认为住房价格上涨是收入分配不公平的格兰杰原因（汤浩和刘旦，2007）。但是从理论上讲相反的逻辑也是存在的，比如收入分配越不公平，就越少居民具有购房能力，根据边际效用递减原则，富有的居民也不会将更多收入用于购房支出，结果住房市场需求会减少，住房价格也会下降（宁光杰，2009），因此即使住房价格的上涨导致了收入分配的恶化，价格的持续上涨与收入分配的恶化也未必是相互促进的。无论如何，房地产税改革蕴含收入分配问题却始终是没有争议的，只不过我们宏观上感觉不明显而已。因此，有必要进一步探究引入房地产税作为地方税种的收入分配效应，为此，我们选择中国透明售房网的不同类型小区住房进行微观模拟。

（三）推行房地产税的功能收入分配效应：终生公平视角

　　收入分配有不同的研究视角，功能收入分配考察税负在不同要素所有者间的分布。在中国住房市场中，除了市场需求方（居民家庭），市场供给方（房地产商），还有一个特别的参与者政府，政府在房地产市场中不仅是交易规则的制定者，也是市场交易的参与者，且作为参与者的最重要特征是政府垄断了房地产市场中土地要素的供给，具体如图8-1所示。

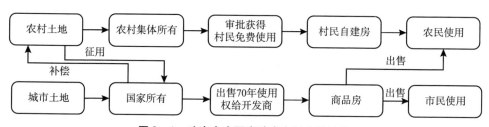

图8-1　政府在中国房地产市场中的地位

　　图8-1表明，政府作为房地产市场上游戏规则的制定者和土地要素的垄断供给者，既可以从土地供给交易中获得垄断收益，也可以通过对市场交易进行征税而获得收益，因此政府很容易被认为是中国房地产市场中的最大收益者。然而事实是否如此，或许依赖于对政府的定位。按照"二分法"，我们首先将政府作为一个市场要素的所有者，考察其"税负"的承担情况。在这里，如果政府作为土地所有者而未能获得竞争性市场环境下的均衡收益，则可以认为政府承担了相应的"税负"，这样政府实际上是作为要素所有者与市场监管者同时出现的，但我们的考察则局限于"土地所有者"的政府。

　　如果住房市场是完全竞争性的，那么每个要素所有者获得（或支付）的价格正好等于其未来收益（或支付）现金流的现值。这意味着政府获得的土地租金刚好等于其出让土地收益流的现值，家庭需要支付的住房价格也刚好等于其未来节省的房租流的现值，房地产商则获得零经济利润。于是，居民需要支付的有效住房价格如式（8-19）所示：

$$P = R_0 + \frac{R_1}{1+r} + \frac{R_2}{(1+r)^2} + \cdots + \frac{R_{70}}{(1+r)^{70}} \tag{8-19}$$

式（8-19）中，$R_i(i=0,1,2,\cdots,70)$ 为居民家庭因拥有住房节省的租金流，r 为贴现率，P 为未来节省租金流的现值。如果保有住房需要缴纳房地产税，则现值公式进一步演化为式（8-20）所示：

$$P' = (R_0 - u_0) + \frac{R_1 - u_1}{1+r} + \frac{R_2 - u_2}{(1+r)^2} + \cdots + \frac{R_{70} - u_{70}}{(1+r)^{70}} \tag{8-20}$$

式（8-20）中，$u_i(i=0,1,2,\cdots,70)$ 为第 i 年需要缴纳的税负。式（8-20）表明，征收房地产税会使住房价格下降 $P-P'$，而如果实际价格下降（ΔP）大于 $P-P'$，则居民实现了税负的过度转嫁，居民不仅没有承担税负，还因为征税获得了收益；相反，如果实际的价格下降 ΔP 小于 $P-P'$，则说明居民没有将税负转嫁出去，而实际承担了税负。可见，确定居民是否纳税的关键是计算征税前后未来支付的现值。

功能收入分配需要计算各要素所有者的净支付，精算法是计算净支付的有效方法，其结果的有效性取决于典型要素所有者的选取。过程的推进则需要首先确定有效的税后价格，以获得与实际价格比较的标准，为此，我们首先定义住房有效税后价格 EPP 为式（8-21）所示。

$$EPP_j = \sum_{i=1}^{70} \frac{R_j - C_j}{(1+r)^i} \tag{8-21}$$

式（8-21）中，$j(j=1,2,3,4,5,6)$ 为住房编号，R_j 为住房 j 的租金收益，C_j 为每平方米住房 j 需要支付的成本。一般来说，成本支付包括了维修成本 RC，物业管理费 MF，房地产税支付 TP 和借款支付 LR。由于借款成本发生在当前，因此不需要贴现，于是 EPP 可以具体为式（8-22）所示。

$$EPP_j = \sum_{i=1}^{70} \frac{R_j - RC_j - MF_j - TP_j}{(1+r)^i} - LR_j \tag{8-22}$$

显然，EPP 由土地及位于其上的建筑物共同构成，而土地与建筑物又分属于不同的要素所有者，因此需要进一步将 EPP 分解为土地有效价格与建筑物有效价格。如果建筑物市场是有效的，那么房地产商能够获得的经济利润等于零，因此建筑物市场均衡价格 ECP 近似等于行业平均成本 AC 加行业平均利润 AP。即为式（8-23）所示：

$$ECP_j = AC_j + AP_j \tag{8-23}$$

进一步，我们可以得到土地的有效价格 ELP 为住房有效价格 EPP 与建筑物

有效价格 ECP 的差，如式（8-24）所示：

$$ELP_j = EPP_j - ECP_j \qquad (8-24)$$

在得到土地要素、劳动要素、资本要素的有效价格后，就可以结合实际价格判断其税负的经济分布。具体测算方面，我们选择了中国住房市场三类不同性质的六个小区住房的平均情况作为代表性住宅，并以开盘时间为基准点，计算代表性住宅的净支付，并据此判断出终生公平视角上的房地产税归宿，结果如表8-6所示。

表8-6　　　　　　房地产税在不同市场要素所有者间的经济分布　　　　　单位：元

小区1（保障类住房）					
年份	EPP	实际住房价格	ECP	实际建筑物价格	ELP	实际土地价格
2018年12月7日	16 763.91	10 037.04	4 227.54	7 367.04	12 536.37	2 670
2019年	18 229.54	10 832.70	3 673.42	8 162.70	14 556.13	2 670
2020年	19 503.10	12 148.41	3 814.42	9 478.41	15 688.69	2 670
2021年	21 857.93	12 186.00	4 077.72	9 516.00	17 780.21	2 670
小区2（保障类住房）					
2021年8月13日	46 319.60	16 110.00	4 077.72	11 852.00	42 241.89	4 258
小区3（普通商品房）					
2019年11月22日	6 947.58	18 940.77	3 673.42	14 022.77	3 274.17	4 918
2020年	7 056.95	21 241.27	3 814.42	16 323.27	3 242.53	4 918
2021年	8 877.00	21 307.00	4 077.72	16 389.00	4 799.28	4 918
小区4（普通商品房）					
2021年4月17日	22 020.14	25 573.00	4 077.72	19 050/21 219	17 942.42	6 523/4 354
小区5（高档住房）					
2021年6月6日	11 572.22	21 716.00	4 077.72	8 719.00	7 494.50	12 997
小区6（高档住房）					
2020年4月22日	5 478.98	34 470.34	3 814.42	27 469.34	1 664.56	7 001
2021年	7 924.21	34 577.00	4 077.72	27 576.00	3 846.49	7 001

注：表中每个小区的第一年为该小区开盘时间。ELP = EPP - ECP，实际建筑物市场价格 = 实际住房价格 - 实际土地价格。
资料来源：透明售房网，中国指数研究院，中国房地产统计年鉴。

从终生公平视角来看，表8-6表明不同类型住房的房地产税负在不同要素所有者间的分布存在差异。首先，作为土地市场的垄断供给者，政府也存在承担"税负"的情况。在一些租售比比较高的小区，政府并不能够获得土地的有效价格，导致这种情况的原因是政府一次性收取的是70年的租金收益，而当租金处于一个上涨通道时，政府不再能够及时调整土地的出让价格，从而失去了获得溢价回报的机会。而由图 8-1 也可以看出，在中国土地市场上，政府并不像房地产商那样对市场需求有更为直接和丰富的信息，这种不对称信息约束了政府获得均衡价格的能力，而政府之所以仍然愿意出让土地，可能是因为政府有机会用更低的价格征用土地，或者是政府出于民生问题考虑而有意低价出让。其次，尽管房地产商是中国住房市场上最大的法定纳税人，但是基于其超强的税负转嫁能力和信息优势，房地产商实际上并不承担经济税负。最后，尽管推行房地产税会使住房消费者作为一个整体成为纳税人，但从经济税负的视角来看，并不是每个居民家庭都是真正的税负承担者，尤其是政府低价出让的、容易出租的一些社区，居民经济上并不承担税负。所以出现这种税负分布状况，一是因为在中国房地产市场上存在一个奇怪的人为割裂，即允许农民到城市购房，但却不允许市民到农村购房；二是因为中国正处于城市化进程中，大量的农村居民正逐步转化为市民。这两个原因都强化了对城市住房的购买需求与承租需求，于是紧张的供给与缺乏弹性的需求给税负的转嫁提供了机会，而大量涌入城市的"新市民"的相对贫困状态则为低档社区实现税负转嫁提供了保障，结果导致城市一些高租售比的住房实际上并不承担经济税负。

（四）推行房地产税的规模收入分配效应：年度公平视角

规模收入分配研究税负如何影响总收入在居民之间的分配，由于推行房地产税会改变居民的行为，因此居民个体实际承担的税负并不等于其法定税负。假定考虑到这种行为变化后，减少居民 EG 数量的货币价值，可以使其效用水平与税后效用水平相等，即得到式（8-25）所示：

$$v(y^0 + EG, \ p_h^0, \ p_c) = v(y^1, \ p_h^1, \ p_c) \qquad (8-25)$$

式（8-25）中，$v(\cdot)$ 为间接效用函数，y^1 和 y^0 分别为居民的税后与税前的收入，p_h^1 和 p_h^0 分别为住房的税后价格与税前价格，p_c 为居民消费的其他商品的价格。为了求得 EG，我们具体化间接效用函数为齐次超越对数函数形式（King，1980），如式（8-26）所示：

$$\log v = \log\left(\frac{y}{p_c}\right) - \alpha_1 \log\left(\frac{p_h}{p_c}\right) - \alpha_2 \left[\log\left(\frac{p_h}{p_c}\right)\right]^2 \qquad (8-26)$$

利用罗伊等式，我们可以获得居民住房服务的需求函数，如式（8-27）所示：

$$x_h = \frac{y}{p_h}\left[\alpha_1 + 2\alpha_2 \log\left(\frac{p_h}{p_c}\right)\right] \qquad (8-27)$$

一旦估算出参数 α_1 与 α_2，我们就可以通过解方程（8-25）~（8-27）获得 EG，如式（8-28）所示：

$$EG = \pi y^1 - y^0 \qquad (8-28)$$

其中，π 可通过式（8-29）求得：

$$\pi = \left[\frac{p_h^0}{p_h^1}\right]^{(\alpha_1 + \alpha_2 \log\beta)} \qquad (8-29)$$

$\log\beta$ 可通过式（8-30）求得：

$$\log\beta = \frac{p_h^0 p_h^1}{p_c^2} \qquad (8-30)$$

对税负归宿合理性的判断观点各异，一些古典学者认为依据纳税能力同比例支付是合适的，另一些学者则赞成"同等牺牲"原则，认为公平的税负应该使所有纳税人的效用"牺牲"相同；或者使所有纳税人效用"牺牲"相同百分比（Salanié，2012）。此处的经验估计以最后一个观点为基准展开模拟。

中国综合社会调查（Chinese General Social Survey，CGSS）数据由中国人民大学社会学系与香港科技大学社会科学部联合完成，我们从中国社会调查开放数据库（cnsda. ruc. edu. cn）筛选了 2006 年的数据，该数据采取多阶段分层抽样方法获得，是包括 10 151 个家庭状况的全国性数据[①]，样本问卷设计了 1 310 个变量来反映 18 岁至 69 岁户主的家庭特征。考虑到房地产税仅适用城市的特征，我们剔除了农村家庭样本和一些只反映农村家庭特征的观察值，以及一些与房地产税无关的家庭特征观察值。最后，我们得到的样本包括了 24 个变量，4 415 个观察值，其中三个变量来自《中国统计年鉴》（2006）。

依据上述数据，具体的模拟过程如下：首先，使用总的住房价值除以建筑面积，得到税前的住房价格 p_h^0，其次，其他商品组合的价格定义为家庭消费总支出除以消费支出的数量，尽管消费支出总额可以通过加总样本家庭各项支出获得，但是消费支出的数量却需要一个代理变量表示，通常来说，家庭人口、住房面积或者社区档次决定或代表了居民家庭的消费状况，因此我们用社区档次调整家庭人口后的数据作为家庭消费的数量，此处的调整权重为式（8-31）所示：

$$w\_co_i = \mathrm{var}(hc) \div \frac{obs_i \times hc_i}{\sum_{i=1}^{10} obs_i \times hc_i}(i = 1, 2, \cdots, 10) \qquad (8-31)$$

式（8-31）中，hc_i 为社区类型，分别为 1~10 类，$\mathrm{var}(hc)$ 为 hc_i 的方差，obs_i 为 i 类家庭的数量。利用这一权重，我们可以得到其他商品组合的价格 p_c，如式（8-32）所示：

$$p_c = 家庭总支出/(wc\_o_i \times 家庭人口) \qquad (8-32)$$

结合样本中的住房面积 x_h 与家庭收入两个变量 y，我们得到了估算式（8-27）中 α_1 和 α_2 所需要的所有变量（x_h，y^0，p_h^0，p_c），运行 Stata16 软件，我们得到

---

① 不包括中国香港、中国澳门、中国台湾与西藏自治区。

如下结果：

$$\alpha_1 = 0.09326 \, (t - value = 6.18 \, [prob = 0.0000])$$

$$\alpha_2 = -0.0060 \, (t - value = -2.32 \, [prob = 0.021])$$

在得到统计显著的 α_1 和 α_2 之后，估算房地产税改革的 EG 就需要计算税后的价格 p_h^1 与税后收入 y^1。税收引致的住房价格的偏离取决每平方米住房承担的税收负担，尽管 CGSS（2006）没有家庭税负方面的信息，但是依据房地产税改革中的口径观点（即改革后的房地产税归并了房产各税），税后价格是可以通过推算获得（Yagi and TachibanakiI, 1998），即运用 2006 年全国总的建筑面积存量去除当年总的房地产税收入获得。由于房地产税是从价税，因此我们利用全国范围的住房平均价格加权每平方米住房的税收负担，于是可以定义住房税后价格为式（8－33）所示：

$$p_h^1 = p_h^0 \left(1 + \frac{全国房产各税收入}{总的住房建筑面积存量 \times 全国住房平均价格} \right) \quad (8-33)$$

在式（8－33）中，总的财产类税收收入、城市总的建筑面积、全国住房平均价格都可以在《中国统计年鉴（2006）》中查得。

如果房地产税改革是中性的，那么税后家庭收入应该等于税前家庭收入减去家庭税负数量，收入从 y^0 向 y^1 的变化只反映了房地产税改革的收入效应，因此并没有扭曲收入分配的状态，这意味着总的房地产税按照房产的价值分配给了各个家庭，因此我们可以用 y^0 减去调整的住房建筑面积与单位面积住房税负的乘积得到 y^1。此处的权重是 p_h^0 除以全国的平均价格。

在计算出来 y^0、y^1、p_h^0、p_h^1 和 p_c 之后，我们就可以进一步求得 z 和 π，进而计算出 EG。为了考察不同类型社会家庭由推行房地产税带来的福利损失，我们把样本家庭基于不同特征区分为不同类型，这些区分的标准包括了成为城市市民的时间，自住还是租住住房，住房面积大小、户主父母特征等，所以这样区分的原因是这些特征都是中国当前影响居民住房状态的重要因素。

首先，根据样本居民取得城市户口的时间将整个居民分成三类，第一类于1978 年前取得，第二类于 1979～1998 年住房非市场化过程中取得，第三类于1999 年住房市场化改革完成后取得。对每一类居民而言，自住与租住的差异会影响到其承担税负的不同，因此我们进一步将每一类居民进一步区分为自住与租住两个小类（如表 8－7 所示）。再有，家庭夫妻双方父母户籍性质的差异也是影响中国居民住房状况的一个重要因素，因此表 8－8 将上述户籍取得时间的类型，又通过按双方父母户籍性质的差异区分为三个子类，分别是双方父母都是城市户口、一方父母是城市户口、双方父母都是农村户口。其次，不同面积住房面临的税率存在差异，因此我们按住房面积小于 60 平方米，60～144 平方米，144～180平方米与大于 180 平方米，对居民家庭进行了分类，具体如表 8－9 所示。另外，

表 8－7 至表 8－9 中的比重项分别表示每一小类占总有效样本的比例，收入与福利损失单位为元。

表 8－7　　　房地产税改革对不同时期自住与租住户福利水平的影响

成为城市户籍（年份）	住房状态	比重	税前收入（Y^0）	税后收入（Y^1）	福利损失（EG）	EG/y^1
1978 年以前	Renter	0.15	1 646.033	769.9271	－42.64841	－0.0553928
	Owner	0.62	7 044.419	5 027.824	－206.4637	－0.0410642
1979～1998 年	Renter	0.03	876.246	426.745	－13.74197	－0.0322018
	Owner	0.16	2 737.93	1 991.471	－78.18467	－0.0392598
1999 年至今	Renter	0.01	101.779	39.63728	－1.180191	－0.0297748
	Owner	0.02	280.36	224.7547	－9.264173	－0.041219

表 8－8　　　房地产税改革对不同时期的不同父辈状况家庭福利水平的影响

成为城市户籍（年份）	双方父母状态	比重	税前收入（Y^0）	税后收入（Y^1）	福利损失（EG）	EG/y^1
1978 年以前	双方城市	0.54	3 313.507	2 269.919	－109.5654	－0.0482684
	城市农村	0.10	528.844	330.5955	－16.01042	－0.048429
	双方农村	0.13	1 457.338	1 236.332	－20.61662	－0.0166756
1979～1998 年	双方城市	0.06	330.482	225.3564	－8.784383	－0.03898
	城市农村	0.05	243.13	201.2089	－6.695108	－0.0332744
	双方农村	0.09	440.566	347.7328	－13.88348	－0.0399257
1999 年至今	双方城市	0.01	48.95	43.24915	－2.317889	－0.0535939
	城市农村	0.01	38.45	23.22765	－0.6323091	－0.0272223
	双方农村	0.02	66.008	47.43945	－2.216509	－0.0467229

表 8－9　　　房地产税改革对不同住房面积家庭福利水平的影响

住房面积（平方米）	比重	税前收入（Y^0）	税后收入（Y^1）	福利损失（EG）	EG/y^1
小于 60	0.481	1 858.544	1 579.217	－67.54855	－0.0427735
60～144	0.484	3 354.922	2 972.894	－101.0565	－0.0339926
144～180	0.017	95.432	81.09781	－5.669107	－0.0699046
大于 180	0.018	102.46	93.80688	－6.493587	－0.0692229

从表 8 - 7 至表 8 - 9 可以看到，房地产税改革或多或少都会降低居民的福利水平，这也印证了前述功能收入分配的结论。相对于自住用户，租住者福利水平的下降证明房地产税存在转嫁现象，而且居民租住时间越长，被转嫁的税负就越多（如表 8 - 7 所示）。在中国，由于居民双方父母的状况通常是影响居民购买住房的一个重要因素，家庭双方父母情况差异比较明显的家庭，拥有住房的情况也差异明显。一般来说，如果家庭双方父母都是市民，那么这类家庭就比较容易成为住房的拥有者，因此承担的税负大体相同，而单方父母是城市居民的家庭，家庭拥有住房可能就需要时间的积累，因此那些成为市民时间较长的居民承担了较重的税负。双方父母都是农村居民的家庭，购房能力通常较弱，因此比较年轻的此类居民承担被转嫁的税负较多（如表 8 - 8 所示）。而拥有高级住宅及别墅的居民福利损失也比较多（如表 8 - 9 所示）。

从上述模拟结果还可以看到，不同分类视角房地产税改革的公平效应存在差异，因此我们进一步计算了样本居民作为一个整体时税前、税后的基尼系数，结果税后的基尼系数由税前的 0.52 上升到了税后的 0.54，这意味着深化房地产税改革需要更加关注收入分配效应。同时，如果注意到表 8 - 7 至表 8 - 9 中的比重结构，我们会发现那些本来不应该遭受福利损失的群体所占的比重相对较小，这给深化房地产税改革时出台消除不公平的政策提供了相应的空间。

（五）数据模拟与研究启发

定位房地产税为健康中国建设的受益税，虽然为健康中国建设提供了稳定的收入来源，但是推行房地产税也必然影响居民的相对福利水平。因此，在深化房地产税的过程中，必须关注它的收入分配效应，并设计必要的应对政策。

房地产税会使劳动要素所有者（家庭部门）的福利受损，而不会影响到资本要素所有者（房地产商）的收益，这表明住房需求在中国是缺乏弹性的商品。提供保障性住房尽管会使政府失去"应得"的土地收益，但却是政府深化房地产税过程中维护公平正义的有效举措，从受益税的角度来看房地产税具备了作为健康中国建设税收来源的条件。

尽管房地产税是针对有房居民的税种，但是租房户的福利也同样会受到影响，尤其是房地产税使长期租户与城市新"居民"承担了相对较多的税负，实际上是对公平收入分配起到了一个负面的影响，因此推行房地产税必须首先解决其可能存在的收入分配问题。从操作层面来看，对一定建筑面积以下的住户免税，或对一定收入水平以下的住户免税能够有效地增强推行房地产税的收入分配效应，从数据模拟结果看，如果对 1 万元收入以下的住户免税，税后的基尼系数就会下降为 0.49，而如果对 2 万元收入以下的住户免税，则税后的基尼系数会进一步下降为 0.47。因此，需要制定合理的税收征管政策，使其更具备受益税特征（郭宏宝，2016）。

六、作为收入策略的总结性评述

目前，中国经济面临结构调整与增长乏力的双重约束，在疫情蔓延和逆全球化的大背景中，需求收缩、供给冲击和预期减弱已演化为经济发展的桎梏，财政政策被赋予应对困境的重要职责，一个适应市场经济需要的现代财政制度被认为是有效发挥财政政策功能的制度基础，而推行房地产税则是构建现代财政制度的一个关键环节，也是党的十九届四中全会要求完善直接税制度和解决地方政府收支不匹配制度性缺陷的一个突破口。然而，在历经十几年的房地产税改革探索之后，推行房地产税依然没有明确的路线图，造成这种情况的原因虽然纷繁复杂，但是地方收入激励与房地产市场本身存在的问题无疑是其中的瓶颈与核心所在。基于这样的考虑，将推行房地产税作为健康中国建设的收入来源予以研究有一定的合理性，研究结论可以概括为：第一，房地产税收入与土地出让收入之间存在跷跷板效应，当住房市场的需求价格弹性小于1时，推行房地产税并作为健康中国建设的资金来源有财政上的可行性；第二，构建完善的房地产税评估制度，提高住房评估的科学性、合理性，并赋予地方政府一定程度的税率决定权，有助于房地产税的推行；第三，抑制房地产市场的投机性需求有助于实现地方政府推行房地产税的市场条件；第四，中国目前总体上具备开征房地产税的市场环境，但是在经济发展程度不同的城市表现各异；第五，将房地产税作为健康中国建设的资金来源可能会带来区域间、区域内的公平性问题，因此在政策制定时必须考虑到财政能力差异对健康中国建设公平性的影响。

总之，经过20多年的培育与发展，中国的房地产市场规模已经能够承担起健康中国建设所需的财力支撑，但是推行房地产税必须做好顶层设计与基层实践的有机结合。首先，一项税收的开征绝不仅仅是收上来多少钱的问题，其对投资、消费和生产等经济生活都必将产生直接或间接的影响，因此有必要在房地产税推出之际做好顶层设计，尤其是要明确住房产权接续等涉及房地产市场发展的根基性问题。其次，中国各个区域经济发展存在巨大差异，在具体执行层面必须给地方政府留出适当的政策空间，既要遵循改革的总体原则，也要允许地方政府根据当地居民承受能力、政府财政需求和当地经济与房地产市场发展状况适时确定改革时机，以做到保障健康中国建设需求与当地经济社会需要的有机融合。最后，将房地产税与健康中国建设融合决不仅是一个单纯的收入策略问题，还是影响中国未来现代财政制度体系架构和提高国家治理能力实现方式的重要举措，因此将推行房地产税与健康中国建设联结起来不是绝对的，而是要依据各地差异具体情况具体处理，既要有利于形成一个审慎的改革方案，也要有利于为公共卫生等地方性公共产品提供稳定预期和稳定收入来源。

<h1 style="text-align:center">第三节　健康中国建设的公共卫生
财政协同策略*</h1>

　　明确了适应健康中国建设需要的公共卫生财政支出重点，也探讨了适应公共卫生财政支出需要的财政收入改革问题，但是考虑到公平性和财政能力的差异，支出和收入的匹配总是相对的，或者说特定地方政府公共卫生财政收入与支出的不平衡才是常态。因此，要确保健康中国建设的顺利推进，就必定还会面临一个财政收支的协同问题。公共卫生财政是分权财政，也是法制财政，唯有建立于法制化基础上的公共卫生财政协同才能保证健康中国建设所需要的物质基础和制度保障，这就需要研究公共卫生领域财政事权与支出责任的划分与协作问题。

　　财政事权是一级政府应承担的运用财政资金提供基本公共服务的任务和职责，支出责任是政府履行财政事权的保障。合理划分政府间财政事权和支出责任是有效提供公共卫生服务的前提，也是推进国家治理体系和治理能力现代化的客观需要。按照党的十八大和十八届三中、四中、五中全会提出的建立事权和支出责任相适应的财政制度，以及党中央、国务院关于推进中央与地方财政事权和支出责任划分改革的决策部署，国务院办公厅印发的《医疗卫生领域中央与地方财政事权和支出责任划分改革方案的通知》已经在国家和地方层面明确了公共卫生财政事权与支出责任的划分与协同问题。因此，本节的前五部分内容专注于地方各级政府层面公共卫生财政事权与支出责任划分的研究，第六部分基于前五部分的研究结论提出具体的协同策略。考虑到浙江省在这一领域改革的引领性，且已经出台了《浙江省人民政府关于推进省以下财政事权和支出责任划分改革的实施意见》等相关文件，因此聚焦浙江省的研究结论对全国也具有借鉴意义。

一、公共卫生领域财政事权和支出责任改革背景

　　依据浙江省疾病防控现实，在中央重大公共卫生范畴上有所扩充，但是范围限定在省以上财政事权及省、市县共同财政事权范围内。具体来说，在中央重大公共卫生包含的免疫规划、艾滋病防控、结核病防控、血吸虫病防控、精神疾病防控的基础上增加了麻风病防控、其他传染病防控、农村妇女两癌筛查、浙江省

---

　　* 本节内容源自赵海利教授主持的省财政厅课题《省以下政府在公共卫生领域财政事权和支出责任划分改革研究》的总结性成果。

高发癌症筛查、心脑血管疾病和脑卒中等慢性病的防控，除此之外，支持体系建设和维持机构运行事权也包含在内，因此是一个大的公共卫生财政概念范畴①。

由于在法律层面并没有对省以下各级政府财政事权进行划分，目前只能根据各级政府支出情况反推财政事权，即哪级政府进行了支出，就认定该级政府承担了财政事权。为研究方便，这里将公共卫生领域分成免疫规划、艾滋病防控、结核病防控、血吸虫病防控、麻风病防控、精神卫生防控、慢性病防控和其他传染病防控八大类，每个类别由若干个项目组成，每个项目进一步划分成若干个子项目，得到不同项目及其子项目的资金来源结构如表8-10所示。由表8-10可知，各级政府在公共卫生领域财政事权的划分框架基本形成，在某些项目财政事权和子项目财政事权、支出责任划分上也日渐明确。如在免疫规划事权中，中央财政承担了疫苗和注射器采购、AFP监测、麻疹监测、乙肝监测等事权，省级财政主要承担了异常反应补偿事权，县市级财政承担了接种服务事权。在艾滋病防控中，手术患者艾滋病初筛事权依据医院隶属关系在省级和县市财政之间进行划分，重点人群初筛事权依据各自确定的任务量在省级和县市财政之间进行划分。

表8-10　　　　　　　　　　　现有事权的资金来源情况

类别	项目事权	子项目事权	中央	省级	市县
免疫规定	常规免疫	疫苗和注射器购置	✓		
		AFP监测、麻疹监测、乙肝监测	✓		
		异常反应补偿*		✓	✓
		接种服务			✓
艾滋病防控	艾滋病防控	手术病人初筛（按医院隶属关系划分）		✓	✓
		重点人群初筛（任务量划分）		✓	✓
		自愿咨询检测	✓		
		艾滋病确证	✓	✓	
		HIV检测试剂、CD4检测试剂、病毒载量检测试剂及耐药性检测试剂	✓		
		药品采购	✓		
		患者随访	✓		
		哨点监测	✓	✓	✓
		核酸检测	✓	✓	

① 中央重大公共卫生事权的范畴，在不同年度有所差异，总体来说，免疫规划、艾滋病防控、结核病防控、血吸虫病防控、精神卫生防控的财政事权没有变化。县市区财政事权在各个地区有所不同，例如：德清县财政已经将艾滋病筛查范围从重点人群、手术患者拓展到了60周岁以上的老人；海宁、仙居、兰溪和温岭市财政已将高发癌症筛查纳入政府为民办实事工程，金华和兰溪财政将高血压、糖尿病的基本药物纳入财政全额保障范畴，金华市财政免费为孕妇进行产前筛查，此类财政事权不在本节研究范围之内。

续表

类别	项目事权	子项目事权	中央	省级	市县
艾滋病防控	艾梅乙防控	孕妇和新生儿艾梅乙筛查	☑		
		孕妇和新生儿艾梅乙治疗费（药费和化验检查费）	☑		
		孕妇和新生儿艾梅乙随访费	☑		
结核病防控	普通结核病防控	高危人群筛查			☑
		疑似结核患者诊断	☑		
		普通肺结核治疗	☑		☑
		患者管理和随访	☑		☑
	耐多药防控	疑似耐多药患者诊断	☑	☑	
		药品购置	☑	☑	
		患者管理和随访	☑		☑
血吸虫防控	血吸虫防控	查螺灭螺费	☑	☑	☑
		粪检点检测		☑	☑
		省际血防联防		☑	
		晚血病人救助	☑	☑	
精神疾病防控	普通精神疾病	精神疾病排查	☑	☑	☑
		疑似精神疾病患者确诊			☑
	重度精神疾病	药品购置	☑	☑	
		患者随访和定期评估	☑	☑	☑
		患者家属护理教育			
慢性病防控	农村妇女两癌	农村妇女两癌筛查	☑	☑	☑
	其他高发癌症	肺癌、结直肠癌筛查	☑	☑	
	心脑血管疾病	高危人群早期筛查干预	☑		
	脑卒中	脑卒中高危人群筛查干预	☑		
麻风病防控	麻风病防控	麻风病监测		☑	☑
		筛查确诊		☑	☑
		患者治疗	☑	☑	☑
		患者随访	☑	☑	☑
其他传染病防控	疟疾和寄生虫病	疟疾和寄生虫病监测	☑		
	鼠疫	鼠疫监测	☑	☑	☑
	手足口病	手足口病监测	☑		☑
	登革热	登革热监测	☑		☑
	狂犬病	狂犬病监测	☑		☑
	出血热	出血热监测	☑		☑
	布病	布病监测	☑		☑

续表

类别	项目事权	子项目事权	中央	省级	市县
支持体系建设和维持机构运行	支持体系建设	冷链设备		✓	
		疾控机构实验室装备		✓	✓
		疾控机构信息化建设	✓	✓	✓
	维持机构运行	人员经费和公用经费		✓	✓

注：①异常反应补偿，有些县市在省级补偿基础上1:1配套。
②这里的资金来源结构，并非针对某年的具体情况，而是主要资金来源的反映。例如：2013~2015年省级财政每年承担艾梅乙防控经费1200万元，2016年后伴随中央艾梅乙投入增加，此项支出取消。这里将认为省级政府不再承担艾梅乙防控事权。
资料来源：根据2013~2017年省财政厅社保处相关文件及部分县市调研数据整理。

仔细分析当前财政事权和支出责任划分后可以发现的问题包括：

一是有些"齐抓共管"财政事权分工并不明确，存在一定程度的看菜吃饭现象。部分齐抓共管事权在各级政府间的划分还有待进一步明确，如2013年和2014年上级政府的重大公共卫生项目经费比较充足，除艾滋病防控、结核病防控、麻风病防控项目外，在卫生人员培养训练类项目中还设有艾滋病人员培训、结核病人员培训和麻风病人员培训。但是2015年之后，这些培训项目不再设立，培训经费主要由县市区政府承担，各县市区因财政供给能力、对项目重视程度等因素差异，造成部分疾病防控机构不同程度地存在看菜吃饭现象：经费充足，参加培训的次数、人员比较多；经费紧张，参加培训次数、人员相应比较少。与此类似，县财政主要负担的宣传教育经费，在不同县市区的保障水平差异明显，经济富裕、对疾控工作比较重视的县市区，在高铁附近投入的一个广告费用就高达20万元；而经济条件一般、对疾控工作不太重视的县市区，财政在整个宣传教育方面的投入几乎为零①。

二是业务主管部门下达工作任务、工作量所需经费常常与其拨付的工作经费存在缺口。财政事权只表明这件事情财政需要来做，但是做到什么程度、按什么标准去做在事权中并没有明确规定，而这些恰恰与明确支出责任密切相关。由于经费下达和工作任务下达采取两条线，实际中二者之间常常出现一定程度的资金缺口，这一现象在经济欠发达地区更为明显。以金华地区血吸虫防控的查螺灭螺事权为例，2017年金华地区查螺、灭螺面积分别为1108.9万平方米和705.7万平方米，经费投入分别为170万元和296万元，相当于每千平方米查螺、灭螺支出分别为160元和420元。其中经济比较发达的永康、义乌每千平方米查螺支出分别为638元和546元，而作为加快发展县的兰溪这一数值仅为68元，在每千

---

① 这些地区的宣传教育，常常依附于那些经费相对宽裕的重大传染病（如艾滋病、结核病）防控项目或者相关的宣传教育（如爱国卫生宣传教育）项目。

平方米灭螺支出上东阳、义乌分别为 1 161 元和 923 元，而金东区和婺城区该数值仅为 401 元，是前者的 40% 左右。[①]

艾滋病防控中的哨点监测经费，亦不能反映工作任务、工作量的差异。上级政府（中央和省级政府）基本按照一个哨点 1 万元进行补助，但是不同哨点的实际成本差异很大，无偿献血监测成本基本在 1 万元左右，流动人口监测、孕产妇检测、吸毒监测、暗娼监测和男男性行为监测成本常常在 2 万元至 3 万元之间。

二、省以下公共卫生领域财政事权和支出责任划分原则

（一）划分的基础假设

从理论上看，财政事权和支出责任的划分，应基于以下前提假设。

收入公允原则，即各级政府应得财政收入是公允的，或者说收入处于各方平等博弈的均衡点。财政收入是政府履职的物质基础，也是平衡其财权和事权的重要影响因素，离开财权孤立地研究事权和支出责任是没有意义的，应在财政体制完善的大背景下，考察政府财政事权与支出责任的合理性，做到财政收支的激励相容，只有在这个前提下讨论财政事权和支出责任的划分也才有现实意义。

法制化是财政事权和支出责任划分的基本前提。因为法制化的最大优势是可以做到稳定和可预期，这对政府基于最终目标或约束安排预算是有益的。因此，要保证财政目标达到稳定实现，首先就需要将财政事权和支出责任的划分以法律法规的形式明确。这一方面可以减少财政事权和支出责任的不合理调整，另一方面也可以在财政事权或支出责任产生异议时，通过法制化方式解决问题。

（二）公共卫生财政事权和支出责任划分原则

"效率优先、兼顾公平、激励相容"可以作为财政事权和支出责任划分的总原则。强调效率优先是因为地方政府是地方公共产品的主要提供者，失去了效率原则，意味着地方失去了首先获得地方性公共服务的机会，地方政府就没有动力去执行支出责任，权责的划分也就没有了实际价值。因此，必须首先给予地方根据本地居民意愿从事财政收支活动的空间，以实现地方在权限约束下的利益最大化目标，所以必须将效率作为优先原则。

兼顾公平是公民能够平等享有基本公共服务的内在要求，需要说明的是，兼顾不等于较少关注，更不能是不顾。提出兼顾公平的原因是地方局部利益可能会与全局整体产生矛盾，地方公共服务供给能力会与全国平均公共服务能力之间产

---

① 本书调研所得数据。

生偏差。兼顾公平就是要将地方的效率目标追求统一到兼顾国内公平的轨道上，做到这一点，往往需要经由上级政府通过公平事权，进行领导性或调控性干预，也就是说有两条实现途径：一是上级政府直接的再分配，二是地方政府横向的财政协同。前者通常关注于最基本的均等化目标，强调最低服务标准；后者表现为区域协同，可以有合理的区域性差距，但无论是哪一条途径，事先明确各相关主体间的事权与支出责任都是必需的。

兼顾激励相容的目标在于尽可能发挥各级政府的积极性，鼓励各级政府各自按照划定的职能尽力做好自己分内的事情，减少因为信息不对称、委托代理问题导致的效率损失。对一项公共卫生事件，如免疫规划，虽然依照受益范围、外部收益、基本公共服务范畴确认为财政事权主要归入中央政府，但其不同子项目，如异常反应补偿事权交给中央政府却有失妥当，原因在于异常反应补偿的单位成本较高、不同异常反应的补偿标准不尽相同，中央要获得这些信息的成本较高，考虑到异常反应补偿并非免疫规划的核心支出，从激励相容角度来看，这一子项目归入省级政府事权，中央通过平衡省域间财政净利益方式给予部分补偿，比中央承担财政事权更有效率。

三、公共卫生领域财政事权和支出责任划分步骤

依据财政事权和支出责任划分原则，公共卫生财政事权和支出责任的划分步骤与流程如图 8-2 所示。

首先，依据公共卫生受益范围和外部性特征，按照效率原则，确定项目事权的责任主体。效率优先，意味着财政事权和支出责任的行政空间尽可能与公共卫生的受益空间一致，即依照各项疾病防控的受益范围确定财政事权范围。如果公共卫生的受益空间与财政事权空间完全一致，此时资源配置最有效率。但是，资源配置的受益空间常常与行政事权空间不一致，因为后者是历史演变而成的，它受政治、军事、地理、种族等因素影响。由于某一辖区的财政决策只考虑到本辖区承担的公共卫生收益（或防控不到位的成本），但是这些防控收益（或防控不到位的成本）并非全部由本辖区获得，因此该辖区公共卫生的收益从全社会的角度看将被低估。如果外溢性比较大，一般要求辖区的上一级政府承担部分财政事权和支出责任[1]，且上一级政府为此作出决策的执行成本就会比较小，此时依据公共卫生服务所在辖区承担相应财政事权和支出责任是合适的，具体实践中可以接受次优目标。

---

[1] 如果涉及的辖区数量不多，上级政府亦可以出面对利益相关的几个辖区进行协调，以达到资源有效配置与公平负担的目的。

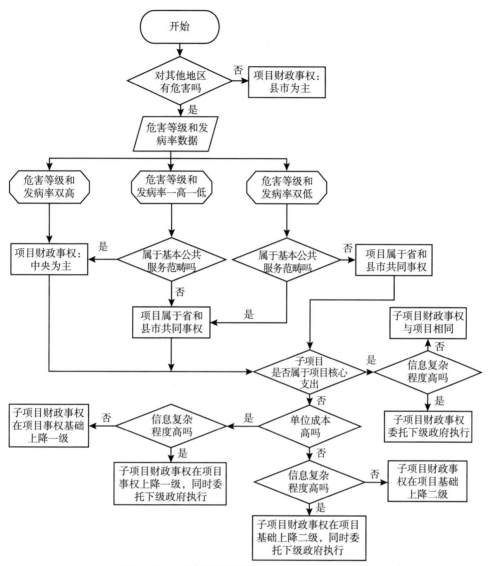

图 8 - 2　公共卫生财政事权与支出责任划分流程

就地方政府层面而言，一是受益范围在省域（或县市内），对其他省域（或其他县市）没有影响的财政事权归入省级政府（或县市政府）[①]；二是受益范围主要是省域（或县市内），但是外溢到其他省份（或其他县市）的收益亦不可忽略，归入中央和省级共同财政事权（省级和县市共同财政事权）；三是受益范围主要是省域（或县市内），但是外溢到其他省份（或其他县市）的收益可以忽略，归入省级财政事权（或县市财政事权）。第一种情况主要针对非传染性疾病防控；后两种情况主要针对传染性疾病防控（包括对其他人有影响的精神疾病防控）。

[①]　集中在地方病防控和慢性病防控上。

首先，选择危害等级和发病率这两个指标来衡量疾病防控受益范围和外部收益。危害等级越高，意味着此项疾病防控的受益范围越大，或是防控不到位的危险越高。对于传染病的危害等级，可采用传染病等级的国家标准；对于精神疾病的危害等级，可采用专家打分方法；除此之外的公共卫生事件，对其他地区或其他人不构成危害，危害等级为0。

其次，可以依据公共卫生服务的合理范围，在兼顾公平原则的基础上，上调该项目的财政事权。尤其是具有商品平均主义特征的某些公共卫生项目，政府更有必要将其按照统一标准提供给全体居民。此时，即使按照效率或外部性大小可以由下级政府提供，也适宜于将事权交给上级政府，否则更有可能伤害到公平原则。从省以下公共卫生财政分权看，省级政府统一提供最低标准的公共卫生服务才是合适的。因此，将公共卫生服务中列入基本服务范畴的财政事权，在效率标准确定的事权级次基础上上调一级①。

再次，依据子项目是否属于项目核心事权、单位成本高低程度和信息复杂程度，从激励相容角度调整子项目事权，由于同一项目内各子项目的财政事权划分并不完全相同。需要依据子项目是否属于核心事权、子项目单位成本高低程度和信息复杂程度三个维度，进一步细化原有的财政事权，具体来说包括：第一，如果子项目属于项目核心事权且信息复杂程度不高，子项目事权沿用项目事权的划分层次，如果虽属于核心支出但复杂程度较高，子项目宜委托下级政府执行；第二，如果子项目属于非核心事权且单位成本比较高，子项目财政事权在项目基础上降一级，如果信息复杂程度较高，宜执行责任下移，由上级政府出钱，下级政府办事；第三，如果子项目属于非核心事权，但单位成本比较低，子项目财政事权在项目事权基础上降两级，如果信息复杂程度较高，执行责任宜下移；第四，财政事权级次按中央事权、中央和省共同事权、省级事权、省和市县共同事权、市县事权的顺序下移。即：如果项目属于中央事权，子项目财政事权在项目基础上降一级，则为中央和省级共同事权，子项目财政事权在项目基础上降两级，则为省级事权。以此类推。

最后，依据效率和激励相容原则，确定支持体系建设和维持机构运行的财政事权维持疾病防控机构运行事权，按照成本承担和受益空间相一致的效率要求及激励相容要求，由机构管理对应的同级财政承担。支持体系建设的事权，主要按照支持体系的服务目标确定财政事权。具体分以下几种情况：第一，有文件明确规定财政事权责任归属的支持体系建设，依照文件执行；第二，对没有相应文件支撑的大型专用仪器设备，目前主要依据疾控机构隶属层次，由同级财政负责，考虑到该项支出具有一次性且数额大的特点，建议在原有财政事权划分基础上，适当增加省级财政对经济欠发达县市区补助；第三，关于信息化建设的网络直报

---

① 由于户籍制度的存在，不排除省级层面确立的基本公共服务，具有人与人之间收入再分配职能。

信息系统，建议按照"哪级财政下达工作任务，列入哪级财政事权，由哪级财政买单"的规则执行，除此之外的信息系统建设，建议顶层设计归入省级（及以上）财政事权，具体落实由各级财政共担①。

四、公共卫生领域财政事权和支出责任划分结果

按照图 8 - 2 的流程，得到各项目及子项目财政事权和支出责任划分结果，具体如表 8 - 11 所示。

比较表 8 - 11 和表 8 - 10 可以发现，现实中的财政事权和支出责任划分与理论划分差异主要体现在以下几方面。

第一，重大传染病防控中的重点人群筛查，从理论上讲，属于项目的核心事权，根据公共卫生财政理论，其财政事权应该基本与项目事权一致，但是现实距离理论有一定差距②。例如：艾滋病防控依照危害等级、发病率标准，应该属于中央和省级共同事权，其核心项目重点人群筛查，从理论上讲财政事权与艾滋病防控事权级次相同，应该归入中央和省级共同事权，但现实情况是，艾滋病防控事权属于中央和省级共同事权，而重点人群筛查却属于省级事权。同样的情况出现在肺结核防控中的重点人群筛查，血吸虫病防控项目中的查螺灭螺事权划分中。根据国务院办公厅《关于印发医疗卫生领域中央与地方财政事权和支出责任划分改革方案的通知》，"中央在重大公共卫生领域的事权限定在全国性或跨区域的重大传染病防控"上，中央和省级在这些重大传染病防控的核心支出方面，仍有待加强。

表 8 - 11　　　　根据理论分析得出的子项目财政事权和支出责任划分结果

类别	项目事权	子项目事权	中央	省级	市县	与现有事权的不同处
免疫规定	常规免疫	疫苗和注射器购置	√			无变化，核心支出，信息不复杂
		AFP 监测、麻疹监测、乙肝监测	√			无变化，核心支出，信息复杂
		异常反应补偿*		√	√	无变化，非核心支出，单位成本高，信息复杂
		接种服务			√	无变化，非核心支出，单位成本低，信息不复杂

---

① 考虑到资本投入的规模经济，对于县市区财政负责的硬件投入，可以考虑省级统一招投标，县市区分头购买方式，以提高财政资金使用效率。

② 即使考虑到信息复杂程度，采取上级政府出钱，下级政府办事的方式将责任下移，当前中央和省级政府在重点人群筛查方面的支出责任仍有提高空间。

续表

类别	项目事权	子项目事权	中央	省级	市县	与现有事权的不同处
艾滋病防控	艾滋病防控	手术病人初筛（按医院隶属关系划分）		√	√	无变化，非核心支出，单位成本低，信息复杂
		重点人群初筛（任务量划分）	√	√		增加中央财政事权，核心支出，信息复杂
		自愿咨询检测		√	√	由中央财政事权变成省和市县共同事权，非核心支出，单位成本低、信息复杂
		艾滋病确证	√	√		无变化，核心支出，信息复杂
		HIV检测试剂、CD4检测试剂、病毒载量检测试剂及耐药性检测试剂	√			无变化，核心支出，信息不复杂
		药品采购	√			无变化，核心支出，信息不复杂
		患者随访	√			无变化，非核心支出，单位成本低，信息复杂
		哨点监测		√	√	变中央、省和市县共同事权为省和市县共同事权，非核心支出，单位成本低，信息复杂
		核酸检测	√	√		无变化，核心支出，信息不复杂
	艾梅乙防控	孕妇和新生儿艾梅乙筛查	√			
		孕妇和新生儿艾梅乙治疗费（药费和化验检查费）	√			
		孕妇和新生儿艾梅乙随访费		√		变中央事权为省级事权，非核心支出，单位成本低，信息复杂
结核病防控	普通结核病防控	高危人群筛查	√	√		增加省级事权，核心支出，信息复杂
		疑似结核患者诊断	√			无变化，核心支出，信息不复杂
		普通肺结核治疗	√		√	无变化，核心支出，信息不复杂
		患者管理和随访	√		√	无变化，非核心支出，单位成本低，信息复杂

续表

类别	项目事权	子项目事权	中央	省级	市县	与现有事权的不同处
结核病防控	耐多药防控	疑似耐多药患者诊断	√	√		无变化，核心支出，信息不复杂
		药品购置	√	√		无变化，核心支出，信息不复杂
		患者管理和随访		√	√	变中央事权为省级和市县共同事权，非核心支出，单位成本低，信息复杂
血吸虫防控	血吸虫防控	查螺灭螺费	√	√		变中央、省和县市共同事权为中央和省共同事权，核心支出，信息复杂
		粪检点检测		√	√	无变化，非核心支出，单位成本低，信息复杂
		省际血防联防		√		无变化，非核心支出，单位成本高，信息复杂
		晚血病人救助		√		变中央事权为省级事权，非核心支出，单位成本高，信息复杂
精神疾病防控	普通精神疾病	精神疾病排查	√	√	√	无变化，核心支出，信息复杂
		疑似精神疾病患者确诊			√	无变化，核心支出，信息复杂
	重度精神疾病	药品购置	√	√		无变化，核心支出，信息不复杂
		患者随访和定期评估		√	√	变中央、省和市县三级事权为省和市县共同事权，非核心支出，单位成本低，信息复杂
		患者家属护理教育		√	√	变中央、省和市县三级事权为省和市县共同事权，非核心支出，单位成本低，信息复杂
慢性病防控	农村妇女两癌	农村妇女两癌筛查			√	变中央、省和县市共同事权为县市事权
	其他高发癌症	肺癌、结直肠癌筛查			√	
	心脑血管疾病	高危人群早期筛查干预				
	脑卒中	脑卒中高危人群筛查干预				

续表

类别	项目事权	子项目事权	中央	省级	市县	与现有事权的不同处
麻风病防控	麻风病防控	麻风病监测			√	变省和县市事权为县市事权，非核心支出，单位成本低，信息复杂
		筛查确诊		√	√	无变化，核心支出，信息不复杂
		患者治疗	√	√	√	变中央、省和县市三级事权为省、县市共同事权，核心支出，信息不复杂
		患者随访		√	√	变中央、省和县市三级事权为县市事权，非核心支出，单位成本低，信息复杂
其他传染病防控	疟疾和寄生虫病	疟疾和寄生虫病监测	√		√	无变化，具有一定负外部性，属于中央和省级共同事权，但是信息复杂，委托下级政府
	鼠疫	鼠疫监测	√	√	√	
	手足口病	手足口病监测	√		√	
	登革热	登革热监测	√		√	
	狂犬病	狂犬病监测	√		√	
	出血热	出血热监测	√		√	
	布病	布病监测	√			
支持体系建设和维持机构运行	支持体系建设	冷链设备		√		无变化
		疾控机构实验室装备		√	√	无变化
		疾控机构信息化建设	√	√	√	无变化
	维持机构运行	人员经费和公用经费		√	√	无变化

第二，公共卫生领域的非核心支出，在单位成本不高、信息复杂程度较高的情况下，根据激励相容标准，财政事权交给层级较低的地方政府更有利于发挥基层积极性。据此，中央和省级政府在这些方面的支出可以适当减少。如艾滋病哨点监测、艾梅乙患者随访、肺结核患者随访、重度精神疾病患者随访和定期评估及其家属护理教育等事权。

第三，不具有外部危害性的公共卫生事件，如慢性病和地方病防控，单纯从疾病防控的事权角度来看，这些财政事权应该归入县市财政。现实中省及以上财政在这些疾病防控，特别是农村妇女两癌筛查，脑卒中高危人群筛查等方面承担了部分事权。其中的原因更多来自县市财政对这些疾病防控的经费需求与其供给能力的缺口，上级政府出于促进区域间协调发展目的承担了支出责任。

五、基于平衡区域间财政净利益的支出责任测算

省（及以上）财政在公共卫生领域事权和支出责任除本节第三、第四部分讨

论之外，还需要承担缩小地区间收入差距、促进地区协同发展的职能。这一职能主要通过平衡区域内政府财政净利益来实现。以省级政府为例，一方面由于人口结构、地理环境、经济发展水平等因素，各县市对公共卫生支出的需求可能存在很大差异。如杭州艾滋病防控的压力往往大于衢州、丽水地区，衢州、金华地区的血吸虫防控压力也往往大于杭嘉湖地区。另一方面，由于经济环境、发展水平不同，各县市财政供给能力往往差异很大。如义乌市、东阳市、永康市的财政收入水平好于武义县、磐安县和兰溪市。公共卫生需求与财政供给能力的差值，称为财政净利益，它反映了某个县市区公共卫生需求与财政供给能力的缺口，差值越大，缺口越大。如果缺口不断扩大，或者缺口超过合理范围，省级财政出于县域间经济协调发展的需要，需要承担财政事权和支出责任。财政净利益的衡量需要分别确定财政需求和财政供给能力。财政需求和供给能力的测度方法不尽相同，下面以浙江省级财政使用的基数法和序数法为例说明测算过程。

（一）基数加增长法

该方法对当年公共卫生需求和供给能力的测算是在上一年基础上乘以增长率得出的，以新的供给能力与需求能力的差值作为当年财政净利益。财政净利益小于零，意味着财政供给小于财政需求，反之亦然。省财政设立平衡公共卫生财政净利益资金，仅在财政净利益小于零的县市间进行分配，资金分配权重与净利益缺口程度正相关，即财政供给能力与财政需求缺口越大，获得的省级补助资金比例越高。这里定义：

$$\frac{某县当年重大疾}{病防控需求} = \frac{该县上年度人均重大疾}{病防控支出额} \times \frac{该县近几年人均重大疾病}{防控支出额的平均增长率}$$

$$\frac{某县当年重大疾病}{防控供给能力} = \frac{该县上年度}{人均财政收入额} \times \frac{全省重大疾病防控支出}{占财政收入比重}$$

$$\frac{某县财政}{净利益} = \frac{该县当年重大疾}{病防控供给能力} - \frac{该县当年重大疾病}{防控需求能力}$$

$$\frac{财政净利益小于零的}{县市获得省级补助额} = \frac{省级平衡重大疾病防控}{财政净利益资金总额} \times \frac{该县财政净}{利益权重}$$

$$\frac{某县财政净}{利益权重} = \frac{该县财政净}{利益绝对值} \div \frac{全省财政净利益小于零县市的}{财政净利益绝对值之和}$$

按此方法，可以模拟县市获得的财政净利益补助情况。严格来讲，此时的重大疾病防控需求是指县市重大疾病防控工作经费。但这一数据并不是公开的统计数据或可以公开的数据，因此用比这个口径更加宽泛的疾病机构经费和重大公共卫生专项经费替代，此外由于模拟数据只有两年，未能平滑公共卫生支出的波动性。以此作为疾病防控需求的近似替代，得到2017年建议获得财政净利益补助的县市名单（不包括区和地级市）：嵊泗县、龙游县、开化县、松阳县、庆元县、磐安县、景宁县、淳安县、文成县、仙居县、嘉善县、青田县、永嘉县、常山县、临安市、遂昌县、云和县、江山市、岱山县、永康市和泰顺县（按人均补贴额由高到低排序）。

这一名单与目前二类六档转移支付县市名单相比，减少了平阳县、苍南县、安吉县、武义县、龙泉市、天台县和三门县7个县市，增加了临安市、永康市和嘉善县3个县市。其中原因或许来自模拟数据本身的缺陷，或许与两类六档确定之时经济情况发生了变化有关。

（二）序数法

该方法借鉴两类六档转移支付方法，将各县市人均重大疾病防控支出需求和财政供给能力进行六分位赋值，按最低六分位到最高六分位分别赋值0.2、0.4、0.6、0.8、0.9和1，支出需求的衡量指标，可以简单用实际人均支出额来代替，亦可以将影响因素加入计量模型，通过计量模型分析得出；财政供给能力，可以简单用人均财政收入来代替，也可以通过计量模型得出。

出于数据约束，这里采用简单方法进行模拟，得到建议的财政净利益补助如表8-12所示。从表8-12可以看出，与基数加增长方法的计算结果相比，这里需要补助的县市名单减少了嵊泗县和永嘉县[1]，除此之外，需要补助的名单相同。相比基数加增长法的工作量，这一方法更加简单易行。值得一提的是，两种方法对各县市补贴强度的测算还有比较大的差异，但是不影响方法本身的基本可行。

表8-12　　　　　序数法下各地财政净利益计算结果

县市名称	财政供给能力	重大疾病防控需求	财政净利益
开化县	0.2	1	-0.8
文成县	0.2	0.9	-0.7
庆元县	0.2	0.9	-0.7
松阳县	0.2	0.9	-0.7
龙游县	0.4	1	-0.6
仙居县	0.4	0.9	-0.5
永嘉县	0.4	0.8	-0.4
遂昌县	0.4	0.8	-0.4
常山县	0.4	0.8	-0.4
磐安县	0.6	0.9	-0.3

[1] 嵊泗县和嘉善县紧跟财政净利益小于零的永康市之后。

县市名称	财政供给能力	重大疾病防控需求	财政净利益
青田县	0.6	0.9	−0.3
云和县	0.6	0.8	−0.2
泰顺县	0.2	0.4	−0.2
景宁县	0.8	1	−0.2
江山市	0.4	0.6	−0.2
临安市	0.8	0.9	−0.1
淳安县	0.8	0.9	−0.1
岱山县	0.9	1	−0.1
永康市	0.9	1	−0.1
嘉善县	1	1	0
嵊泗县	1	1	0
义乌市	1	1	0
浦江县	0.6	0.6	0
苍南县	0.2	0.2	0
缙云县	0.2	0.2	0
龙泉市	0.2	0.2	0
海盐县	1	0.9	0.1
安吉县	0.9	0.8	0.1
海宁市	1	0.8	0.2
桐乡市	1	0.8	0.2
平湖市	1	0.8	0.2
兰溪市	0.6	0.4	0.2
三门县	0.6	0.4	0.2
平阳县	0.4	0.2	0.2
天台县	0.4	0.2	0.2
建德市	0.8	0.6	0.2
嵊州市	0.8	0.6	0.2
乐清市	0.8	0.6	0.2
桐庐县	0.9	0.6	0.3
诸暨市	0.9	0.6	0.3
瑞安市	0.6	0.2	0.4
临海市	0.6	0.2	0.4
武义县	0.8	0.4	0.4

县市名称	财政供给能力	重大疾病防控需求	财政净利益
温岭市	0.8	0.4	0.4
玉环县	1	0.6	0.4
长兴县	0.9	0.4	0.5
新昌县	0.9	0.4	0.5
德清县	1	0.4	0.6
东阳市	0.9	0.2	0.7

六、健康中国建设的公共卫生财政协同策略

公共卫生财政事权和支出责任划分改革的整体思路，符合现代财政理论要求，也为省及以下地方政府公共卫生财政支出提供了制度建设基础，有助于为地方公共卫生事业的发展带来坚实的资金保障。但是从提高财政协同效率的角度来看，仍需在一些子项目事权和支出责任方面予以完善。具体而言，应增加省（及以上）财政的重大传染病防控重点人群筛查事权，应将重大传染病防控监测、随访等事权下移，以更好地发挥县市财政的信息优势，实现激励相容。当然，公共卫生财政事权和支出责任划分及财政协同是一项系统工程。要更好地适应健康中国建设的需要，还应在以下几个方面深化改革。

（一）加大省级层面在引导县市财政重视疾病预防支出方面的作用

绝大部分疾病预防（包括宣传教育、早期筛查）属于县市事权，县域经济发展水平在很大程度上决定了疾病预防的支出水平。从公共卫生财政学的角度来看，疾病预防的收益远远高于预防成本。"智者宁可防病于未然，不可治病于已发"，因此省级政府应充分发挥引导县市财政增加疾病预防投入的责任，倡导健康生活方式，重视早期筛查投入，将一些治疗成本较高的癌症、心血管疾病、脑卒中的治疗期提前，做到早诊早治。

（二）加强疾病防控成本及财政承受能力的测算，建立支出责任与防控成本及经济发展水平相适应的动态调整机制

财政事权和支出责任划分并非一成不变，需要与经济发展水平、疾病防控成本相适应。其调整，既不能超越经济发展水平，盲目追求目标的高大上，也不能不顾防控成本变化，以不变应万变。测算疾病防控成本和财政能力，是疾病防控

财政事权和支出责任划分的基础，更是财政事权和支出责任动态调整的基础。

（三）实行卫生部门内各子部门（或单位）内统筹为主，子部门（或单位）间统筹为辅的因素法转移支付制度

当前的因素法转移支付赋予了各县市卫生主管部门更多自主权，资金统筹范围可以在卫生部门内各个子部门（或单位）间进行，有利于各地根据实际情况补足短板，但是转移支付资金实际拨付延后及资金拨付偏差问题普遍存在。实行子部门（或单位）内统筹为主，子部门（或单位）间统筹为辅的因素法转移支付制度，既可以兼顾各地实际情况，又可避免县市财政为重新计算各子部门（或单位）转移支付数额造成时间浪费，提高公共卫生财政协同能力。

（四）提高公共卫生信息化水平，促进卫生资源统筹协调和医共体建设，提升卫生财政协同质量

扎实推进"健康大脑＋"体系，"健康大脑＋"体系利用一体化智能化公共数据平台的存储、算力等资源，将一系列与老百姓息息相关的健康场景、健康数据"串珠成链"，形成智慧互联的卫生健康服务体系和监管体系，彻底改变城乡居民健康数据"低、小、散"的现状，通过各地、各级医疗卫生数据的互联、互通和互认，强化卫生财政协同的基础设施。在此基础上，要认真落实国务院《关于推进医疗联合体建设和发展的指导意见》等相关文件精神，大力推进"医共体"建设，"医共体"建设要以区级医院为龙头，整合区乡两级医疗卫生资源，形成一个医疗体系，最大化发挥资源优势和技术优势，逐步提升县域卫生财政协同质量，着力增强群众健康获得感、幸福感和安全感。

总之，在新的历史方位，广大人民群众的身心健康已经成为经济高质量发展的重要特征，健康已经是各级党委和政府必须回答的"必考题"，也是广大人民群众最为关心的"权重题"。健康中国建设必须要体现新发展理念，构建新发展格局，公共卫生财政必须要把提供高质量公共卫生服务放在首要位置，突出需求导向、系统联动和改革创新，以建设普惠共享的全民全程健康服务作为不懈追求。

参 考 文 献

［1］安体富. 完善公共财政制度，逐步实现公共服务均等化［J］. 财经问题研究，2007（7）：5－10.

［2］白彦锋. 土地出让金与中国的物业税改革［J］. 财贸经济，2007（4）：24－30.

［3］蔡晓鸣. 转变经费供给方式　促进社区公共卫生服务发展［J］. 中国财政，2008（9）：32－33.

［4］陈共，王俊. 论财政与公共卫生［M］. 北京：中国人民大学出版社，2007.

［5］陈平，李建英，庄海玲. 房地产税改革对地方财政收入的影响预测：基于广州市数据的模拟测算［J］. 税务研究，2018（9）：52－56.

［6］丛树海，李永友. 中国公共卫生支出综合评价及政策研究：基于1997～2002年数据的实证分析［J］. 上海财经大学学报，2008（4）：53－60.

［7］崔军，杨琪. 政府间应急财政责任分担机制的借鉴与启示：基于美国和澳大利亚的经验［J］. 中国行政管理，2013（5）：86－90.

［8］代英姿. 医疗卫生需求与公共卫生支出［J］. 辽宁大学学报：哲学社会科学版，2005，33（4）：128－134.

［9］邓剑伟. 税收与基本公共卫生服务均等化：基于福建省的研究［J］. 中共福建省委党校学报，2011（10）：107－113.

［10］杜创. 2009年新医改至今中国公共卫生体系建设历程、短板及应对［J］. 人民论坛，2020（Z1）：78－81.

［11］杜江，蒋震. 构建防控公共卫生风险的财政体制机制［J］. 宏观经济管理，2020（5）：37－42＋50.

［12］冯海波，刘勇政. 多重目标制约下的中国房产税改革［J］. 财贸经济，2011（6）：24－30＋136.

［13］冯俏彬. 国家分配论、公共财政论与民主财政论：我国公共财政理论的回顾与发展［J］. 财政研究，2005（4）：8－11.

［14］傅樵. 房地产税的国际经验借鉴与税基取向［J］. 改革，2010，202

（12）：57 – 61.

［15］高波，王辉龙，李伟军．预期、投机与中国城市房价泡沫［J］．金融研究，2014（2）：44 – 58.

［16］高培勇．防治"非典"与财税安排：影响及对策［J］．税务研究，2003（6）：9 – 12.

［17］龚锋，雷欣．中国式财政分权的数量测度［J］．统计研究，2010，27（10）：47 – 55.

［18］龚向光．从公共卫生内涵看我国公共卫生走向［J］．卫生经济研究，2003（9）：6 – 9.

［19］龚志民，解炬．不公平度量及相关问题研究［J］．湘潭大学自然科学学报，2006（1）：7 – 11.

［20］顾昕，白晨．中国医疗救助筹资的不公平性：基于财政纵向失衡的分析［J］．国家行政学院学报，2015（2）：35 – 40.

［21］管仲军，黄恒学．实现中国公共卫生服务均等化需要注意的几个问题［J］．经济问题，2010（12）：123 – 125.

［22］郭宏宝．房产税改革目标三种主流观点的评述：以沪渝试点为例［J］．经济理论与经济管理，2011（8）：53 – 61.

［23］郭宏宝，刘学思．深化房地产税改革的公平效应：终生视角与年度视角模拟［J］．地方财政研究，2016（2）：56 – 64.

［24］郭宏宝．中国房地产税改革的市场约束、时机抉择与策略设计［J］．浙江社会科学，2021（4）：31 – 40.

［25］郭庆旺，贾俊雪．中央财政转移支付与地方公共服务提供［J］．世界经济，2008（9）：74 – 84.

［26］郭云钊，巴曙松，尚航飞．物业税改革对房地产价格的影响研究：基于土地出让金视角的面板分析［J］．经济体制改革，2012（6）：156 – 159.

［27］韩华为，苗艳青．地方政府卫生支出效率核算及影响因素实证研究：以中国31个省份面板数据为依据的 DEA – Tobit 分析［J］．财经研究，2010，36（5）：4 – 15 + 39.

［28］何帆．传染病的全球化与防治传染病的国际合作［J］．学术月刊，2004（3）：36 – 44.

［29］胡鞍钢，李兆辰．人类卫生健康共同体视域下的中国行动、中国倡议与中国方案［J］．新疆师范大学学报（哲学社会科学版），2020（5）：54 – 63 + 2.

［30］胡汉华，张凡，王剑．提高公共卫生专项资金效益的政策探讨：基于湖北省公共卫生专项资金管理情况的分析［J］．财政监督，2009（9）：66 – 67.

［31］胡浩．财政推进河北省医药卫生体制改革可持续发展研究［J］．经济

研究参考，2013（52）：41－44.

［32］胡洪曙，杨君茹. 财产税替代土地出让金的必要性及可行性研究［J］. 财贸经济，2008（9）：57－61.

［33］胡铭. 基于公共财政的城乡公共卫生资源布局均等化实证分析［J］. 农业经济问题，2010（11）：91－96.

［34］胡宁生. 国家治理现代化：政府、市场和社会新型协同互动［J］. 南京社会科学，2014（1）：80－86，106.

［35］胡孝权. 新冠肺炎疫情下健全公共卫生应急管理体系的理性反思［J］. 中国医药导刊，2020，22（7）：477－481.

［36］胡怡建. 物业税模式选择及政策制度设计［J］. 税务研究，2004（9）：25－28.

［37］黄宏，刘晓冬. 新型冠状病毒肺炎疫情下对公共卫生人才队伍建设的再思考［J］. 温州医科大学学报，2020，50（4）：268－271.

［38］黄少安，陈斌开，刘姿彤.“租税替代”、财政收入与政府的房地产政策［J］. 经济研究，2012（8）：93－106.

［39］黄树则，林士笑. 当代中国的卫生事业［M］. 北京：中国社会科学出版社，1986.

［40］兰相洁. 公共卫生支出与经济增长：理论阐释与空间计量经济分析［J］. 经济与管理研究，2013（3）：39－45.

［41］兰相洁. 中国区际公共卫生服务水平差异的变化：运用 Theil 指数的测度方法［J］. 财经理论与实践，2010，31（4）：67－71.

［42］蓝相洁. 公共卫生财政支出收敛性广义熵指数测度研究——以广西为例［J］. 经济经纬，2015，32（1）：156－160.

［43］蓝相洁. 公共卫生服务差距、收敛性与动态控制研究——基于 Theil 指数双维度的实证考察［J］. 财贸研究，2014，25（1）：99－106.

［44］蓝相洁，文旗. 城乡基本公共服务均等化：理论阐释与实证检验［J］. 中南财经政法大学学报，2015（6）：67－73，159－160.

［45］李斌. 实施健康中国战略［N］. 人民日报，2018－01－12（7）.

［46］李凡，岳彩新. 基本公共服务均等化的测度分析：以对山东省财政转移支付的实证分析为例［J］. 价格理论与实践，2013（9）：79－80.

［47］李海燕，许增禄，张虎林，胡世平，黎彬，任慧玲，栗文靖. 中美突发传染病事件应急系统对比分析［J］. 中华医院管理杂志，2005（5）：353－356.

［48］李建人. 抗灾预备费管理制度亟待改革［J］. 中国行政管理，2018（1）：122－126.

［49］李杰刚，李志勇. 公共卫生服务区域差异及财政应对思路［J］. 经济

研究参考，2012（34）：64-69.

[50] 李洁. 从"制度"到"生活"：新中国70年来公共卫生政策演变 [J]. 中国公共卫生，2019，35（10）：1281-1284.

[51] 李立明. 新中国公共卫生60年的思考 [J]. 中国公共卫生管理，2014（3）：311-315.

[52] 李齐云，刘小勇. 财政分权、转移支付与地区公共卫生服务均等化实证研究 [J]. 山东大学学报：哲学社会科学版，2010（5）：40-52.

[53] 李滔，王秀峰. 健康中国的内涵与实现路径 [J]. 卫生经济研究，2016，345（1）：4-9.

[54] 李雄，袁道平. 回顾与反思：我国住房制度改革历程与主要困境 [J]. 改革与战略，2012，28（10）：13-18.

[55] 李永刚. 中国房产税制度设计研究：基于沪渝试点及国际经验借鉴视角 [J]. 经济体制改革，2015（1）：180-184.

[56] 李永友. 公共卫生支出增长的收入再分配效应 [J]. 中国社会科学，2017（5）：63-82.

[57] 李玉荣. 改革开放前新中国公共卫生事业的发展及其基本经验 [J]. 理论学刊，2011（3）：53-57.

[58] [美] 理查德·马斯格雷夫著. 比较财政分析 [M]. 董勤发，译，上海：格致出版社，2017.

[59] 林进龙. 21世纪初中国公共卫生体系研究进展 [J]. 西安建筑科技大学学报（社会科学版），2020，39（5）：47-55.

[60] 林进龙. 中国公共卫生治理：逻辑演进与维度建构 [J]. 沈阳工业大学学报：社会科学版，2021，14（1）：15-21.

[61] 刘会洪，范定祥. 土地财政依赖、房地产税替代及模式选择 [J]. 经济经纬，2016（6）：131-136.

[62] 刘继同. 健康中国与现代健康福利财政制度 [J]. 人民论坛，2020，670（15）：37-39.

[63] 刘继同. 卫生财政学概念的涵义、范围领域、基本特征与地位作用 [J]. 中国卫生经济，2008（1）：5-7，2008（2）：10-13，2008（3）：9-11.

[64] 刘继同，吴明. "健康中国"国家发展战略与卫生财政学研究议题 [J]. 湖南财政经济学院学报，2017（5）：5-19.

[65] 刘继同. 中国特色"社会政策框架"与"社会立法"时代的来临 [J]. 社会科学研究，2011（2）：105-110.

[66] 刘甲炎，范子英. 中国房产税试点的效果评估：基于合成控制法的研究 [J]. 世界经济，2013（11）：117-135.

［67］刘亮亮，贺俊，毕功兵．财政分权对地方公共福利的影响：基于非线性和异质性的考量［J］．系统工程理论与实践，2018，38（9）：2267－2276．

［68］刘明慧．完善农村三级医疗卫生服务体系财政补偿机制的路径［J］．财政研究，2010（4）：76－78．

［69］刘尚希，陈少强．构建公共财政应急反应机制［J］．财政研究，2003（8）：15－20．

［70］刘叔申．中国公共卫生支出的绩效评价［J］．财贸经济，2007（6）：69－75．

［71］刘小勇，丁焕峰．区域公共卫生服务收敛性研究：基于动态空间面板模型的实证分析［J］．经济评论，2011（4）：70－78．

［72］刘小勇，李齐云．省及省以下财政分权与区域公共卫生服务供给：基于面板分位数回归的实证研究［J］．财经论丛，2015，193（4）：19－27．

［73］刘笑萍．借鉴国际经验建立中国财政预算的应急储备机制［J］．经济社会体制比较，2009（1）：71－75．

［74］刘正华，吕宗耀．财政分权与公共卫生支出：来自中国省级层面的经验证据［J］．中国卫生经济，2014，33（10）：58－60．

［75］吕娟，王燕．卫生主管部门对公立医院的全面预算管理实践［J］．行政事业资产与财务，2015（13）：50－51．

［76］吕筠，李立明．现代公共卫生体系的基本职能及其内涵［J］．中国公共卫生，2007（8）：1022－1024．

［77］吕炜，刘晨晖，陈长石．游资变化、财政投资与房地产投机［J］．经济学动态，2014（1）：63－72．

［78］罗燕妮．中国突发事件中资金应急管理机制的建立研究［D］．南昌：南昌大学，2012．

［79］马杰．SARS，公共财政与公共卫生［J］．涉外税务，2003（7）：23－25．

［80］马强．公共卫生的责任主体缺位是众多医学伦理问题产生的根源［J］．医学与哲学，2005，26（9）：22－27．

［81］宁光杰．住房改革、房价上涨与居民收入差距扩大［J］．当代经济科学，2009（5）：52－58．

［82］彭翔，张航．健康中国视角下健康风险治理探讨［J］．宁夏社会科学，2019（1）：108－113．

［83］［美］普雷克尔．明智的支出：为穷人购买医疗卫生服务［M］．郑联盛，等译，北京：中国财政经济出版社，2006．

［84］齐峰．人类卫生健康共同体：理念、话语和行动［J］．社会主义研究，2020（4）：119－126．

[85] 秦立建，王烊烊，陈波．全球战疫背景下人类卫生健康共同体构建：基于公共经济学视阈 [J]．社会科学研究，2020（6）：24－29.

[86] 邱虹，杨宇．基本公共卫生服务均等化的问题及对策：对云南省公共卫生服务系统的调查与分析 [J]．财政研究，2012（5）：48－53.

[87] 单莹，孔凡磊，时涛，王震，韦苏晴，田婷婷，李士雪．我国公共卫生财政投入现状的时空分析 [J]．中国卫生经济，2020，39（9）：41－44.

[88] 沈郁淇，盛红旗，马桂峰，马安宁．OECD 国家卫生投入对健康产出的效应分析 [J]．中国卫生经济，2019，38（7）：61－63.

[89] 盛世明．浅谈不公平程度的度量方法 [J]．统计与决策，2004（2）：118－119.

[90] 盛婷婷．治理视角下的突发事件财政应急机制研究 [D]．南京大学，2014.

[91] 施建华，林海江，孙梅，苏忠鑫，陈刚，张建华，周良，宁宁，郝模．国外突发公共卫生事件应急处置体系及对我国的启示 [J]．中国卫生政策研究，2014，7（7）：44－49.

[92] 宋立根，成军．地方政府应对突发公共卫生事件的财政支出责任 [J]．广东财政，2003（6）：33－34.

[93] 宋晓梧主编，邢伟副主编．新中国社会保障和民生发展 70 年 [M]．北京：人民出版社，2019.

[94] 孙健夫，要敬辉．公共财政视角下中国医疗卫生支出分析 [J]．河北大学学报（哲学社会科学版），2005，3（3）：67－71.

[95] 孙菊，秦瑶．医疗救助财政支出实证分析：规模、结构与地区差异 [J]．中国卫生经济，2014（11）：18－21.

[96] 孙开．SARS 疫情的财政思考 [J]．财经问题研究，2003（12）：43－46.

[97] 孙旭光，牟诚诚．财政分权、结构转型与农村公共卫生 [J]．农村经济，2011（1）：95－98.

[98] 孙焱林，温湖炜，徐慧枫．政府卫生支出的健康产出效应分析：基于国际比较的视角 [J]．中国卫生经济，2016，35（3）：66－67.

[99] 孙玉栋，王强．财政应对突发公共卫生事件的制度逻辑及其机制完善 [J]．改革，2020（4）：28－36.

[100] 孙玉栋，臧芝红．新医改视角下中国政府卫生支出绩效评价 [J]．中国特色社会主义研究，2016（2）：78－85.

[101] 汤浩，刘旦．房地产价格与城镇居民收入差距的经验分析 [J]．西安财经学院学报，2007，20（6）：52－56.

[102] 陶莹，李程跃等．公共卫生体系要素的确认与研究 [J]．中国卫生资

源，2018，21（3）：207－213.

[103] 滕发才. 中国离民生财政目标有多远：基于经济影响程度、可持续性及替代关系角度的实证分析 [J]. 山西财经大学学报，2014（S1）：19－20.

[104] 田发，周琛影. 基层财政解困：一个财政体制变迁的分析框架 [J]. 经济学家，2007（1）：111－117.

[105] 田芳. 房地产税改革目标及其路径 [J]. 财经问题研究，2015（5）：110－116.

[106] 童伟，宁小花. 全民健康覆盖视角下的俄罗斯医疗卫生筹资分析及启示 [J]. 经济社会体制比较，2019（3）：160－174.

[107] 屠彦. 中国政府医疗卫生支出效率及其影响因素研究 [J]. 财会月刊，2015（33）：69－73.

[108] 汪志强. 论我国基本医疗卫生服务中存在的问题与对策 [J]. 中南民族大学学报（人文社会科学版），2010（4）：101－104.

[109] 王宝顺，刘京焕. 中国地方公共卫生财政支出效率研究：基于 DEA—Malmquist 指数的实证分析 [J]. 经济经纬，2011（6）：136－140.

[110] 王军. 发挥好财政职能作用，服务好医药卫生改革：医改中财政经济政策的研究与思考 [J]. 经济研究参考，2010（33）：2－27.

[111] 王俊华. 变财政投入为政府购买：公共卫生服务体制的新改革 [J]. 中国行政管理，2002（12）：54－56.

[112] 王敏. 应急管理财政政策的国际经验及启示 [J]. 财政科学，2020（4）：55－61.

[113] 王伟平，冯敏娜. 中国突发公共事件应急资金筹集的困境及对策研究 [J]. 经济研究参考，2016（55）：10－14＋58.

[114] 王晓洁. 中国公共卫生财政支出均等化水平的实证分析：基于地区差别视角的量化分析 [J]. 财贸经济，2009（2）：46－49.

[115] 王艺明. 房租资本化、模型误设与房地产投机泡沫：基于北京、上海和广州住房二级市场的研究 [J]. 世界经济，2008（6）：59－68.

[116] 王雍君. 安全、正义与绩效：当代中国的行政治理改革与财政制度建构 [J]. 中国行政管理，2015（8）：23－29.

[117] 文玉. 中国财政分权对政府卫生支出效率的影响：基于省级面板数据的分析 [J]. 经济问题，2018（6）：45－52.

[118] 吴俊，叶冬青. 新中国公共卫生实践辉煌 70 年 [J]. 中华疾病控制杂志，2019，23（10）：1176－1180.

[119] 吴蔚. 国际法规则的"邮轮困境"与人类卫生健康共同体建设 [J]. 亚太安全与海洋研究，2020（4）：55－68＋3.

[120] 武玲玲，常延岭，彭青．完善中国应急财政资金管理的途径［J］．河北经贸大学学报，2015，36（4）：54-58.

[121] 项怀诚．中国财政管理［M］．北京：中国财政经济出版社，2001.

[122] 谢旭人．中国财政60年：上、下卷［M］．北京：经济科学出版社，2009.

[123] 熊波．中国公共卫生事权财权配置：理论基础、基本现状与调整框架［J］．福建论坛：人文社会科学版，2008（9）：130-133.

[124] 熊烨．政策工具视角下的医疗卫生体制改革：回顾与前瞻：基于1978~2015年医疗卫生政策的文本分析［J］．社会保障研究，2016（3）：51-60.

[125] 徐明明，刘继同．中国卫生财政研究60年文献述评［J］．中国卫生经济，2015，34（4）：5-9.

[126] 徐瑞蓉．福建省应急储备物资管理研究［J］．经济研究参考，2016（59）：72-75.

[127] 徐印州，于海峰，温海滢．对中国公共卫生事业财政支出问题的思考［J］．财政研究，2004（5）：18-19.

[128] 徐月宾，张秀兰．中国政府在社会福利中的角色重建［J］．中国社会科学，2005（5）：80-92+206.

[129] 许伟明．中国公共卫生事业发展与改革：1949~2019［N］．国家卫生健康委项目监管中心网站，2021-9-26.

[130] 轩志东，罗五金．中国现阶段的卫生财政政策及其理念分析［J］．医学与哲学：人文社会医学版，2008，29（6）：42-44.

[131] 闫天池，李宏．应对突发事件的财政保障机制研究［J］．中央财经大学学报，2012（12）：14-17.

[132] 颜建军，徐雷，谭伊舒．中国公共卫生支出水平的空间格局及动态演变［J］．经济地理，2017，37（10）：82-91.

[133] 杨鸿柳，杨守明．构建人类卫生健康共同体的现实境遇与路径选择［J］．福建师范大学学报（哲学社会科学版），2020（4）：41-49.

[134] 杨继军，孙冬，范兆娟．养老金体系改革的地区分割及其对经济动态效率的影响［J］．财政研究，2019，434（4）：81-92.

[135] 杨娉．医疗保障体制及政府与市场的边界［J］．金融发展研究，2017（9）：53-60.

[136] 杨善发．奥尔福德与卫生政治学学科建设［J］．中国农村卫生事业管理，2016（1）：44-46.

[137] 杨小强．房地产税征管的法律制约与协调［J］．广东社会科学，2015（5）：248-256.

[138] 杨燕绥，刘懿. 全民医疗保障与社会治理：新中国成立 70 年的探索 [J]. 行政管理改革，2019 (8)：4 – 12.

[139] 杨志勇. 公共政策视角下的房产税改革目标 [J]. 税务研究，2012 (3)：3 – 8.

[140] 叶青. 财政审计：财政学研究的新内容 [J]. 湖北审计，1998 (4)：6 – 7.

[141] 于风华，孙经杰，刘瑾. 公共财政框架下基本公共卫生服务均等化探讨 [J]. 中国卫生资源，2009，12 (3)：101 – 102.

[142] 于明娥. 房地产税改革：一个长期渐近过程：基于纳税人收入能力的视角 [J]. 税务与经济，2011，175 (2)：86 – 89.

[143] 喻箴，李晓梅，母凤婷等. 泰尔指数不同计算公式的比较 [J]. 中国卫生统计，2020，37 (1)：124 – 126.

[144] 张春丽，曾贞. 新医改以来浙江省政府卫生支出研究 [J]. 卫生经济研究，2015 (6)：12 – 15.

[145] 张宏翔，张明宗，熊波. 财政分权、政府竞争和地方公共卫生投入 [J]. 财政研究，2014 (8)：33 – 37.

[146] 张敏，陈锐，李宁秀. 论中国公共卫生财政转移支付配置工具中应优先引入的关键客观因素 [J]. 中国卫生经济，2011 (11)：38 – 40.

[147] 张文礼，谢芳. 西北民族地区基本公共服务均等化研究：基于宁夏基本医疗卫生服务均等化的实证分析 [J]. 西北师大学报（社会科学版），2012 (3)：121 – 127.

[148] 张晓玲. 新中国成立以来我国突发公共卫生事件应急管理的发展历程 [J]. 中国应急管理科学，2020 (10)：43 – 49.

[149] 张仲芳. 基于省际面板数据的政府卫生支出的健康绩效研究 [J]. 统计与决策，2015 (12)：91 – 93.

[150] 赵小平. 价格管理实务 [M]. 北京：中国市场出版社，2005.

[151] 郑大喜. 基于购买服务的卫生财政拨款方式改革研究进展 [J]. 中国医院管理，2016 (6)：22 – 24.

[152] 郑磊. 财政分权、政府竞争与公共支出结构：政府教育支出比重的影响因素分析 [J]. 经济科学，2008 (1)：28 – 40.

[153] 郑联盛，高峰亭，武传德. 公共危机治理与财政支持体系建设 [J]. 金融发展研究，2020 (6)：3 – 8.

[154] 钟晓敏，叶宁. 关于物业税几个问题的探讨 [J]. 财经论丛，2005 (2)：40 – 46.

[155] 周典，刘心报. 模式与卫生科技投融资机制的创新 [J]. 中国科技论

坛, 2007 (2): 26 - 29.

［156］周克清, 李霞. 新时代财政应急保障机制研究 ［J］. 财政科学, 2020 (3): 30 - 37 + 48.

［157］A. C. Harberger. The incidence of the corporation income tax ［J］. The Journal of Political Economy, 1962, 70 (3): 215 - 240.

［158］B. J. Brennan G. Power to tax: analytical foundation of a fiscal constitution ［M］. New York Cambridge University Press, 1980.

［159］Bordignon M. In search of yardstick competition: a spatial analysis of Italian municipality property tax setting ［J］. Journal of Urban Economics, 2003, 54 (2): 199 - 217.

［160］Brams D. B. , Orleans C. T. , Niaura R. S. et al. Integrating individual and public health perspectives for treatment of tobacco dependence under managed health care: A combined stepped-care and matching model ［J］. Annals of Internal Medicine, 1996, 18 (4): 290 - 304.

［161］B. Salanié. The Economics of Taxation ［M］. The Massachusetts Institute of Technology press, 2012.

［162］B. T. Yagi and T. TachibanakiI. Income Redistribution Through The Tax System: A Simulation Analysis of Tax Reform ［J］. Review of Income and Wealth, 1998, 44 (3): 397 - 415.

［163］B. W. Hamilton. Capitalization of intrajurisdictional differences in local tax prices ［J］. The American Economic Review, 1976, 66 (5): 743 - 753.

［164］B. W. Hamilton. Zoning and property taxation in a system of local governments ［J］. Urban Studies, 1975, 12 (2): 205 - 211.

［165］Carlson R. H. A brief history of property tax ［J］. Fair & Equitable, 2005 (2): 3 - 10.

［166］Charles - Edward. Amory Winslow. The untilled fields of public health ［J］. Science, 1920, 51 (1306): 23 - 33.

［167］C. M. Hoxby. All school finance equalizations are not created equal ［J］. The Quarterly Journal of Economics, 2001, 116 (4): 1189 - 1231.

［168］Daniels, Norman. Justice, health, and health care ［J］. The American Journal of Bioethics, 2001, 1 (2): 2 - 16.

［169］D. N. Figlio and A. O'Sullivan. The Local Response to Tax Limitation Measures: Do Local Governments Manipulate Voters to Increase Revenues? ［J］. Journal of Law and Economics, 2001, 44 (1): 233 - 257.

［170］Glasgow R. E. , Vogt T. M. , Boles S. M. Evaluating the Public Health Impact of Health Promotion Interventions: The RE – AIM Framework [J]. American Journal of Public Health, 1999, 89 (9): 1322 – 1327.

[171] G. R. Zodrow and P. Mieszkowski. Pigou, Tiebout, property taxation, and the underprovision of localpublic goods [J]. Journal of Urban Economics, 1986, 19 (3): 356 –370.

[172] G. R. Zodrow and P. M. Mieszkowski. The new view of the property tax A reformulation [J]. Regional Science and Urban Economics, 1986, 16 (3): 309 –327.

[173] Hadornd. Setting health priorities in Oregon: cost-effectiveness meets the rule of rescue [J]. Journal of the American Medical Association, 1991, 266 (17): 2218 –2225.

[174] Jack Hadley and James D. Reschovsky. Medicare fees and physicians medicare service volume: Beneficiaries treated and services per beneficiary [J]. International Journal of Health Care Finance and Economics, 2006, 6 (2): 131 –150.

[175] Jack Hadley, Jean M. Mitchell, Jeanne Mandelblatt. Medicare fees and small area variations in breast-conserving surgery among elderly women [J]. Medical Care Research and Review, 2001, 58 (3): 334 –360.

[176] Jean M. Mitchell, Jack Hadley, and Darrell J. Gaskin. Physicians responses to medicare fee schedule reductions [J]. Medical Care, 2000, 38 (10): 1029 – 1039.

[177] Jeffrey Clemens and Joshua D. Gottlieb. Do physicians' financial incentives affect medical treatment and patient health? [J]. The American Economic Review, 2014, 104 (4): 1320.

[178] Kakwani N., Lambert P. J. On measuring inequity in taxation: a new approach [J]. European Journal of Political Economy, 1998, 14 (2): 369 –380.

[179] Legrand J. L. Inequalities in health: some international comparisons [J]. European Economic Review, 1987, 31 (1 –2): 182 –191.

[180] M. A. King. An econometric model of tenure choice and demand for housing as a joint decision [J]. Journal of Public Economics, 1980, 14 (2): 137 –159.

[181] Marco Salm. Property Taxes Within the BRICS States: Local Government Financing and Financial Sustainability [M]. Cham, Switzerland: Springer International Publishing AG, 2017.

[182] Musgrave R. A. The Theory of Public Finance [M]. New York: Mc Graw – Hill, 1959.

[183] Oates W. E. Fiscal Federalism [M]. New York: Harcourt Brace Jovanovich, 1972.

［184］ P. A. Samuelson. Diagrammatic Exposition of a Theory of Public Expenditure ［J］. Review of Economics & Statistics, 1955, 37 (4): 350 – 356.

［185］ P. A. Samuelson. The Pure Theory of Public Expenditure ［J］. Review of Economics & Statistics, 1954, 36 (4): 387 – 389.

［186］ Peggy A. Honore' and Brian W. Amy. Public health finance: fundamental theories, concepts, and definitions ［J］. Journal of Public Health Management Practice, 2007, 13 (2): 89 – 92.

［187］ P. Mieszkowski. The property tax: an excise tax or a profits tax? ［J］. Journal of Public Economics, 1972, 1 (1): 73 – 96.

［188］ Pollock A. M., Declan G., Matthew D. Public health and the private finance initiative ［J］. Journal of Public Health Medicine, 1998, 20 (1): 1 – 2.

［189］ Sas and Willem. Can fiscal equalisation mitigate tax competition? Ad valorem and residence-based taxation in a federation ［J］. International Tax & Public Finance, 2017, 24 (5): 1 – 37.

［190］ Seabright P. Accountability and decentralization in government: An incomplete contracts model ［J］. European Economic Review, 1996, 40 (1): 89.

［191］ S. Jason. The institutions of fiscal federalism ［J］. Publius the Journal of Federalism, 2010, 41 (2): 416 – 424.

［192］ Stigler G. J. The Theory of Economic Regulation ［J］. The Bell Journal of Economics and Management Science, 1971, 2 (1): 3 – 21.

［193］ Thomas G., McGuire and Mark V. Pauly. Physician response to fee changes with multiple payers ［J］. Journal of Health Economics, 1991, 10 (4): 385 – 410.

［194］ Tiebout C. M. A Pure Theory of Local Expenditures ［J］. Journal of Political Economy, 1956, 64 (5): 416 – 424.

［195］ Timothy Besley, Stephen Coate. Centralized versus decentralized provision of local public goods: a political economy approach ［J］. Journal of Public Economics, 2003, 87 (12): 2611 – 2637.

［196］ Vandoor Slaerev, Wagstaffa, Bleich Rodth. et al. Income-related inequalities in health: some international comparisons ［J］. Journal of Health Economics, 1997, 16 (1): 93 – 112.

［197］ W. A. Fischel. A property rights approach to municipal zoning ［J］. Land Economics, 1978, 54 (1): 64 – 81.

［198］ Y. Qian and B. R. Weingast. Federalism as a Commitment to Perserving Market Incentives ［J］. Journal of Economic Perspectives, 1997, 11 (4): 83 – 92.